LA DAME DE BEAUTÉ

AGNÈS SOREL

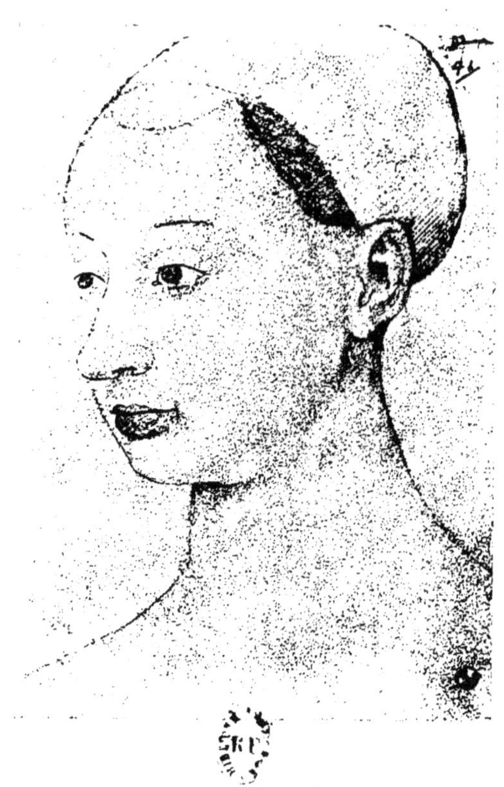

LA BELLE AGNES
Crayon (Album Médicis)

PIERRE CHAMPION

LA DAME DE BEAUTÉ

AGNÈS SOREL

PARIS
LIBRAIRIE ANCIENNE HONORÉ CHAMPION
5, QUAI MALAQUAIS

1931

Cette esquisse d'Agnès Sorel, peinte avec la minutie d'un primitif, je l'ai voulue comme la réplique d'un portrait de Jean Fouquet que nous aurions perdue. Elle est née dans la douce et grande lumière qui règne sur la Loire où chaque année, dans les beaux jours, je descends pour prendre un bain de l'esprit et me persuader qu'un aspect de la France que j'aime est toujours vivant. Sans doute, cette étude apparaîtra bien sèche, dépouillée des embellissements de la légende. Elle a posé à mon esprit un problème de critique. Celui des deux traditions, l'orale et l'écrite, de deux modes de connaissance, l'imaginative et la documentaire. La première appartient au peuple, à ce besoin merveilleux, de création qui anime la chanson des poètes et demeure la vérité des illettrés. L'autre appartient aux scribes, elle est chose morte et fixée, copie de copies. Mais quand nous disons légende et traditions populaires, nous errons. Car la légende est récente, postérieure à la lettre, à l'histoire. Elle est floraison vivace, spontanée, mais elle suit la trace des guides, des savants. Comme toujours, dans le champ populaire, la lettre a germé.

On trouvera dans mon texte le peu que nous savons d'Agnès Sorel, et dans les notices comment s'est formée la légende qui est vivace, infiniment renouvelée, et varie suivant le costume des âges. C'est le prisme merveilleux de l'esprit humain.

I

Le Roi Charles VII.

Le roi était sur la quarantaine un homme grave, plutôt
taciturne et de sainte vie. Il faut ouvrir les petits rideaux,
semblables à ceux que dessinent les artistes de ce temps pour
encadrer leurs portraits si véridiques et vivants qu'il semble
que le modèle se soit mis à la fenêtre pour nous observer.
Regardons le roi Charles VII qui nous regarde. Charles, fils
de Charles, et descendant de Charlemagne, le triste sire !

Il était né en 1403, le cinquième des fils et l'onzième des
enfants que Charles VI, frappé de folie, faisait entre ses crises
à la reine Isabeau, une poulinière bavaroise. Mais le fils du
dément eut bon sens et entendement. Jamais prince ne se
montra plus apathique, secret, ombrageux et dévot. Aucun
n'a été plus lentement appliqué, plus régulier dans l'effort,
meilleur administrateur, moins gêné par les mouvements d'un
cœur naturellement ingrat. Fiancé en 1413 à Marie d'Anjou,
âgée de vingt mois de moins que lui, Charles, enfant, avait
vécu sous l'aile de sa belle-mère, Yolande d'Aragon. Son
esprit avait été formé à la meilleure tradition latine par l'enseignement qu'il reçut de l'histoire et de l'Ecriture Sainte (1).

L'enfance de Charles s'était écoulée en Anjou et en Provence. Il a douze ans quand il apprend le désastre d'Azincourt, voit la noblesse de France décimée, ses cousins pri-
sonniers, et bientôt le pays conquis et organisé par les
Anglais. Il porte alors le titre de duc de Touraine, et il est
fait, en 1416, à treize ans, capitaine général de Paris. Ses
frères aînés sont morts ; c'est lui qui devient l'héritier, le

dauphin de France. Mais le maître du royaume, ce n'est ni
le vainqueur, Henri V d'Angleterre, ni Isabeau de Bavière,
podagre que l'on pousse sur sa chaise roulante. C'est Jean-
sans-Peur, l'avare et puissant duc de Bourgogne, qui a fait
abattre comme un chien son rival, l'ambitieux et charmant
Louis d'Orléans, en 1407. La reine Isabeau s'est détournée
de son fils. Elle a pris le parti du plus fort, du Bourguignon
si cher aux marchands de Paris, qui remettra l'ordre dans le
royaume et fera la paix anglaise à son profit. Un jour, sur
le pont de Montereau, les partisans du duc d'Orléans et les
Armagnacs, amis du dauphin, ont mis sur sa frêle épaule
leurs rudes mains; ils ont abattu l'assassin de 1407, Jean-
sans-Peur. L'héritier est devenu à son tour, et bien involon-
tairement, le complice des meurtriers. Quelle aventure, qui
déchire le cœur de nos Français, pacifiques et honnêtes!
Quelle horreur, ce sang versé, dans une dynastie qui n'en
versa jamais! Car nous ne sommes ni en Angleterre, ni en
Italie. Nous sommes dans la douce France, royale et familière.

La reine Isabeau a signé la paix qu'elle croit convenable
avec les Anglais, celle qu'une grande partie du pays réclame.
C'est le traité de Troyes, qui est aussi un contrat de mariage.
Henri V est devenu le gendre de la reine Isabeau. Il a épousé
la France, fait l'union des deux royaumes, fondé la paix
chère au cœur des religieux et de tous ceux qui pensent.
L'ami des assassins et des partisans de la guerre à outrance
n'est plus digne du trône.

La Bavaroise a ses fins que le pays approuve en grande
partie, et peut-être un secret. L'héritier est déshérité et banni
en 1421. Mais Henri V, roi de France et d'Angleterre, meurt
à son tour laissant un tout jeune enfant et un pays à administrer à son puissant oncle, le duc de Bedford. Les Anglais
occupent notre terre, l'organisent comme un protectorat, au

mépris des promesses écrites dans le traité. Leurs soldats tiennent les forteresses et se conduisent en France comme en pays conquis. Dix années d'efforts, qu'ils consacrent surtout à se fortifier dans la province limitrophe de leur royaume, la Normandie, dans le Sud-Ouest où ils ont toujours eu des sympathies et des titres. Mais l'union des deux royaumes par le traité écrit demeure une utopie. Il y a en France des Français qui ne se sentent pas liés; il y a surtout des aventuriers et des partisans toujours prêts à livrer bataille, des Armagnacs qui haïront les Bourguignons, des bonnes gens d'Anjou, de Lorraine et d'ailleurs que vexe la soldatesque anglaise et pour qui les Anglais demeurent des diables à queue, des coués; et d'autres qui voudraient sans doute la paix, mais pas celle du mauvais traité, à qui les misères de la France ont révélé une chose nouvelle, le pays, dont la figure vivante est celle d'un roi de chez eux.

Pendant dix ans, le soleil s'est levé et couché sur cette douce France, riche de son sol, de son passé, de ses sanctuaires, de sa foi, et de son espérance. Les moissons ont levé; on a fait les regains, taillé la vigne, engrangé le blé, coulé le vin, mangé du pain, de la viande, du poisson. Des gens sont nés sains, discrets, courtois comme leurs ancêtres. Ils n'entendent rien à la fiction du roi aux deux couronnes; ils ne sont pas Anglais. Ils ont suivi les offices, payé des taxes, chanté, peiné près de leurs animaux, porté les chausses de cuir et les draps du pays. Ils ne sont pas Anglais. Ils étaient chez eux, des rives de la Loire aux confins du Poitou. Le port de la Rochelle demeurait toujours libre, le pays respirait encore.

Le dauphin Charles, qui s'est fait proclamer roi en 1422, s'est retiré au cœur de ce pays, à Bourges, où un beau fils lui est né, en 1423. Il a accepté le conseil que lui a imposé sa belle-mère Yolande.

Il y a là des Angevins, Pierre de Beauvau, Hardouin de Maillé, Robert le Maçon, des gens solides et de bon sens. Yolande, c'est le courage, l'ambition justifiée par l'intelligence. Et c'est pourquoi, enfant vieilli prématurément, on voit parfois Charles chevaucher, commander selles et coursiers, bassinets et armets, et mettre des plumes à son bonnet. Ce n'est pas rien, comme on l'a cru, ce qui restait de cette vieille et fidèle terre de France, aux assises profondes, logique et claire ; Bourges, la cité forte et splendide que domine l'immense cathédrale, la capitale de l'ancienne Gaule ; le Berry, si riche en ressources de toutes sortes avec ses habitants, esprits déliés et secrets ; Tours, l'antique forteresse ; le beau domaine, paré des splendeurs du duc de Berry, Mehun-sur-Yèvre. Parfois ces fortes et délicates demeures ont un air de fête et de courtoisie qui rappelle les jours d'antan. De magnifiques forêts sont traversées par les chasseurs. Des poètes, comme Alain Chartier, maintiennent le beau langage. Le dauphin a toujours un riche domaine, les plus belles rivières du monde, les forêts de chêne, les prés les plus sains, le bétail le plus abondant ; la vigne couronne les coteaux, les fruits les plus succulents murissent dans les vergers. Tout cela c'est un bel héritage, comme le savent les vieux amis de la France, qui en connaissent le charme, ses alliés lointains, Ecossais, Castillans, Italiens. Là on est chez soi, et sur une terre qui ne porte pas à la mélancolie.

Laissons les Anglais à leur vain programme d'occupation du royaume par des hommes d'armes essaimés dans les forteresses. Il n'a rien donné, ou si peu, après les longues marches, accompagnées de razzias, qui ont caractérisé la première conquête. C'est pourquoi, sans doute, ils ont décidé de renouveler les grandes colonnes qu'ils vont lancer de nouveau pour percer ce cœur palpitant de la France, Orléans, la ville des légistes et des bons catholiques, qui porte dans son blason la fleur de lys.

Ce fut l'instant, dit-on, où le roi fut encore repris par la mélancolie et le doute. Il avait toujours eu le goût des petites chambres, l'horreur des villes, le sentiment mitigé de sa responsabilité, qu'il aimait à faire endosser par d'autres, l'amour de ses ministres et des blancs seings. Il ne partageait pas la confiance, ni l'allégresse de ceux qui le servaient. Parfois, les yeux pleins de larmes, il se demandait si ce qu'il avait fait était légitime, s'il ne ferait pas mieux, un jour, de prendre la mer, au port de la Rochelle et d'aller chercher un refuge en Ecosse. C'est du moins ce que nous dit un religieux de ce pays (2), qui a sans doute connu son confesseur Gérard Machet. Le dauphin était fatigué des aventuriers, des concussionnaires, des hommes de sang qui l'entouraient et qui représentaient l'aventure de l'Anjou, du Midi Armagnac, des Gascons hableurs, du Poitou réaliste: « *Quare obdormis, domine,* Sire, pour quoy dormez vous ? » répétera plus tard à son maître Jean Jouvenel des Ursins (3). Charles dormait comme l'eau des rivières; il avait bien le temps, puisqu'il était le roi, et ne se réveillait que pour dire dévotement ses Heures.

Un jour une fille de Lorraine tomba dans ce sommeil fait de torpeur, plus encore que de mélancolie. Comme elle venait de loin, elle intéressa par sa foi et son aventure. Un jeune fou, Jean d'Alençon, pressé de reconquérir son héritage, un bâtard d'Orléans qui avait à faire son chemin dans le monde, l'adoptèrent d'emblée. Charles se déroba tout d'abord, par feinte ou par prudence: « Ce n'est pas moi qui suis le roi — En nom Dieu, gentil prince, c'est vous et non autre... Je suis venue avec commission de par Dieu de donner secours à Dieu et au royaume; et vous montre le Roi des cieux par moi que vous serez sacré et couronné à Reims, et que vous serez lieu-

tenant du Roi des cieux, qui est roi de France (4) ». Jeanne
sut le toucher par des paroles hardies et confiantes ; elle sut
lire dans un cœur anxieux et plein de doutes, devina son
secret humain et le réconforta. Elle était pressante et vivante,
la fille garçon qui parlait au nom de Dieu et du pays. Mais
comme tout était à la prudence et à la lenteur, les gens
d'Eglise, qui n'ont aucune tendresse pour les voyantes, l'exa-
minèrent à loisir : ils ne trouvèrent en elle que simplicité, chasteté et foi. Jeanne agita tout le monde, en agissant. Le bâtard
d'Orléans fit le reste. En un clin d'œil, les bourgeois d'Orléans et les soldats bousculaient l'armée anglaise. Ce fut la
belle promenade à travers la France, le sacre de Reims ;
Charles, comme ses pères et les rois d'Israël, devint l'oint
du Seigneur. La femme avait disparu dans une aventure de
guerre, comme elle était venue, sainte aux yeux des uns, invo-
catrice du démon et sorcière aux yeux des autres. Le front
de Charles qui avait reçu la couronne et l'huile s'était plissé
de nouveau. On avait manqué Paris par les armes. Il fallait
l'obtenir par la paix et les négociations, suivant la pensée
de Monseigneur l'archevêque de Reims. Quelques années
plus tard la paix d'Arras consacrait le grand dessein des
politiques, la réconciliation des deux France, l'armagnaque
et la bourguignonne. La division entre Français, qui avait
permis la conquête anglaise, était morte (1435).

Comme tout est simple désormais. Mieux encore qu'après
le sacre de Reims, Charles est roi. Il a traité avec le puissant
duc de Bourgogne, qui n'est plus que son vassal. Cela tous
les étrangers le savent, et les Anglais vont bientôt l'éprouver. Charles fait la guerre, où il montre entrain et courage.
Il y conduit son fils, lui fait voir le pays. Il commence à
faire justice des routiers, ayant moins besoin d'eux. C'est
là sans doute le fait le plus surprenant du règne, puisqu'il
avait été leur homme, trop longtemps entre leurs mains.

On voit le roi Charles, dans sa maison bien ordonnée, tenant un rang digne de lui. Le domaine est agrandi. Ce n'est plus comme aux tristes heures où il vendait ses joyaux, empruntait à qui voulait lui prêter et faisait remettre des manches à ses pourpoints, quand son général des Finances n'avait rien en caisse. Charles se montre dans sa maison doux, affable, de fraîche mémoire, aimant volontiers raconter, ce qu'il faisait d'une voix basse, mais belle, agréable et subtile. Il apparaît à la fois grave et simple, n'usant que d'un juron « par saint Jean ». Charles aime tirer à l'arbalète, jouer à la paume, aux échecs et aux dés. Il a toujours près de lui quelques familiers, son médecin, des clercs savants et des lettrés qui l'entretiennent des chroniques du temps passé, citant le latin qu'il aime. L'histoire l'intéresse surtout. Mais il se montre lui-même instruit des écrits canoniques, du vieux et du nouveau Testament, des Actes apostoliques. Le roi a un peintre, un écuyer, qui lui fait monter les trotteurs qu'il affectionne. Son goût pour la solitude, son éloignement pour les villes demeure. Il se trouve si bien à la campagne. Plus que d'un roi, c'est la vie d'un chanoine qu'il mène. Levé de grand matin, il entend tous les jours trois messes, une grand'messe chantée, deux messes basses et dit ses Heures. Chaque jour Charles se confesse. Il mange seul, boit peu, et se montre rigoureusement sobre. Aux jours de fête, il invite à sa table un évêque, un abbé ou un prince du sang. Quand la table est mise, nul si grand soit-il, ne demeure dans la chambre pour respecter l'étiquette. D'ailleurs, Charles n'aurait supporté un visage qu'il n'aurait pas connu. Il est resté prudent, n'aimant pas à cheval passer un pont de bois (l'accident de la Rochelle et l'affaire de Montereau sont toujours dans sa mémoire). Charles regarde avec défiance le plancher pour savoir s'il porte bien (5).

Dans les réceptions officielles, le roi revêt toujours la longue robe qui dissimule ses membres grêles et mal proportionnés. En dehors des cérémonies, la huque ou la tunique serrée à la taille, des chausses vertes avec des houseaux qui laissent apparaître son buste long, ses jambes courtes et sèches, ses genoux cagneux (6).

Les portraits (7) que nous conservons de lui montrent une forte tête, un visage imberbe, pâle, avec une arcade sourcillière prononcée, recouvrant de petits yeux d'un gris vert, très pénétrants; le nez est long, la mâchoire assez forte, la bouche petite avec des lèvres épaisses et sensuelles. Pas un cheveu n'apparaît sous le chapeau de feutre à bords relevés. Figure amène, d'une fermeté tempérée, avec quelque chose de triste, d'inquiet, de défiant. Les traits du roi portent les traces des souffrances d'une existence précaire, faite de luttes et d'épreuves; c'est le passé de Charles qui se lit sur son triste visage. Fermons les petits rideaux sur ce passé.

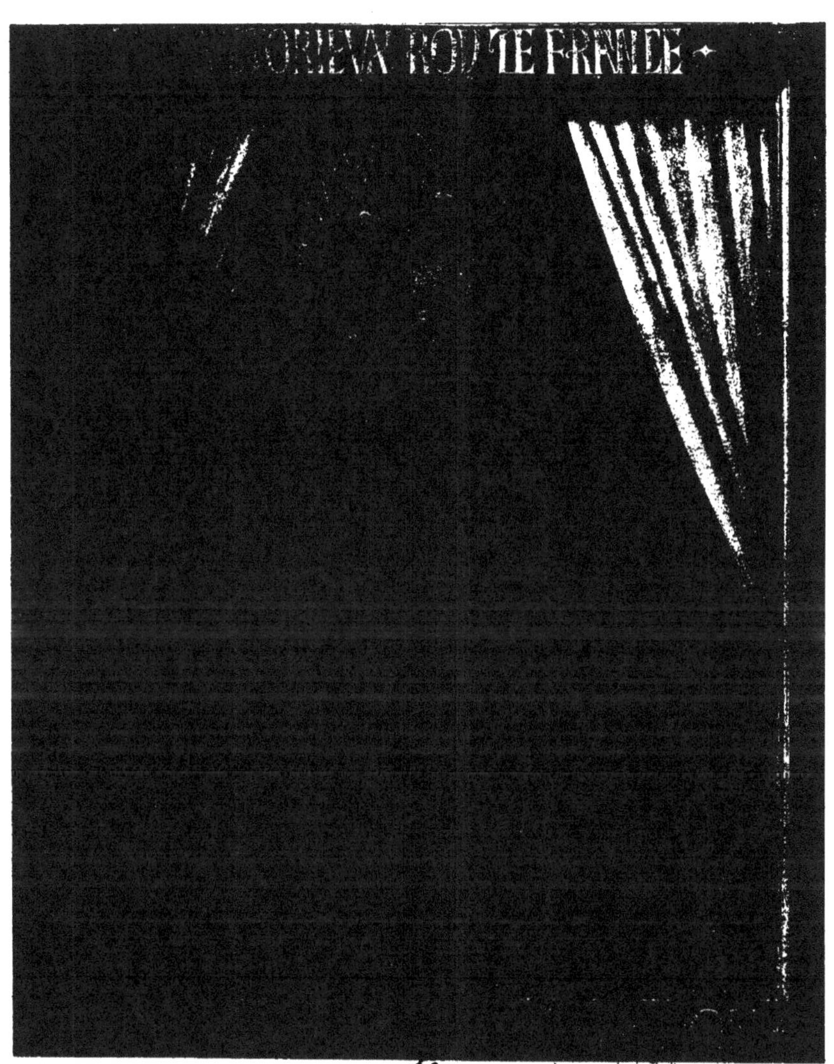

Cliché Giraudon

JEAN FOUQUET
Portrait de Charles VII
(Musée du Louvre)

II

Le roi avait eu deux femmes dans sa vie : sa belle-mère Yolande d'Aragon, et son épouse, Marie d'Anjou.

Yolande c'est le courage et l'intelligence (8). Elle fut la mère de ce gendre qui n'en avait pas eu, et qu'elle avait pris en tutelle sur sa dixième année. Autant dire qu'elle le forma, la maîtresse femme qui lui donna non seulement sa fille, mais tout, son conseil, et aussi son exemple. Fille de Jean, roi d'Aragon, et d'Yolande de Bar, devenue veuve de Louis II, comte d'Anjou, elle conduisit Louis III, héritier du domaine, en 1420, à la conquête de Naples et sauva son Anjou envahi par les Anglais à la bataille de Baugé en 1421.

Celle qu'on appelait la reine de Sicile fut vraiment la femme forte. On sait qu'elle contribua à porter secours à Orléans assiégée, et qu'elle eut la mission de constater la virginité de Jeanne d'Arc. Elle eut surtout la joie de voir sacrer à Reims l'enfant qu'elle avait abrité jadis dans le fort château d'Angers. Elle gouverna non seulement sa province, mais par l'ascendant qu'elle prit sur les siens, par son intelligence, une partie du royaume. Yolande avait eu en effet de Louis II cinq enfants : Louis III, René qui relèvera le titre de roi de Sicile, Charles, comte du Maine qui sera un vice-roi, Marie d'Anjou, l'épouse du roi Charles, Yolande d'Anjou mariée à François de Bretagne.

Yolande avait quitté le monde et la cour vers 1440. Elle devait mourir au mois de novembre 1442.

Quant à Marie d'Anjou, elle fut bien la meilleure, la plus simple, et la plus douce des femmes (9). Fiancée dès l'en-

fance, elle avait épousé Charles en 1422 : Marie venait d'avoir
dix-sept ans et lui dix-neuf. Les époux avaient rejoint Yolande
à Saumur. Ce fut pour Charles la vie nomade, les aventures ;
pour elle, la vie sédentaire, dévouée aux devoirs du mariage
qu'on peut bien imaginer remplis de risques et de sacrifices,
car Marie d'Anjou devait mettre au monde quatorze enfants.
Une telle existence comporte plus de douleurs que de joies. Le
plus souvent vêtue de noir, la reine Marie portait le deuil
de ses enfants. De santé chancelante, elle aussi arrivait à la
quarantaine avec ce deuil qui s'étendait sur sa vie. Marie avait
perdu sa mère, son frère, tant d'enfants. Après vingt ans
d'union, elle venait encore de donner à son époux un nouveau
gage de tendresse, Madeleine de France (10), née le 1er septembre 1443.

Que la reine est bonne, douce et résignée, toujours si amoureuse qu'elle semble belle, ainsi parée de ses vertus. Telle
elle nous apparaît sur la statue de son tombeau (11) : un
visage doux et penché, dont on ne voit pas la bouche sous
le voile, mais seulement des yeux timides, un front chargé de
la haute couronne qui n'est sans doute qu'un symbole,
pour elle et pour tant d'autres reines de France, celui des
lourds devoirs.

Amboise, Tours, les Montils que la reine fit en partie cons-
truire, avaient surtout abrité ses grossesses et ses maternités.

Marie suivait maintenant volontiers le roi dans ses dépla-
cements, parfois d'un peu loin, au gré de son désir. Elle
emmenait sa petite cour composée de dames sages et com-
passées sous le gouvernement de Madame de la Roche-
Guyon.

On montait alors dans des chariots dont le confort ne valait
pas celui des chars à bancs de nos provinces les plus recu-
lées. Mais la reine, souvent grosse, pouvait bien user d'un
« char branlant ». Sur les chemins de terre, l'amble du cheval

était d'ailleurs plus agréable. Ainsi on la trouve en 1441 dans l'Ouest. Pendant la campagne de Guyenne, Marie d'Anjou se rend dans le Midi. Elle revient en compagnie du roi et fait son entrée à Limoges, le 28 mars 1443, entourée du cortège de ses dames. Puis elle regagnait Tours où, le 1er décembre, elle accouchait d'une fille (12).

Aliénor de Poitiers, vicomtesse de Furnes, fille du seigneur d'Arcy et d'Isabelle de Souza, descendue des rois du Portugal, nous a laissé un traité de préséances qui nous fait connaître les usages de la cour de Bourgogne. Ils ne différaient de ceux de la maison de France que par une étiquette un peu plus rigoureuse, qui passa dans la maison d'Autriche et en Espagne. Nous trouvons dans ce petit livre (13) un grand nombre de traits qui nous permettent d'imaginer ce qu'était la vie privée d'une reine, la nomenclature rigoureuse des préséances réglant le cérémonial de la main donnée pour passer au banquet, le détail et le nombre des révérences et des honneurs à genoux, la manière dont les traînes étaient portées. Madame de la Roche-Guyon, première dame de la reine, était bien connue d'Aliénor de Poitiers. Nous trouvons surtout dans le traité de cette dame le cérémonial de la naissance des enfants, la description de la grande chambre verte de la reine, tendue d'hermines, des deux grands lits de parade séparés par une allée et trois courtines. Aliénor de Poitiers nous montre le haut dressoir chargé de vaisselle, énumère le nombre des torches, décrit la chambre de l'accouchée dont on n'ouvrait les verrières qu'au bout de quinze jours, et le grand feu dans la cheminée. Dans la chambre de l'enfant, sont les deux lits de parade, le berceau sous les pavillons, les chaises des dames qui précédèrent les tabourets de cour. Au jour de la naissance, on allume dans la ville les feux de joie; les cloches sonnent; on sort les torches. Au jour du baptême, un cérémonial précis règlemente la cérémonie. L'en-

fant, porté dans la chapelle tendue de tapisseries, est ramené
dans la chambre, mis entre les mains des nourrices et des berceuses. Pendant un mois, les dames offrent à ceux qui se
présentent les épices, l'hypocras et les dragées.

La dame et les filles d'honneur, la vieille qui les garde,
nommée la « mère des filles », règnent dans la maison qu'elles
gouvernent. Le service est minutieusement réglé. Sur la nappe,
la salière est posée au milieu de la table et le pain enveloppé
d'un linge. Une serviette unique sert à la maîtresse pour
essuyer ses mains. Le roi et la reine mangent chacun à une
table différente ; les autres services suivent. Le deuil est mar-
qué par le complet isolement de la souveraine dans sa chambre,
une réclusion qui se prolonge pendant un an s'il s'agit de la
mort du mari. L'existence de la reine est remplie par la lecture des Heures, les messes, un travail en commun de broderie, la promenade ou la chasse, les soins à donner aux
enfants. La cour est un couvent et la reine mène la vie d'une
recluse.

Pendant leur séjour dans le Midi, Charles et Marie avaient
gagné Toulouse. Le roi René d'Anjou vint saluer Charles.
Il avait dû quitter le royaume de Naples, pour débarquer
dans sa Provence. Il présente à la cour pour la première fois
sa femme, Isabelle de Lorraine.

Le roi René n'est pas comme son neveu timide et austère (14). Il aime l'action et la joie. Il a eu des aventures :
la dernière fut plutôt malheureuse. Mais elle ne paraît pas
décourager le petit homme que nous imaginons toujours vieux,
lippu et reclus, parce que nous avons des portraits qui le
représentent sur son vieil âge (15). Le roi René était en ce
temps-là un homme solide, dru, joyeux, qui ne pensait qu'à
se battre et à s'amuser, et dont l'érudition n'était faite que
des termes de la science des tournois qu'il possédait comme
nul autre. Les cours de France, d'Anjou et de Lorraine se

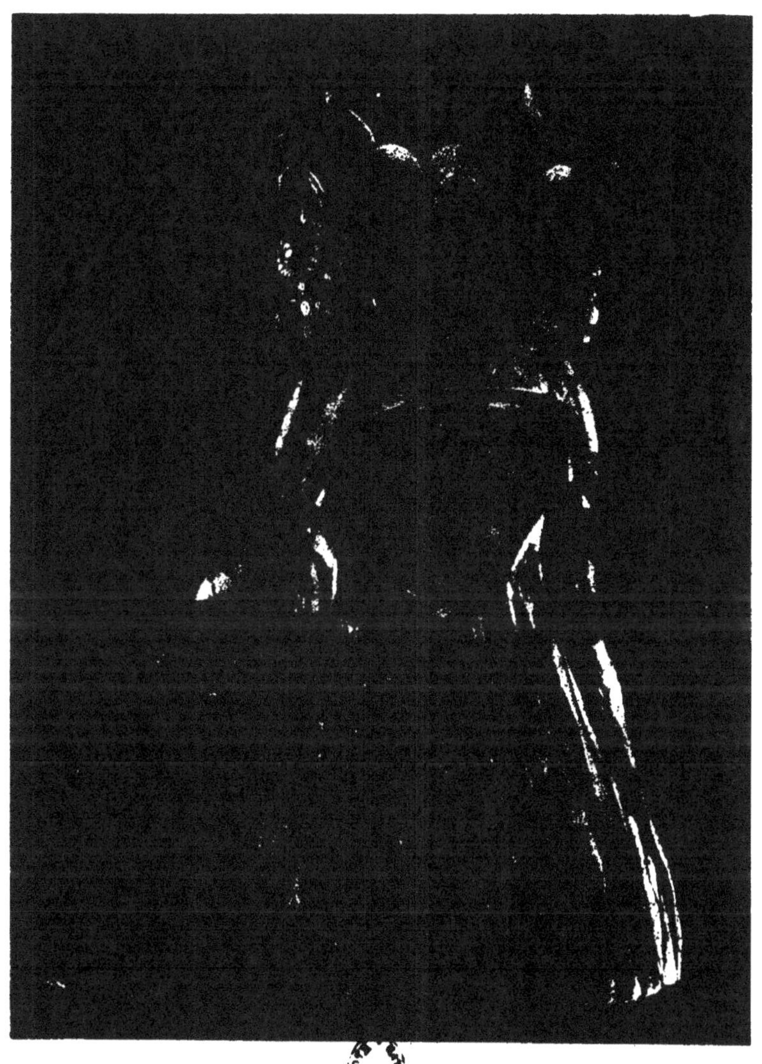

MARIE D'ANJOU
Reine de France
(Musée du Louvre)

mêlèrent, c'est-à-dire les quelques dames et demoiselles qui accompagnaient les reines de France et de Sicile. Le roi René et sa femme suivirent le roi de France jusqu'à Poitiers. Isabelle de Lorraine prenait le chemin de l'Anjou, et le 16 avril 1443 elle entrait à Saumur. En septembre, le roi Charles arrivait dans cette ville où il séjourna jusqu'en février 1444. De là il se rendait à Angers, puis à Tours. C'est le moment où se conclurent la trève avec l'Angleterre et le mariage de Marguerite d'Anjou avec le jeune roi d'Angleterre, Henri VI. Voilà le bon traité. Le roi d'Angleterre n'épouse pas la France comme en 1419. On donne au roi anglais, en gage d'amitié et d'alliance, une fille du sang de France.

S'il faut retenir la date de février 1443 où Isabelle de Lorraine rencontra pour la première fois Charles VII, et mentionner les séjours du roi à Saumur de septembre 1443 à février 1444, c'est que parmi les dames et les demoiselles attachées à la personne d'Isabelle de Lorraine figure le nom d'Agnès Sorel. On lit, en effet, dans un compte de dépenses de la reine de Sicile, du 1er janvier au 31 juillet 1444 : « A Agnès Sorelle... X livres » (16). Agnès Sorel faisait donc partie de sa maison, y tenant un rang moins élevé, semble-t-il, que la plupart des dames et demoiselles d'Isabelle. Mais à la fin de cette même année, Agnès Sorel était à la cour de France où elle avait déjà un titre, celui de dame de Beauté. Un inventaire de la fabrique de la Collégiale de Loches mentionne sous cette forme le don d'une statuette d'argent doré représentant sainte Madeleine : « En l'honneur et révérence de sainte Marie Magdelaine, noble damoiselle Mademoiselle de Beaulté a donné cette image en ceste église du chasteau de Loches, auquel image est enfermée une côte et des cheveux de ladite sainte ; et fut l'an mil 444 » (17).

C'est le peu que nous saurons jamais sur la crise d'âge de Charles VII, sur quoi la légende populaire et les romanciers ont brodé à l'infini. Car dans l'aimable pays de Mehun-sur-Yèvre à Loches, il n'est pas un village forestier qui n'ait abrité les amours de Charles et d'Agnès, il n'est guère de logis ne possédant une tour portant son nom. Mais ce peu est significatif. Agnès s'est tournée vers la pécheresse, vers la Madeleine, sa patronne. Elle a fait à Loches le rachat de son péché.

La trève avec l'Angleterre date du 28 mai 1444. L'allégresse est générale et chacun se réjouit du commerce repris avec la Normandie (18). Le roi s'avance vers la Lorraine, tandis que Louis dauphin conduit les écorcheurs en Alsace pour les mener au massacre et surtout les pousser hors de France. Le père et le fils sont dans leur rôle. Les chroniqueurs sont d'accord sur le temps et les événements. Jacques du Clercq, qui vivait à Arras dans la seconde partie du quinzième siècle, a recueilli la tradition que Charles qui avait mené jusque-là « moulte saincte vie » eut, après le traité d'Arras, des relations avec une jeune femme nommée Agnès, qui depuis fut appelée « la belle Agnès ». Æneas Sylvius, qui devint pape sous le nom de Pie II, et se montre toujours exactement informé des affaires de France, sait qu'elle avait été laissée à la cour par Isabelle de Lorraine (20). Les extraits de comptes que nous avons cités précisent seulement les dires de ces deux chroniqueurs. Agnès aurait été déjà mère quand elle passa dans la maison de la reine (21). Suivant la déposition de Jamet du Tillay, lors de l'enquête qui suivit la mort de Marguerite d'Ecosse, Agnès avait accompagné le roi à Nancy et à Châlons, comme nous allons le voir (22). Thomas Basin, historien aussi exact que vindicatif, écrit encore dans ses Histoires : « Au temps des trèves qui coururent alors entre lui (Charles) et les Anglais, il se prit à aimer une assez jolie fille, vulgairement appelée la belle Agnès » (23), ce qui nous ramène toujours à la date du 28 mai 1444.

La maison de la reine était exemplaire. Marie d'Anjou avait comme première dame d'honneur Perrette de la Rivière, dame de la Roche-Guyon, et comme dames et filles d'honneur : Blanche de Gamaches, dame de Châtillon ; Jeanne de Bournan, femme de Jean du Cigne ; Marie de Belleville, dame de Soubise ; Catherine de Melun, femme de Charles de Maillé ; Marie de l'Espine, femme de Rogerin Blosset ; Jeanne de Roux-Malart ; Isabeau de Hestray ; Blanche de Compains ; Alix de Tournay ; Jeanne de Monberon, mariée en 1445 à François de Clermont, comte de Dampierre ; Prégente de Melun, mariée en 1446 à Jacques de Courcelles, seigneur de Saint-Liébaud ; Jeanne de Courcillon ; Jeanne de Guise ; Jeanne de Rochelle (24). Aucune n'a jamais fait parler d'elle. Et l'on peut croire que ces dames, mariées pour la plupart, aidaient les femmes de service, les berceuses, les nourrices, à élever les nombreux enfants de la maison.

Quant à la dauphine, Marguerite d'Ecosse, qui ne quittait jamais la reine, on peut croire que son chagrin secret, ce qui avait éloigné d'elle son terrible mari, c'était précisément de ne pas avoir d'enfant. Mais elle-même était l'enfant gâtée de la maison, la charmante phtysique, que l'on ne comprenait pas, qui vivait dans le monde irréel de la poésie, tel que l'avait créé Alain Chartier. Marguerite passait la nuit à tourner des rondeaux, mangeait des pommes acides pour maigrir. Mais tout ce qu'on put lui reprocher par la suite, c'est de s'être entretenue dans sa chambre avec un grand seigneur de la cour, sans avoir fait, à la nuit tombante, allumer les chandelles. Certaines de ses demoiselles ont pu partager sa passion pour la poésie, qui n'est pas un crime, mais jeu d'esprit. La dauphine avait pour dame d'honneur Jeanne de Tucé, dame de Saint-Michel, qui avait dépassé la quarantaine ; comme fille d'honneur, Marguerite de Vaux, qui en approchait. Les autres demoiselles étaient Marguerite de

Salignac, Jeanne Filleul, Marguerite de Hacqueville, Annette de Guise, et Marguerite de Villequier. Sans doute elles étaient plus jeunes que la dame de Saint-Michel, puisque parmi elles nous trouvons Marguerite de Salignac, Jeanne Filleul, et Annette de Guise, qui tournaient avec Marguerite les fameux rondeaux que ne comprenait pas le roi Charles (25). Marguerite d'Anjou ne s'intéressait qu'aux choses de la piété et aux soins de la famille.

Ce n'est donc qu'une place effacée, et fort décente, que put tenir Agnès dans ce milieu guindé et sévère, où la dauphine mettait la note brillante de ses jolies robes et son goût des choses de l'esprit. Les amours du roi, prudent à l'excès, ont dû à l'origine être fort secrètes; pas assez cependant pour que la reine n'ait eu à en souffrir, comme nous le verrons.

La reine et la dauphine rejoignirent le roi à Nancy à la fin de l'année 1444 (26). La cour était pour la première fois brillante. Elle réunissait René d'Anjou, roi de Sicile, et son fils Calabre, le comte du Maine, sorte de vice-roi, le connétable de Richemont, vieux soldat lippu et bourru, le jeune comte de Clermont, Louis de Luxembourg, le comte de Saint-Pol, jeune et brillant chevalier. Au mois de novembre, on voyait arriver la reine de Sicile Isabelle, puis la nouvelle reine d'Angleterre, âgée de dix-neuf ans, Marguerite d'Anjou, que conduisaient Bertrand de Beauvau et le marquis de Suffolk. Au mois de février 1445, on donnait des joutes brillantes en leur honneur. Puis, un deuil attristait l'assemblée, la mort de la fille aînée du roi Charles, Radegonde. La cour devait quitter Nancy à la fin d'avril 1445. La reine prenait le chemin de Châlons. Le roi Charles faisait un crochet, passait à Toul, Commercy, Saint-Mihiel; il s'installait, le 29 mai, à Sarry dans le joli château des évêques de Châlons.

Bientôt arrivait Isabelle de Portugal, qui venait, comme

ambassadrice de son mari, Philippe le Bon, pour apaiser certains différends entre la France et la Bourgogne. Un jeune écuyer, Olivier de la Marche, observait la duchesse de Bourgogne, sa maîtresse, et la reine de France (27). Il était, comme d'autres sans doute, au courant du secret. La duchesse avait quarante-six ans et la reine quarante. Toutes les deux étaient « hors de bruyt » (28), et nul n'aurait osé parler d'elles malignement.

« Et croy bien qu'elles avoient une mesme douleur et maladie qu'on appelle jalousie, et que maintesfois, elles se devisoient de leurs passions secrettement, qui estoit cause de leurs privaultez ». C'est que le roi venait d'élever récemment une pauvre demoiselle « en tel triumphe et tel povoir que son estat estoit à comparer aux grandes princesses du royaulme ». Son nom devait être d'ailleurs assez rarement prononcé, puisqu'Olivier de la Marche la désigne ainsi : la « povre damoiselle, gentilfemme, nommée Agnès du Soret ».

La duchesse de Bourgogne avait l'habitude de la trahison. Car le grand duc était un terrible paillard à qui l'on connaît de nombreux bâtards. Mais la reine de France devait bien souffrir dans son cœur fidèle et soumis de cette nouveauté : à la cour, dans sa maison, une favorite ! Un commun « creve cueur » réunissait les deux femmes. Le roi retrouvait la reine à sa table, où ne parut jamais la duchesse de Bourgogne. Elle vivait dans la maison de la dauphine, entourée de respects et d'égards, car la jeune Marguerite d'Ecosse s'agenouillait quand la duchesse se levait de table (29). Mais les égards n'ont jamais consolé ni duchesse ni reine.

Bientôt arrivaient à Châlons les ambassadeurs de Milan, du duc de Savoie, du roi de Castille, des électeurs de l'Empire, du duc d'York, de l'Empereur, et du Patriarche de Constantinople. Le roi Charles triomphait. Ce n'était plus l'instant de dire ses Heures. Qu'inventer pour distraire son monde, pour paraître avantageusement aux yeux de la jeune femme dont il est si « rudement assotté » (30), suivant le mot rude et vif du chroniqueur ?

Charles d'Anjou, comte du Maine, qui en ce temps-là régentait tout pour son maître, trouva ce plaisir. Nouveau marié, ayant pris femme dans la maison de Luxembourg, il veut paraître lui aussi. Près de lui est son beau-frère, le comte de Saint-Pol, un beau chevalier au corps entraîné et redoutable en champ clos.

Le Livre des faits de Jacques de Lalaing, une vie romancée de ce temps, nous rapporte le gracieux épisode (31).

Un jour, après souper, les rois de France et de Sicile s'en vont jouer aux champs. Errant sur la prairie, ils cueillent parmi l'herbe verte des fleurs et devisent gracieusement. Charles d'Anjou, comte du Maine, le comte de Saint-Pol, surviennent accompagnés de chevaliers. Alors, devant leurs dames, ils se prennent à conter le grand état que tenait le duc Philippe de Bourgogne, les joutes, les tournois, les fêtes qu'il donnait chaque jour : « Certes, de pareil prince, comme est le duc de Bourgongne, ne se trouve en France, ne plus courtois : il est débonnaire, sage et large sur tous autres ». Piqués au vif, le comte du Maine et le comte de Saint-Pol se retirent à l'écart : « Il convient que faisons aucune chose dont on sache à parler. Vous avez oy raconter devant les dames comment un chacun jour, toutes festes, joutes, tournois, danses et carolles se font en la cour du duc de Bourgongne, et vous voyez que nous, qui sommes en grand nombre en la cour du roy, ne faisons que dormir, boire et manger, sans nous exercer au mestier d'armes, qui n'est pas bien séant à nous tous d'ainsi passer notre temps en huiseuse ». Le comte de Saint Pol reprit : « Monseigneur du Maine, faisons, vous et moy, publier tantost, en la présence du roy et des dames, une jouste à tous venans ; et serons, vous et moy, ou aucun

chevalier ou escuyer notable pour vous, qui tiendrons le pas
huit jours durans, à commencer du jourd'huy en quinze
jours ».

Le tenant du pas d'armes fut, à ce que nous rapporte son
biographe, ce jeune écuyer du Hainaut, Jacques de Lalaing,
de la maison de Bourgogne. Champion redoutable, au bras
vigoureux, il sait tout aussi bien qu'homme de son âge se
tenir auprès des femmes. Il a vingt-deux ans. On le présente
au roi dans la chambre des dames, où se trouvent la reine,
la reine de Sicile, le dauphin, les duchesses d'Orléans et de
Calabre, un grand nombre d'autres « duchesses, comtesses,
baronesses, dames et demoiselles ». Le roi n'est plus seul
dans ses petites chambres, comme autrefois. Charles VII,
méfiant d'habitude, qui s'inquiétait d'un visage inconnu,
prend les devises du jeune écuyer : il accepte le jour fixé pour
le tournoi.

Jacques de Lalaing a les honneurs de la première journée.
Vêtu d'une riche robe vermeille, le visage frais comme la
rose, il va saluer le roi qui l'entretient longtemps devant les
dames. Jaquet répond avec tant de modestie que Charles se
déclare enchanté de l'avoir entendu parler. Après le banquet,
on se met à danser et à chanter. Et la fête est criée pour le
lendemain. Ce jour-là, après la messe du roi, arrivait à Châlons ce saint homme Jean comte d'Angouléme, frère du duc
d'Orléans, qui venait d'être délivré de sa longue captivité
d'Angleterre. Les joutes continuent. On voit tour à tour
entrer dans la lice le comte de Foix, le comte de Clermont,
Pierre de Brézé, Poton de Saintrailles, Louis de Bueil, le seigneur de Baufremont. Le comte de Saint-Pol emporte plusieurs fois le prix des dames. Mais l'honneur demeure à Jac-
quet de Lalaing.

Un jour on vit entrer dans la lice deux seigneurs richement vêtus dont l'un portait les armes de Lusignan, un héros

de roman et de la croisade. Ils arrivent sur les rangs parmi un tel fracas de trompettes qu'il semblait que la terre et le ciel dussent combattre ensemble. Ils fournissent quatre courses et rompent deux lances. Ils vont se faire désarmer sur les hourds, auprès des dames, comme s'ils n'avaient pas été reconnus. Ces deux hommes étaient le roi Charles et Pierre de Brézé !

Le soir, la fête continue par un banquet suivi de danses. Jean d'Angoulême, le saint homme, fait comme les autres; il entre dans le bal, et esquisse les pas de cette « basse danse de Bourgogne », dont il nous a conservé la figure dans un de ses manuscrits (32), ballet de cour où parurent la reine de Sicile, la duchesse de Calabre, la dauphine et le jeune comte de Clermont. Le roi Charles regarde les danseurs, lui qui vient de paraître dans l'arène comme un héros de roman, comme un chevalier errant. Il a rompu des lances, lui qui jadis ne passait pas à cheval sur un pont.

La fête se prolonge puisqu'Arthur de Richemont épouse en troisième noces Catherine de Luxembourg.

Mais Pierre de Brézé, le sénéchal du Poitou, est inquiet. Il vient cependant d'être créé comte d'Evreux. Son influence grandit auprès d'Agnès. Des « brouillis », comme on disait alors, s'élèvent. Le dauphin Louis est le plus soucieux de tous. Il se montre surtout jaloux du roi René, qu'il déteste. Louis le comprend : la maison d'Anjou va disposer de tout. René se retire en Anjou, Calabre en Lorraine; le comte du Maine cesse de paraître au conseil. Le comte de Foix, Tancarville, Blainville, des bourgeois comme Guillaume Jouvenel des Ursins fait chancelier et l'archevêque de Reims, son frère, Jean Bureau, Etienne Chevalier, Guillaume Cousinot, Jacques Cœur, hommes nouveaux, entourent le roi Charles. Dunois réapparaît.

Le roi vient d'accomplir un grand acte: la réforme des

gens de guerre. Il a fondé sur des bases nouvelles l'armée.
La duchesse de Bourgogne a repris le chemin de la Flandre.
La reine enceinte est souffrante. Le roi impatient veut partir, et il voudrait voyager seul, à ce que certains croient savoir.
Pourquoi? La bonne reine se le demande, et nous le devi-
nons. Encore un contre-temps, quand il est déjà si difficile
de régler dans les chariots le départ d'une maison nombreuse.
La charmante dauphine a pris froid au pélerinage qu'elle
vient de faire à Notre-Dame de l'Epine. Elle est enlevée par
une pleurésie. On dit qu'elle est morte de chagrin, et sous la
calomnie; on répète le mot de la mélancolique enfant: « Fy,
Fy de la vie! ». Certains chuchotent que Jamet du Tillay,
l'espion placé près d'elle par son mari, l'a traitée de « pail-
larde ». Le roi fait sa promenade à cheval dans les prairies
du Jars avec Jean Bureau qui lui dit: « C'est grand malheur;
en peu de temps, il est venu en ce pays plus de mélancolie
qu'en pays où je fus » — « C'est vrai, répond le roi, les seigneurs en brouillis, perdre cette dame! » — « Elle veillait
fort et tournait des rondeaux » — « Cela fait donc mal à la
tête, demande le roi — Oui, à qui s'y abuse trop. Mais ce
sont choses de plaisance ». Charles VII, qui n'entend rien
à la poésie, a une autre obsession. Partir, partir seul. La
reine enceinte voyagera de son côté. Enfin, il quitte Châlons et rentre aux Montils. Mais là encore il ne fait que passer, se rendant au mois de novembre prendre sa résidence
au château de Razilly, à deux lieues de Tours, où il demeu-
rera pendant huit mois chez le seigneur du lieu, Jean seigneur de Razilly, chambellan. Pourquoi?

Au mois de juin 1446, entre Razilly et Chinon, se tient le
Pas du Rocher Périlleux, appelé aussi l'*Emprise de la gueule
du Dragon* (33). Aucune dame ni demoiselle ne peut passer
le carrefour sans être accompagnée d'un chevalier ou d'un
écuyer tenu de rompre deux lances pour l'amour d'elle. Qui

préside le pas? Charles, aux côtés du roi René, qui porte une armure noire, au bras gauche un écu de sable semé de larmes, et monte un cheval houssé de noir, en signe des pertes qui venaient de l'affliger. Ainsi, nous trouvons toujours, assez mystérieusement, le roi Charles dans l'attitude inattendue des héros de roman.

Pendant ce temps, la reine demeure à Chinon où elle accouche d'un fils, le 28 décembre 1446. Charles lui envoie décemment 3000 livres et sa robe de relevailles. Mais il reste à Razilly, dans cette maison dont le dauphin dira à Chabannes que chacun pouvait y entrer comme il voulait.

C'est que la reine de son cœur, la véritable reine, est Agnès Sorel.

III

La Dame de Beauté.

« Madamoyselle de Beaulté », comme on appelait officiellement Agnès Sorel du nom de la première seigneurerie qu'elle
obtint du roi, Beauté-sur-Marne, était aussi la beauté elle-
même, suivant le jeu de mots que l'on fit à son sujet ; mais
Agnès est très mal connue (34).

Un jeune écuyer bourguignon, Olivier de la Marche, qui
vint en France au temps de son élévation, après l'avoir vue, a
écrit : « Certes c'estoit une des plus belles femmes que je
veiz oncques » (35). Tel est le sentiment du chroniqueur qui
a recueilli les souvenirs d'Antoine de Chabannes, très en
faveur auprès du dauphin, et qui était lui aussi à la cour :
« La plus belle femme jeune qui feust en icelluy temps possible de veoir » (36). Quant au pudique, et trop complaisant
chroniqueur de Saint-Denis, confident peut-être du roi
Charles VII, qui fera l'apologie de la favorite après sa mort,
il a écrit : « Entre les belles, c'estoit la plus jeune, et la plus
belle du monde » (37). Le nom de Beauté n'est donc pas
qu'un jeu de mots, dont le continuateur de Monstrelet rend
parfaitement compte : « Et comme entre les belles estoit tenue
pour la plus belle du monde, fut appelée damoyselle de Beauté,
tant pour ceste cause que pour ce que le roy luy avait donné
à sa vie la maison de Beaulté lez Paris » (38).

C'était bien le château « le plus bel et jolis et le mieulx
assis qui fust en toute l'Isle de France », au témoignage du
Journal d'un bourgeois de Paris (39).

Beauté-sur-Marne était ce petit parc, entouré de murailles,

s'étendant de la porte du bois de Vincennes vers Saint-Maur,
dont Eustache Deschamps a célébré le charme (40) :

Sur tous les lieux plaisants et agreables
Que l'en pourroit en ce monde trouver,
Edifiez de manoirs convenables,
Gais et jolis, pour vivre et demourer
Joieusement, puis devant tous prouver
    Que c'est a la fin du bois
De Vincennes, que fist faire li roys
Charles — que Dieux doint paix, joie et santé ! —
Son filz ainsné, daulphin de Viennois,
Donna le nom a ce lieu de Beauté.

Et c'est bien drois, car moult est delectables ;
L'en y oit bien le rossignol chanter ;
Marne l'ensaint, les haulz bois profitables
Du noble parc puet l'en veoir branler,
Courre les dains, et les connins aler
    En pasture mainte fois,
Des oiselez oïr les douces voix,
En la saison et ou printemps d'esté,
Ou gentil may, qui est si noble mois :
Donna le nom a ce lieu de Beauté.

Les prez sont pres, les jardins deduisables,
Les beaus preaulx, fontenis bel et clere,
Vignes aussi et les terres arables,
Moulins tournans, beaus plains a regarder,
Et beaus sauvoirs pour les poissons garder ;
    Galatas grans et adrois,
Et belle tour qui garde les destrois,
Ou l'en se puet retraire a sauveté ;
Pour tous ces poins, li doulz princes courtois
Donna le nom a ce lieu de Beauté.

Il est difficile de juger aujourd'hui de l'agrément de ce
petit manoir, édifié à flanc de coteau, dominant la boucle de
la Marne, à l'orée de la forêt de Vincennes (41). Le roi

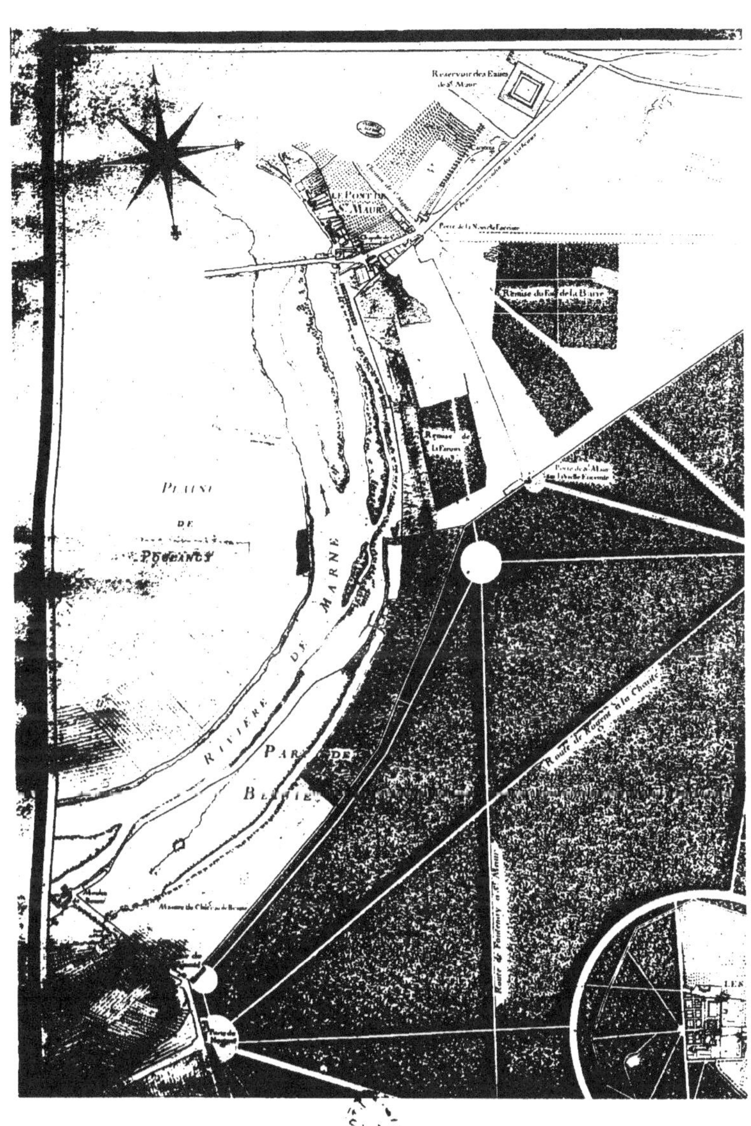

PLAN DU DOMAINE DE BEAUTÉ (18ᵉ siècle)
Archives Nationales, série N.

Charles V l'avait fait édifier pour fuir la résidence solennelle
de Vincennes, la grande maison royale et cité fortifiée. Le
château de Beauté se composait d'un petit logis et surtout
d'une tour carrée (42) à trois étages, avec des chambres plai-
santes où le sage roi Charles V eut ses livres. Souvent il était
venu s'y reposer ; là, il s'était endormi saintement dans la contemplation du mystère de la couronne du sacre et du devoir
accompli envers Dieu et envers les hommes. Un moulin sur
la Marne y était attenant (43) ; il mettait une note gaie et
vivante dans cette agréable solitude. Mais nous ne savons
guère ce qu'en pensait la dame de Beauté, quand elle y
résida, et même si elle y prit un autre plaisir qu'à l'équivoque
du nom qui lui allait, paraît-il, si bien, et dont tant de flat-
teurs, de son vivant et après sa mort, abusèrent. Comme de
telle autre châtellenie, elle en touchait du moins les revenus.
Le vulgaire l'appelait la « belle Agnès », même ceux qui la
méprisèrent, comme l'évêque Thomas Basin, qui ce jour-là
était d'accord avec le dauphin Louis : « une assez jolie garce
que le vulgaire nommait la belle Agnès » (44).

Une quittance du 12 février 1449, conservant la trace des
nombreuses faveurs de « damoiselle Agnès Sorelle, dame de
Beauté » (45), lui attribue également la seigneurie de La
Roquecezière (46), en Rouergue, qui représentait une rente
de 226 livres 13 sous, mais appartenait encore à Monseigneur
de Vendôme (47) : « Nous, Agnès Sorelle, dame de Beaulté
et de Roquecesière », tels sont les titres qu'elle a pris dans
une autre quittance donnée en 1448, et qu'elle a signée
d'une écriture vraiment déliée et jolie (48). Et nous savons
que Mademoiselle de Beauté reçut encore la châtellenie d'Issoudun en Berry. Plus tard Agnès touchera les revenus des
seigneuries de Vernon et d'Anneville, outre sa pension de
300 livres (49).

Telles sont les marques tangibles d'une faveur dont on

n'aurait pu citer jusque là aucun autre exemple concernant
une fille d'honneur.

Il faut le reconnaître, suivant la forte expression de Chastellain, chroniqueur bourguignon qui n'était pas un ennemi
de la maison de France, le roi Charles était durement
« assotté » par cette femme (50). Les marques de la faveur
royale, le changement reconnu dans les allures du roi le
montrent assez, en dépit des précautions prises pour sauver
les apparences. Pendant cinq ans, Agnès devait rester dans
la maison de la reine, qui la toléra, nous apprend encore
Chastellain (51), qui l'a vue et connue, « pour paix avoir et
obtenir son estat ». Le scandale évident, c'est que Mademoiselle de Beauté tenait dans sa suite le rang d'une princesse,
qu'on la parera plus tard du titre de « duchesse », et qu'elle
eut, dans la maison même de la souveraine, une suite plus
brillante et plus nombreuse que la sienne.

Quelle était cette femme qui transforma en apparence le
roi, et dont il avait un tel besoin que, suivant les mots
d'Æneas Sylvius « à table, au lit, au conseil, elle est toujours auprès de lui » ?

Autant que nous pouvons le savoir, Agnès Sorel n'était
pas originaire du centre de la France, comme la tradition
l'affirme, du Berry à la Touraine (52). Elle serait descendue
de l'Oise, de la Picardie, au témoignage de Jacques du Clercq,
habitant d'Arras, et fort bien renseigné sur ce qui concerne
cette région : « Il (Charles VII) s'accointa d'une josne femme
venue de petit lieu d'envers Trort, nommée Agnès, laquelle
depuis fust appellée la Belle Agnès » (53). Trort doit être
identifié avec Thorote (54), près de Coudun, dans la région
de Compiègne. Son père était en effet Jean Sorel, seigneur
de Coudun (55), serviteur du comte de Clermont. Sa mère
Catherine était une Maignelay (56), nom porté par une famille
de cette région qui donna de bons défenseurs au roi, origi-

naire d'un chef-lieu de canton de l'arrondissement de Compiègne. Les Sorel d'Ugny, qui n'ont jamais quitté le comté
de Clermont, conservaient au xvie siècle la tradition d'une
parenté avec la famille d'Agnès Sorel (57). Froitmantel, dont
Agnès Sorel était peut-être originaire, est un lieu dit, près du
bois de Méréaucourt, commune de Feuillères, canton de
Péronne (58). Un oncle d'Agnès Sorel, religieux, résidait
dans la région de Soissons (59). Il y a là un ensemble de
notions cohérentes contredisant cette tradition de folk-lore
qui place tour à tour en Berry et dans la Brenne le berceau
d'Agnès. La terre de Fromenteau (60) n'a été acquise que
plus tard par les chanoines de la Collégiale de Notre-Dame
de Loches avec l'argent provenant de la succession d'Agnès ;
le fait même de cette acquisition démontre qu'Agnès n'a
jamais été dame de Fromenteau, comme les historiens Ber-
richons le répètent à la suite de Gaspard Thomas de la Thaumassière (61). Le nom de Froidmantel aida seulement à la
confusion. Agnès Sorel n'est pas la fille de la Brenne : sur
les tristes étangs solitaires flotte seulement le brouillard d'une
légende ; et elle n'a pas vu le jour dans la riante et douce
Touraine. Elle est la fille d'une terre plus forte, plus âpre et
réaliste. Il y a lieu seulement de croire que ses parents
vinrent dans le centre de la France vivre près de la cour,
après l'élévation de la favorite.

Presque dans le même temps qu'Agnès nous verrons en
effet les siens (62) prendre rang dans la maison du roi.
Charles et Jean, frères d'Agnès, étaient en 1446 attachés à
l'hôtel ; deux autres frères de la demoiselle de Beauté, André
et Louis, furent simplement hommes d'armes de la garde.
L'illustration de la famille demeurait évidemment Geoffroy
Soreau, oncle d'Agnès, resté au pays, qui devint en 1447
administrateur de l'abbaye de Saint-Crépin de Soissons, puis
évêque de Nîmes en 1450 (63).

Mais Agnès n'était pas que jeune et belle. Celle qui sut changer les habitudes du roi se montra intelligente. La seule signature que nous possédions d'elle indique une personne cultivée. Et nous savons que sur son livre de prières elle avait écrit de sa main les vers célèbres de saint Bernard sur la mort (64). Le fait n'est pas tellement commun, surtout chez les femmes de ce temps, qu'il ne doive être signalé.

Pieuse, douce, jamais on n'avait observé dans sa bouche ni dans un de ses gestes rien de répréhensible. En somme dans la maison familiale de la reine, Agnès sut tenir sa place. Si Marie d'Anjou souffrit dans son cœur (65), jamais elle n'eut sans doute sujet de la reprendre. Les convenances furent respectées. Le roi voyait Agnès dans la maison de la reine, au milieu des dames et des filles d'honneur, ou bien, il affectait de la recevoir en présence de témoins (66). C'était là une simple convention d'ailleurs. De leurs sentiments, de son péché, de leur péché, lui et elle eurent conscience, comme le montrent l'offrande de la Madeleine à la Collégiale de Notre-Dame de Loches, les œuvres pies d'Agnès, ses fondations, et, comme on le verra, la fin du roi. Mais Agnès l'aimait ; elle l'avait transformé. L'homme de quarante ans, plein de timidité, de religion, de scrupules, était devenu près de la belle et vivante Agnès un autre Charles, mondain, hardi et galant.

Ce qui distinguait Agnès Sorel entre toutes les femmes de la cour et de la maison de Marie d'Anjou, était un train vraiment royal. Elle avait, nous dit Chastellain (67), « tous estats et services royaux ». Mais Agnès ne se contentait pas des « services ». Il lui fallait le beau, l'exquis. C'est pourquoi elle se montrait généreuse envers ses fournisseurs, comme elle était libérale envers les religieux et les pauvres. Cela devait paraître bien surprenant dans la maison conventuelle, dans la pouponnière qu'était la maison de Marie d'Anjou. Chastellain, qui l'a bien observée, nous dit d'Agnès : elle avait « plus beaux paremens de lit, meilleure tapisserie, meilleur linge et couvertures, meilleure vaisselle, meilleures bagues et joyaux, meilleure cuisine, et meilleur tout ». Nous savons par ailleurs qu'Agnès Sorel savait administrer, qu'un même règlement avait été donné par elle à ses nombreuses châtellenies (68).

Agnès est la première manifestation du luxe dans la maison de famille du roi de France, le premier sourire jeune et hardi dans la fête rustique qui si longtemps suffit à la cour. Elle eut des bijoux, et nombreux, que Charles VII racheta à sa mort pour la somme de vingt mille six cents écus (69). La première, elle posséda des diamants taillés (70). Plus encore que la jeune dauphine qui venait de disparaître, Agnès eut le goût des « grands et excessifs atours ». Elle porta des robes faites de riches étoffes et garnies de fourrure de martres. Elle fut la meilleure des clientes de Jacques Cœur (71), le tentateur, qui possédait dans sa maison de Bourges une collection de soies d'Orient de toutes les couleurs, des fourrures rares, des draps d'or surprenants, importés de ses comptoirs d'Egypte. Jean Chartier, le chroniqueur de Saint-Denis, parle de la « tenue jolie des robes, fourrures, colliers d'or et de pierreries » d'Agnès (72). Chastellain précise que son état était non seulement celui des grandes princesses, mais que, dans toute la chrétienté, il n'y avait pas de femme si « hautement parée », et qui pût se vanter d'un tel luxe (73). Agnès portait entre autres des traînes, que l'on nommait des « queues », plus longues que celles d'aucune grande dame du royaume. Ses atours étaient plus brillants, ses robes plus coûteuses. Mais surtout Agnès commença à découvrir ses épaules et sa gorge, qu'elle avait belles, d'une façon qui parut des plus inconvenantes.

Je crois bien que le fait de se décolleter et de montrer sa poitrine causa plus de tort à Agnès que le mauvais exemple d'une vie privée qui était généralement assez cachée. La gorge, cela se vit, surprit, et déchaîna contre elle la censure des moralistes. Chastellain parle des « cent mille murmures » qui s'élevaient contre elle, et non moins contre le roi, quand on voyait les parures et l'état princier dAgnès. Elle a découvert ses seins et ses épaules de la façon la plus libre. Et le chroniqueur bourguignon de conclure durement : « De tout ce qui à ribaudise et dissolution pouvoit traire en fait d'habillement, de cela fut elle produiseresse et inventeresse ». Agnès a donné par là cours au dévergondage le plus éhonté parmi les hommes comme parmi les femmes. Le chroniqueur dénonce l'entraînement dangereux pour autrui : « N'estudioit qu'en vanité jour et nuit, pour desvoyer gens et pour faire et donner exemple aux preudes femmes de perdition d'honneur, de vergogne et de bonnes mœurs ». Chastellain affirme que nulle ne s'y entendait mieux qu'Agnès. Tout le « souverain sexe » en ressentit la corruption. Admirable conclusion de Georges Chastellain, écuyer, héraldiste, chroniqueur, si indulgent, émerveillé et grandiloquent, quand il nous décrit les fastes des chevaliers dans leurs tournois et leurs banquets. Mais Agnès en découvrant sa gorge et ses épaules a perdu l'humanité !

Il faut le dire, Chastellain traduisait le sentiment général des Français en un temps où la parure de la femme demeurait sa modestie.

Quand nous lisons le livre que le chevalier de la Tour Landry dicta à la fin du XIVe siècle pour l'éducation de ses filles, on voit combien les nouveautés vestimentaires et les recherches de beauté d'Agnès Sorel durent paraître choquantes. C'est lui qui nous a fait le conte de la femme du chevalier (74) dont un démon dans l'enfer perçait les yeux et le crâne parce qu'elle avait épilé ses sourcils et les cheveux de son front pour qu'il parût plus grand (ainsi nous voyons

Agnès sur ses portraits). Et le chevalier de la Tour Landry a cité l'exemple de la dame qui avait eu une trop nombreuse garde-robe : au jour du Jugement, l'archange Michel posa dans la balance ses robes dont le poids la voua à la damnation éternelle. Car une honnête femme doit avoir une robe longue, deux courtes et deux cottes. Quel scandale de posséder tant de robes, alors que les pauvres gens n'en ont qu'une pendant leur vie, et qu'ils lèguent dans leur testament ! Je ne parle pas des fards, des peintures sur le visage, qui semblaient au chevalier de la Tour Landry quelque chose de si monstrueux, de bestial, éloignant le visage humain de son divin modèle. La femme doit être soumission, résignation, effacement. Le baiser lui-même semblait un péché défendu.

Ces reproches, nous les retrouverons dans le discours que l'évêque Jean Jouvenel des Ursins composa plus tard sur la charge de chancelier (75) : « Que le roy, en son hostel mesmes, il mist remesde tant en ouvertures de par devant, par lesquelles on voit les tetins, tettes et seing des femmes, et les grans queues fourrées, chesnes et aultres choses. Car elles sont trop desplaisans à Dieu et au monde. Et que en son hostel et celluy de la royne et de ses enffans ne souffrist hommes ou femmes diffamez de puterye et ribaudie et de tous aultres peschez. Car par les souffrir on a veu trop de inconveniens advenir et de punicions divines. J'ay veu des robes de l'ayeule du roy qui ne traynoient point derrière ung piet ». On voit que les robes longues ont paru en un temps fort scandaleuses, ou du moins d'un luxe bien inutile et offensant.

Un autre passage de l'*Epitre sur la Réformation du royaume* de Jouvenel des Ursins est plus significatif encore (76). Le prélat osera le dire au roi. Se montrer libéral, donner, certes cela est bien. Mais appliquer à autre chose l'impôt destiné à la guerre n'est ni consciencieux, ni hono-

rable. Et Jouvenel reprochait précisément à son roi les
dépenses faites après les trèves, les joutes qui furent de nul
profit (Charles cependant y manifesta la confiance retrouvée
en lui-même), les états des dames et des demoiselles, les
robes, les joyaux, toutes les dépenses qu'il a fallu faire, et
qui n'étaient pas d'utilité publique. Elles n'ont profité qu'aux
marchands qui vendent six écus ce qui leur coûte un écu ou
deux, tant en draps de soie, qu'en martres et fourrures :
« Quelles pompes y a il en queues et cornes, en chesnes d'or,
pierres et aultres habillemens, qui sont desplaisans à Dieu et
au monde ! Et ne cesse point, mais croit de jour en jour. Et
ne scay que vous, qui avés sens et entendement, ne doubtez
que Dieu se courrouce à vous de souffrir telles superfluitez et
tellement que il n'y a damoiselle ou bourgoise qui ne se mes-
congnoisse, et qui ne veuille avoir grans estas : et par ce
moyen se wide une grant partie de l'or et argent de ce
royaume. Car tous les habillemens, exceptez draps de leine,
viennent hors du royaume ». Revoyez les ordonnances
anciennes : ces pompes se font aux dépens du pauvre peuple.
« Et doubte que ce ne soit de l'argent des aides, qui seroit
grant peschié et mal fait ». Car l'impôt exceptionnel des aides
devait être employé exclusivement pour les besoins de la
guerre et de l'armée. Le censeur ajoutait : si les gens de cour
n'avaient pas ces états, ils vivraient sur leurs domaines, en
les faisant valoir, comme font les pauvres gentilshommes,
gens d'Eglise et laboureurs. Dames et demoiselles, ce n'est
qu'Oisiveté, mère de tous les vices, qui les pousse à de telles
vanités ! Et les autres, qui ne reçoivent pas d'états (celles qui
ne sont pas pensionnées) voudront en faire autant ! Pour les
entretenir, il leur faudra vendre héritage et rentes. Puisque
les prières du peuple avaient été jusqu'à présent inutiles,
Jean Jouvenel devenait menaçant : Vous vous attirerez la
haine, disait-il au roi, si vous ne mettez pas un terme aux

« états » (pensions). Une femme est d'autant plus belle qu'elle est plus simple. Celles-là qui portent de pesants hennins et des traînes, ce sont de vieilles mules que l'on pare pour la vente ! Elles montrent le tétin pour exciter les compagnons, pour mieux se vendre. Alors Jouvenel disait au roi que Dieu le punirait de cela, lui et son peuple.

On voit que la question posée par le luxe d'Agnès Sorel n'est pas sans gravité. La demoiselle de Beauté avait cru par par ses aumônes, par ses générosités envers les pauvres et les églises, se concilier le clergé (77). Le moraliste Jouvenel se retournait contre cette reine des nouveautés, des marchands, du luxe. Et Chastellain (78) n'a pas craint d'écrire que Charles VII fut perdu par elle, alors que nous pensons qu'elle lui a donné confiance et vigueur.

IV

Une Ténébreuse Affaire.

Si Agnès Sorel n'eût été qu'une jeune et jolie fille rendant
gaillard un homme mûr, et lançant des modes nouvelles, sans
doute ne mériterait-elle pas l'attention. Mais Thomas Basin
a dit à son sujet quelque chose de fort grave, qu'il n'a pu
savoir que par le dauphin ou une personne de son entourage : quand on voulait perdre quelqu'un dans l'esprit du
roi, il suffisait de dire qu'il avait mal parlé de la belle
Agnès (79). Olivier de la Marche, qui accompagna la
duchesse de Bourgogne à Châlons, nous donne une indication plus utile encore : « Et certes, c'estoit une des plus belles
femmes que je veiz oncques ; et feit, en sa qualité, beaucop
de biens au royaulme de France. Elle avançoit, devers le Roy,
josnes gens d'armes et gentilz compaignons, et dont depuis
le Roy fut bien servi » (80).

De ces deux textes, ainsi rapprochés, résulte une vive
lumière sur une série d'événements obscurs qui vont des
trèves avec l'Angleterre à la conquête de la Normandie. Le
roi n'a pas été seulement rajeuni par la présence d'Agnès
Sorel. Il a rajeuni les cadres de son gouvernement et s'en-
toura d'une équipe d'hommes énergiques et nouveaux. Voilà
ce qu'il ne faut pas oublier pour comprendre le réveil du roi
Charles VII qui lui valut ce titre qu'on lit toujours avec étonnement sous sa triste effigie : Le Tres Victorieux Roy de
France.

Le chef de cette équipe nouvelle, le Dunois si l'on ose
dire d'Agnès Sorel, fut Pierre de Brézé (81). Né vers 1410,

d'une ancienne famille de petits seigneurs angevins, Pierre
de Brézé fut pour Charles un heureux héritage de la province
et de la maison d'Anjou. Pierre de Brézé, jeune écuyer, avait
fait dans l'entourage de cette maison une rapide carrière militaire en luttant pied à pied contre l'envahisseur anglais. Il
avait pris une part active au renversement de la Trémoille.
Sénéchal d'Anjou en 1437, capitaine de la grosse Tour d'Angers, il tient l'une des clefs de la Loire. Il entre au conseil,
devient rapidement l'homme du roi à la suite des événements
de la Praguerie, où il demeura non seulement fidèle, mais
mata les insurgés ; il recevait comme récompense la charge
de sénéchal du Poitou en 1440. Pierre de Brézé a la responsabilité et les profits des deux plus solides provinces de la
France. A la prise d'Evreux, il joue un rôle des plus brillants. Pierre de Brézé se montre par ailleurs le type du mondain accompli ; chacun l'estime « une merveille » de vaillance, le plus habile parleur de son temps. Georges Chastellain, son biographe et son panégyriste, dira de lui : « Là où
espée ne pouvoit donner vertu, sa langue vainquoit et
ammolloit les puissans » (82). Pierre de Brézé, aux jours où
Agnès Sorel règne sur l'esprit du roi, a l'allure d'un premier
ministre. Est-ce lui qui la poussa, comme Dunois poussa
Jeanne d'Arc ? On peut le croire. Serviteur de la maison d'Anjou, et par là de celle de Lorraine, dont sortait Agnès, Pierre
de Brézé se montra du moins par la suite son associé, et par
elle on l'accusa de gouverner le roi. Sa devise est bien trou-
blante : *La plus ... du monde* (83), quand nous pensons que
les chroniqueurs nomment communément Agnès *la plus
belle du monde*. Pierre de Brézé eût ainsi affecté une discrétion toute courtoise, qui est assez dans l'esprit de ce temps.
Ce qui ne peut du moins être contesté c'est le frappant paral-
lélisme entre le règne de la douce favorite et la carrière du
puissant ministre (84). Cette époque correspond exactement

aux années du règne de Charles VII les plus brillantes, les plus fécondes en résultats et en décisions rapides, à la période de reconstitution puis de libération du royaume.

Un autre homme de l'équipe nouvelle est Jacques Cœur (85), qui s'occupera plus tard de faire payer la pension de la mère d'Agnès Sorel (86). On sait ce qu'il représente lui, à côté de l'épée et de la langue de Brézé : le grand commerce, l'argent et l'aventure. L'homme de Bourges est de retour de l'Orient où il a ses comptoirs. Depuis 1441, commis, puis argentier, il reçoit du Trésor ou avance les sommes nécessaires pour régler les dépenses de la famille royale et de la cour. Armateur, exploitant des mines, ayant des comptoirs jusqu'en Egypte, cet homme sans lettres est un raffiné, qui fait le commerce de la soie, des fourrures, des vêtements de luxe. Il a élevé à Bourges le magnifique hôtel qui le représente si bien, et qui est un somptueux bazar : *A vaillans Cœurs riens impossible*. Son fils aîné est archevêque de Bourges : le plus riche archevêché de France au prélat le plus riche. Jacques Cœur est le banquier de la cour ; il fournit ses toilettes à la dame de Beauté, comme il fournissait les robes fourrées à la raffinée dauphine, tout en réalisant les énormes bénéfices dénoncés par Jouvenel. Celui qui a sa flotte à lui, nous le retrouverons comme exécuteur du testament d'Agnès.

L'autre exécuteur est Étienne Chevalier (87), qui commandera à Jean Fouquet ses Heures et son portrait. Fils et petit-fils d'officiers royaux, son père Jean Chevalier avait été secrétaire de Charles VII en 1423. Très jeune et fastueux, on voit qu'Etienne fut envoyé en 1445 comme ambassadeur en Angleterre, qu'il fut maître des Comptes en 1449 et trésorier de France en 1451. Originaire de Melun, il possède de nombreuses terres et de nombreux châteaux : Eprunes, Plessis-le-Comte, Grigny.

Un autre ami d'Agnès est le seigneur de Villequier, nor-

mand, que l'on nomme le « mignon » du roi, c'est-à-dire
son favori (88). Enfin ce Guillaume Gouffier (89), jeune écuyer,
de belle taille, valet de chambre, qui a l'honneur de coucher
dans le lit du roi. Tels sont les personnages considérables qui
gravitent autour d'Agnès et de Charles. Ces gens croient à
une puissance nouvelle qu'ils manient, l'argent, l'argent
qu'on connaissait encore si peu en France, où longtemps les
pièces bourguignonnes circulèrent seules. Contre cette corruption gronde la vieille France, quand parle ou écrit Jouvenel des Ursins. C'est ce monde d'enrichis que le prélat vitupère, ces gros marchands, ces gens d'entreprise qui
ont laissé de belles et grandes choses, mais si nouvelles que
nul ne les comprenait. Ce n'est pas d'ailleurs sans difficultés
qu'ils ont remporté la victoire, qu'ils ont obtenu que le roi
chassât de sa maison son propre fils, le dauphin Louis qui
voulut, avant son heure, être le maître.

Fort mal avec le roi René, jaloux de Pierre de Brézé,
indigne envers sa femme Marguerite d'Ecosse qu'il a fait
espionner et mourir de chagrin, le dauphin a bien pu chercher,
lui aussi, le bénéfice de l'influence d'Agnès, dont il savait le
secret, puisqu'on voit qu'il lui a fait présent de pièces de
tapisseries prises au château de l'Ile-Jourdain sur le comte
d'Armagnac (90). Puis des altercations sont nées entre la maîtresse du père et le fils impatient et brutal, qui joue en ce
temps-là au chef des Ecorcheurs. Antoine de Chabannes l'a
laissé entendre à l'interpolateur de la *Chronique Martiniane* (91). Æneas Sylvius affirme même que le dauphin a pris
le parti de la reine en larmes, qu'il a poursuivi Agnès de son
épée jusque dans la chambre du roi (92). Aliénor de Poitiers,
très bien informée des intrigues de la cour, a écrit plus tard :
« J'ai veu le roy de France, père du roy Charles à présent,
estre deschassé du roy Charles son père pour aucun débat dont
on dit que la belle Agnès estoit cause » (93). C'est que Louis

avait compris de bonne heure que pour être le maître, il
fallait chasser Agnès et Pierre de Brézé.

Il s'était ouvert de ce projet à Antoine de Chabannes, comte
de Dammartin, qui venait de faire campagne avec lui en
Suisse. Louis a fait venir Chabannes dans son retrait du château de Chinon, tandis que le roi était à Razilly, sans doute
avec Agnès. Il lui montre du doigt par la fenêtre les Ecossais
de la garde qui traversent les douves du château pendant la
relève : « Voilà ceux qui tiennent le royaume de France en
sujétion » (94). Mais Chabannes, le chef de bandes, est un
vieux renard qui ne se laisse pas circonvenir. Le soldat répond
que c'est une belle chose que la garde écossaise, sauvegarde
et sûreté du roi. Quelque temps après, le dauphin retrouvait
Chabannes à Razilly. Louis le prenait par le cou : « Venez
çà! Il n'y a rien à faire qu'à mettre ces gens-là dehors —
Et comment, demande Chabannes — Bien ! la chose est facile :
J'ai quinze ou vingt arbalétriers, et trente et un archers, ou
peu s'en faut ; et vous, n'avez-vous pas des archers ? Il faut
que vous me fassiez finance de cinq ou de six ». Chabannes
présente des objections. Le roi a tous les gens d'armes à sa
disposition, et ils ne sont pas loin de lui. Mais l'impatient
dauphin passe sur ces difficultés. Entre qui veut à Razilly.
On peut s'y introduire, l'un après l'autre. Nul ne s'aper-
cevra de rien. Il se fait fort de gagner à sa cause des
gens de l'hôtel du roi, Nicole Chambers, capitaine des archers,
et quand il le voudra. Alors Louis sera le plus fort. Deux
petites tourelles ne sont pas des obstacles sérieux : mieux vaut
n'en pas parler. Chabannes demeure pensif. La chose lui
paraît au contraire présenter de sérieuses difficultés. Même
si l'on s'emparait de Razilly, ce serait pour s'y faire prendre.

Mais le dauphin ne se rend toujours pas à ces objections.
Les trahisons se payent, et il donnera de sa personne. Louis
aura des gens sûrs autour de lui. On peut d'ailleurs chercher

à s'arranger avec le sénéchal Pierre de Brézé. Certes, il gouverne tout, comme il l'a fait jusqu'à présent. Hé bien, il continuera, mais sous sa propre direction. Le dauphin se croyait sûr de son plan, et Jean de Daillon, seigneur du Lude, un terrible aventurier, semble avoir été le principal instigateur du complot. Un serviteur du sire de Bueil n'avait-il pas traduit de la sorte ce qu'il croyait être l'opinion générale? « Ce gouvernement ne peut durer. Pensez-vous que Monseigneur le dauphin et tous les seigneurs endurent plus longtemps de voir de telles choses? Tous sont avec Monseigneur. Bientôt on allait avoir un autre gouvernement. Le sénéchal Pierre de Brézé gâte tout, détruit tout, prend l'argent de toutes parts. Il a touché pour les trèves 400.000 écus. Il a obtenu du duc de Savoie, pour l'hommage qu'il lui a fait, le comté de Maulevrier, et d'autre argent largement. Il gouverne le roi par cette Agnès qui se tient auprès de la reine. Charles a envoyé Monseigneur en Allemagne pour en débarrasser le pays. Il le laisse sans argent et lui ôte ses gens à tout bout de champ. Le roi au fond n'aime pas ce sénéchal qui le reprend trop devant le monde ». Les conspirateurs tenaient déjà le sénéchal pour défait. Ils se flattaient même de ne pas trouver de résistance auprès de Charles: « Je connais le roi mieux qu'homme qui vive, dit l'un d'eux. Quand il veut se défaire de quelqu'un qui le gouverne, il fait alliances, petit à petit, avec l'un et l'autre, un an ou six mois avant de le mettre dehors ».

Les conspirateurs, trop nombreux, étaient incapables de tenir un secret. Charles VII connaissait bientôt les paroles, les desseins de son fils et de ses amis. Il fit faire une enquête et Guillaume Benoist, serviteur de Bueil, révéla les dires de chacun (95).

La situation du dauphin à la cour devenait difficile. Le roi le mande en présence d'Antoine de Chabannes: « Louis,

Cliché Giraud

PRISON DE LOCHES

dit-il, je sais bien la mauvaise volonté que vous avez contre le grand sénéchal, qui m'a bien et loyalement servi, et l'entreprise que vous avez faite contre lui pour lui faire piteusement finir ses jours. Mais je vous en garderai bien ». Louis cherche un faux fuyant. Il déclare n'avoir agi que sur les conseils du comte de Dammartin. Charles les confronte. Chabannes répond qu'il a toujours été un obéissant et loyal serviteur ! « Vous avez menti », répond le dauphin. Mais Chabannes demande raison du démenti à un gentilhomme de sa maison. Le roi intervient : « Louis, je vous bannis pour quatre mois de mon royaume. Allez-vous en en Dauphiné ! » Le dauphin sort la tête nue : « Par cette tête qui n'a pas de chaperon, je me vengerai de ceux qui m'ont jeté hors de ma maison ! » (96).

Le 28 décembre 1446 naissait Charles de France à Tours. C'est une grande joie : le roi annonce la nouvelle à ses bonnes villes. Il a un autre fils. L'ingrat, le révolté reste encore quelques mois à la cour, car il ne partit pour son Dauphiné, en des arrêts qu'il transforma en exil, que le 1ᵉʳ janvier 1447.

Pierre de Brézé, qui savait parler fermement à Charles, et son associée Agnès avaient gagné momentanément la partie.

Un jour on arrêta un aventurier, secrétaire du roi, Guillaume Mariette, porteur de papiers les plus compromettants (97). Il prétendait les avoir trouvés comme il sortait des Montils pour faire sa promenade à cheval. Il raconta qu'il était alors descendu de sa monture pour ramasser ces mémoriaux qui étaient liés par une cordelette de soulier. Il y avait là un mémoire adressé au duc de Bourgogne révélant que Brézé gouvernait tout par le moyen d'Agnès. Le papier indiquait qu'il y avait grandement à se méfier des dispositions du roi Charles qui ne cherchait qu'à dissimuler, à payer Philippe-le-Bon de belles paroles, son désir de retrouver Lille et Douai. Le mémoire indiquait encore que le duc de Bour-

gogne avait envoyé des chiens au dauphin, mais que ce n'était
là qu'un prétexte pour lui faire connaître le mauvais gouvernement du roi dont le sénéchal était entièrement responsable.
Il indiquait le remède : se défaire de Pierre de Brézé, prendre
le gouvernement à sa place. Pour cela le duc de Bourgogne
était prêt à aider le dauphin de 100.000 écus, et même davantage s'il en était besoin. Philippe ne s'arrangerait jamais avec
le roi, mais toujours avec le dauphin, qui lui avait dit qu'il
voudrait voir son père dans un hermitage, comme le « dieu
de Savoie », c'est-à-dire Félix V, et que le royaume lui appartenait mieux qu'à lui. Sur quoi le dauphin se montrait bien
d'accord, ajoutant qu'il vaudrait mieux que le roi fût déjà
dans cet hermitage, et qu'il prendrait le gouvernement dès
qu'il serait de retour en France. Le sénéchal était dépeint
comme l'ennemi capital du dauphin, qu'il aurait accusé de
se réjouir des difficultés que le roi rencontrait alors à Gênes.
Pierre de Brézé aurait rapporté à Charles les propos du dauphin : « Que le Roy se gouvernoit si mal qu'on ne pouvoit
pis, et qu'il avoit entencion de mettre ordre en son fait : mais
qu'il feust devers luy, et qu'il chasseroit Agnès hors et le
mettroit hors de toutes ses folies où il est, et que toutes
besongnes yroient bien mieulx qu'elles ne vont ».

Qui aurait glissé ce papier, forgé si à propos, sous les pas
du cheval de Mariette ? On crut reconnaître l'écriture du terrible espion, un homme double, vendu à tous, un besogneux
d'ailleurs et si mal payé, de Guillaume Mariette lui-même,
notaire et secrétaire du roi, qui avait renseigné et trahi tout
le monde, le dauphin, le duc de Bourgogne, et aussi Pierre
de Brézé.

L'homme avait été arrêté au mois d'octobre 1447 par la justice royale, sous l'inculpation de surcharges de commissions
administratives et d'abus de blancs seings. Enfermé au château de Loches, transféré à Lyon et mis aux fers, Guillaume

Mariette s'évade le 6 février 1448, au moment où la procédure venait d'être commencée. A l'aide des pointes d'un chandelier, cet homme extraordinaire arrive à se déferrer, et se met en franchise dans le cloître de la cathédrale de Lyon. Repris, grâce à l'intervention de Jacques Cœur, de passage à Lyon, il réussit encore une fois à s'échapper, se dirigea vers le Dauphiné où il crut trouver un asile. Mais les officiers de Louis se saisissent de lui à Eyrieu et le transportent dans les prisons de la Côte-Saint-André. Mariette, notaire et secrétaire du roi, avait été maître des requêtes du dauphin. Qu'attendait-il de lui? Sans doute un autre sort que celui qui lui fut réservé. Car les commissaires du dauphin arrivent au château de la Côte-Saint-André, le 1er mars; le 2, on leur communique les pièces restées à Lyon et le commencement de l'instruction. On procède immédiatement à l'interrogatoire. Mariette est mis à la torture. On lui enlève ses habits, et l'on trouve au poignet de son pourpoint quatre fers pointus, un tranche-plume, une lettre de l'argentier, un sceau de cuivre. Lié avec des cordes, Mariette est tiré à quatre doigts au-dessus de terre. Il crie, gémit, mais ne confesse rien. Le 4 et le 5, on l'interroge de nouveau. Le 8, le dauphin apprend qu'il est très mal et sur le point de passer, sans avoir rien avoué; il lui envoie des conseillers et un médecin. Car le dauphin astucieux a essayé de profiter de cette circonstance pour se rapprocher de son père. Il lui a demandé des ordres; il reçoit, le 12 mars 1448, à la Côte-Saint-André le lieutenant du sénéchal de Lyon, le procureur du roi, le greffier de la cour. On procède à une récapitulation et à un supplément d'interrogatoire. Le 6 avril, à Saint-Etienne en Dauphiné, Mariette comparaît pour la dernière fois. On lui lit la procédure d'un bout à l'autre. Il proteste de sa sincérité. Peu après Mariette fut conduit au château de Chinon et de là à Paris où il fut enfermé à la Bastille. Par arrêt du Parlement Mariette fut condamné

à la peine de mort et transféré à Tours où il fut écartelé pour
ses démérites.

Pierre de Brézé en avait assez de ces racontars. Bon et
brave soldat, il avait pris une part active à l'occupation du
Mans. Le ministre tout puissant, l'ami d'Agnès, savait bien
qu'il avait des envieux. Il demanda des juges au Parlement;
et malgré les graves et criminelles accusations qui pesaient
sur lui, il s'expliqua par de si « vives raisons que le roy fut
assez content de lui » (98).

Le procès provoqué par Pierre de Brézé date du mois d'avril
1448. C'est à cette époque que le religieux, auteur du *Journal d'un bourgeois de Paris*, regarde passer Agnès Sorel. Ce
texte est si savoureux qu'il convient de le remettre sous les
yeux du lecteur (99) : « Item, la darraine sepmaine d'avril, vint
à Paris une damoiselle, laquelle on disoit estre amie publiquement au roy de France, sans foy et sans loy et sans vérité
à la bonne royne qu'il avoit espousée, et bien y apparoit
qu'elle menoit aussi grant estat comme une contesse ou
duchesse, et alloit et venoit bien souvent avecques la bonne
royne de France, sans ce qu'elle eust point honte de son
peché, dont la royne avoit moult de douleur à son cueur, mais
à souffrir luy convenoit pour lors. Et le roy, pour plus monstrer et magnifester son grant pechié et sa grant honte, et d'elle
aussi, luy donna le chastel de Beauté, le plus bel chastel et
jolis et le mieulx assis en toute l'Isle de France. Et se nom-
moit et faisoit nommer la belle Agnès, et pour ce que le peuple
de Paris ne lui fist telle reverence comme son grand orgueil
demandoit, que elle ne pot celler, elle dist au departir que ce
n'estoient que villains, et que se elle eust cuidé que on ne
luy eust fait plus grant honneur que on ne lui fist, elle n'y
eust jà entré ni mis le pié, qui eust esté domaige, mais il eust
esté petit. Ainsi s'en alla la belle Agnès le dixiesme jour de
moys ensuivant à son peché comme devant. Helas! Quelle

pitié, quant le chef du royaulme donne si malle exemple à son peuple, car s'ilz font ainsi ou pis, il n'en oseroit parler, car on dit en ung proverbe : « Selon signeur, mesnie duyte ». Le rude religieux cite l'exemple de Sémiramis, une des neuf preuses, qui prit son propre fils comme ami et dut donner depuis à son peuple qui murmurait pareille licence. Il conclut fortement : « Quant ung grant signeur ou dame fait publicquement grans pechez, ses chevaliers et son peuple en est plus hardy à pecher ».

Ce que l'homme de la rue de Paris ne pouvait pas savoir, et ce que nous pouvons penser, c'est que la dame de Beauté vint dans la capitale au moment où Pierre de Brézé entendait se faire rendre justice par les gens du Parlement. Son procès était celui d'Agnès.

Pierre de Brézé, habitué à la victoire, l'emporta sur toute la ligne. Au cours de l'hiver qui suivit, il obtiendra des lettres de rémission (100) qui rappelleront sa noblesse, les grands services qu'il avait rendus, et qui infirmeront les propos malsonnants prêtés à Mariette ou tenus par lui le montrant comme un conspirateur qui aurait cherché à éloigner du roi le dauphin. Agnès Sorel, si elle a jamais été inquiète, s'en alla réconfortée avec ceux qui l'accompagnaient, MM. Guillaume Gouffier et Poncet de la Rivière, sous le prétexte de faire un pèlerinage à Sainte-Geneviève (101).

Pierre de Brézé, qui n'avait jamais cessé, même pendant l'instance judiciaire, de signer les pièces, de porter ses titres, est plus fort que jamais.

L'homme de la maison d'Anjou, le grand serviteur, le courageux soldat songe à rompre avec l'Angleterre, à entraîner le roi à la conquête de la Normandie. Le roi Charles a plus que jamais besoin de son grand sénéchal.

V

La Mort de la Pécheresse.

Ce fut un bel été que celui de l'année 1449. La récolte du
blé s'annonçait bonne. Le prix du pain et du vin baissait dans
la ville frondeuse. Pour deux tournois, on avait à Paris assez
de pain pour vivre une journée ; pour deux deniers, on trouvait une pinte d'un bon vin blanc ou vermeil. On criait, à
huit deniers, le quarteron d'œufs, un très grand fromage
pour six, la livre de bon beurre à huit. Et il faisait si sec que
de la place Maubert à Notre-Dame on pouvait traverser la
Seine, hommes et femmes, sur de petites pierres sans se mouil-
ler les pieds. Cela amuse et soutient le moral tandis que le roi
quitte Chinon, le 6 août, pour se rendre en Normandie (102).

L'expédition avait été minutieusement préparée. Suivant
une vie romancée contemporaine, assez plausible dans certains détails, les dames avaient espéré un instant suivre lar-
mée, comme la cour le fera plus tard, au temps de Louis XIV :
« Après disner que le Roy saillist de table, se retira en sa
chambre. La royne y vint, accompaignée de plusieurs belles
dames et damoiselles qui moult furent joieuses des nouvelles ;
et firent moult grant chière et beaucoup de beaulx esbatemens,
ainsi comme il estoit de coustume. Et, entre les aultres, une
moult belle dame parla et dist au Roy : « Sire, j'ai oy dire
que vous avez ouy bonnes nouvelles, Dieu mercy ! Menez
nous en la guerre ; vous en serez plus vaillant et toute vostre
compaignie. Nostre heur vous vauldra tant que vous ne sau-
riez penser ». Et le Roy respondit : « Se tout n'estoit gaigné,
ce seroit bien fait de vous y mener ; car je scay bien que, par

vous et les aultres belles dames qui estes icy, tout se conquer-
roit. Mais le Jouvencel a tout conquiz et gaigné ; nous n'y
aurions jamais honneur ». Et la dame lui respondit : « Ne
vous soussiez de riens. Pensez vous estre ung roy sans affaire ?
Nennil ; il n'en fut oncques point. Les grans roys ont les grans
affaires. Vous trouverez encores assez où exploicter vostre
corps et les vertuz des belles dames, quant vous voul-
drez... » (103).

Mais c'est un fait qu'Agnès demeura à Loches. Le roi
Charles avait laissé près d'elle Guillaume Gouffier (104), son
intime et son valet de chambre, avec une avance de 600 livres
pour lui aider à supporter les frais de son hôtel (105). Guillaume de Courcelles, premier valet de chambre, fait un don
au père de la petite folle donnée récemment à la dame de
Beauté (106).

Le roi chevauchait pour conquérir la Normandie. On
apprend qu'il est au Pont-de-l'Arche. On sort de la Sainte-
Chapelle la précieuse couronne, le fer de la lance et le clou
pour les porter en procession. Les Français sont à Mantes,
puis à Vernon. En octobre se déroule à Paris la grande procession des Innocents (107). Mais le temps a changé ; ils ne
doivent pas être heureux là-bas, sur les mauvais chemins,
par un automne pluvieux, ceux qui vont à la guerre. Aux
pluies sans fin, et prématurément, succède un hiver qui s'annonce cruel par la gelée. Dunois, lieutenant général marche
sur Rouen (108). Les premières escarmouches. Mais les
Anglais de la garnison sont gens d'honneur qui refusent de
se rendre et de recevoir les hérauts de France. Le roi a quitté
le Pont-de-l'Arche. Sous la pluie qui redouble, il s'est logé
avec le roi de Sicile dans une abbaye de femmes, à une lieue
et demi de Rouen. Il regarde la ville, sous la pluie et la
brume, puis regagne le Pont-de-l'Arche avec le reste de l'armée. C'est maintenant l'hiver. Ne nous hâtons pas. Mais

quelques jours après les bourgeois de Rouen, qui étaient
montés sur deux grosses tours des murailles, ont fait savoir
aux gens du roi qu'ils pouvaient entrer par là dans la ville.
Le 16, l'armée royale chevauchait de nouveau vers Rouen.
Dunois et ceux de sa compagnie s'avancent et placent les
échelles à l'endroit indiqué par les bourgeois. L'assaut. Mais
Talbot, le vieux chien de l'Angleterre, grogne et veille ; avec
ses trois cents Anglais il défend la muraille. Les bourgeois de
Rouen, qui ont voulu favoriser l'assaut des Français, sont
cruellement massacrés dans leurs tours. Le sang coule abon-
damment. Les rois de France et de Sicile, qui ont poussé
jusqu'à Darnétal, constatent que le fruit n'est pas encore
mûr. Ils retournent au quartier général du Pont-de-l'Arche.
Mais le 17 octobre, les bourgeois de Rouen, qui ont du être
préparés habilement, semblent terrorisés à l'idée du massacre qui suivra l'attaque générale des Français ; ils trouvent
dans leurs terreurs un nouveau courage. Ils osent parler ferme
au duc de Somerset, gouverneur du Duché de Normandie.
Il n'avait pour tenir ni blé ni bois, ni chair ni vin. Le duc de
Somerset compte autour de lui 50 ou 60 Anglais. La garnison anglaise est de 300 hommes en tout. Les bourgeois de
Rouen peuvent réunir de 800 à 1000 combattants, armés ou
portant des bâtons. La ville entière se joindra à eux. Le duc
de Somerset essaye de calmer la multitude qui gronde à
l'Hôtel de Ville : mais les gens de Rouen, réunis à la maison
commune, ont décidé d'envoyer leur archevêque au Pont de
Saint-Ouen, à une lieue du Pont-de-l'Arche. Des chevaliers
anglais les accompagneront. Les délégués sortent librement
et rapportent au Conseil de Rouen une réponse fort agréable
aux habitants de la ville, mais déplaisante aux Anglais qui
courent en armes occuper le Palais, les ponts, les portails, le
château. Les bourgeois en armes les regardent et chacun
s'observe. C'est fort simple. Les bourgeois ont fait savoir au

roi Charles qu'ils sont prêts à le mettre dans la ville. Ils l'attendent. Le dimanche 19 octobre, ils s'enhardissent à poursuivre les Anglais dans la rue; et ceux-ci doivent se réfugier, qui au château, qui au Palais. Les bourgeois sont maîtres des tours et des portes, tandis que Dunois, lieutenant général, vient de monter à cheval à la tête de ses compagnies pour leur prêter secours. Le Mont Sainte-Catherine, gardé par 26 Anglais, la forteresse et la chapelle, qui dominent Rouen, sont déjà aux mains des Français. Le roi Charles y a logé cette nuit.

La bataille de France, toutes bannières déployées, est rangée devant la porte du faubourg Martainville. Les bourgeois de Rouen ont tenu parole et ils viennent spontanément d'apporter les clefs de la cité. Pierre de Brézé y fait le premier son entrée, avec 100 lances et des archers, et il se place devant le château. Dunois s'installe devant le Palais, où sont le duc de Somerset et Talbot. Le lendemain entrait qui voulait à Rouen dont les portes étaient ouvertes. La nouvelle arrive le même jour à Paris. Le roi est à Rouen! Toutes les cloches sonnent, une immense procession de 50.000 personnes suit le sacrement de Saint-Jean en Grève; dans la rue Saint-Martin, devant la fontaine Maubuée on représente l'histoire de Paix et de Guerre (109). Ah! les godons, comme disait Jeanne d'Arc, on les a eus! (110).

Il s'agissait maintenant de prendre les Anglais dans Rouen. Des tranchées entouraient le Palais. On amène les bombardes et les canons devant la porte. Somerset, qui n'a ni vivres ni la possibilité d'être secouru, demande à parler au roi. Charles demeure toujours au Mont-Sainte-Catherine, dans une chambre bien parée, entourée de ses seigneurs et des pairs. C'est toujours comme cela dans les Etats Majors. Somerset a revêtu sa belle robe de velours bleu, doublée de martres zibelines, et mis son chapeau de velours vermeil, fourré de pareilles martres. Il est tricolore, aux couleurs de la France. Mais le roi n'a même pas voulu entendre sa requête. Et Dunois l'enferme au Palais comme dans une souricière. C'est bientôt la capitulation, qui coïncide avec la fête de la Toussaint que le roi célèbre à Sainte-Catherine, à grande joie, remerciant Dieu de la bonne fortune et des prospérités continuelles qu'il lui envoyait.

Un long cortège se forme. Les archers du roi, revêtus de leurs jaquettes vermeilles blanches et vertes, en prennent la tête : suivent les archers du roi de Sicile, du comte du Maine, les 600 archers montés, les trompettes qui soufflaient si fort, les trompettes vermeilles du roi, messire Guillaume Jouvenel des Ursins qui bedonne en habit royal précédé des sceaux, les grands destriers de l'écurie du roi houssés de velours azur, Saintrailles armé de blanc, monté sur un haut destrier, qui porte la grande épée du roi dont le pommeau est d'or fin et la gaine de velours bleu semé de fleurs de lys. Le roi ! Il est armé de toutes pièces, monte un coursier couvert jusqu'aux pieds de velours azur, et porte sur sa tête un chapeau de castor doublé de velours vermeil sur lequel il y avait une houppe de fils d'or. Il est comme aux jours où il commença de rompre des lances pour l'amour de la jeune Agnès. Le roi de Sicile, râblé et malicieux, chevauche à sa droite tandis qu'à sa gauche se tient le comte du Maine, tous deux armés de blanc. Les tétières de leurs chevaux sont des bijoux où flotte la plume d'autruche. Les pages terminent le défilé.

Des processions sortent des églises et vont à leur rencontre, portant les chasses et les reliques, chantant *Te Deum laudamus*. Non, de mémoire d'homme, on n'avait vu pareille chevalerie ! Sur le chemin de Notre-Dame un cerf ailé s'agenouille devant le roi. Délicate attention, car c'est lui le « cerf volant » de la légende, comme le disait déjà une ballade du temps de Jeanne d'Arc. A une fenêtre, Dunois salue Mme la

comtesse, sa femme. Elle est auprès de la femme du duc de
Somerset, venue pour voir passer le « mystère », et du sire
de Talbot. Les Anglais, gardés en otages, contemplent le
défilé, bien marris en leur cœur, mais déférents. Car cette
entrée à Rouen fut presque une fête d'entente.

Le roi met pied à terre, arrivé devant Notre-Dame où il est
reçu par l'archevêque et par le clergé. Il entre dans la vaste
nef, où sont tant de souvenirs de la conquête anglaise ; il se
recueille, faisant oraison pendant un certain temps. Puis chacun regagne son hôtel, tandis que les feux s'allument dans
la ville où le vin coule. Le roi trône à l'archevêché, entouré de
son conseil, là où parut si longtemps Bedford. Les gens
d'Eglise, les bourgeois, le peuple entourent le roi. Ils le sup-
plient de les conserver en sa grâce, d'achever la poursuite de
ses antiques ennemis les Anglais. Ils l'aideront de leurs corps
et de leur argent. Pierre de Brézé, qui a voulu et conduit
l'opération, est fait capitaine de Rouen. Le 13 novembre, on
apprend la reddition de Château-Gaillard, place réputée impre-
nable. C'était donc cela l'occupation anglaise de la Normandie ; ce n'était que cela la citadelle de l'Angleterre !

Le roi Charles quitte Rouen, armé d'une brigandine et
portant dessus une jaquette de drap d'or. Il chevauche jusqu'à Caudebec et ordonne à Dunois de faire le siège de la
ville d'Harfleur. Lui restera à Montivilliers.

Dunois investit Harfleur, le 8 décembre. Le froid est très
vif ; on ne trouve pas de bois pour faire des abris. De fortes
gelées, puis cette grande pluie qui succède aux glaces et tran-
sit les hommes dans leurs tranchées de terre. Ils n'ont pour
se couvrir que de la paille et des genêts. Seize grandes bombardes sont amenées de Montivilliers pour ouvrir le feu sur
Harfleur. Des tranchées profondes ceinturent la place. Le roi
Charles se rend aux tranchées pour voir battre les murs de
la ville. Il s'expose, lui qui craignait tout. On le voit dans

les fossés, aux mines, la salade sur la tête et le pavois à la main. Mᵉ Jean Bureau, trésorier de France, et son frère Gaspard dirigent l'artillerie et les travaux de mines. La veille de la Noël, la place entrait à composition et le 1ᵉʳ janvier 1450 Dunois recevait les clefs d'Harfleur. Mais un vieux capitaine comme lui, et solide et prudent, a jugé qu'il fallait en finir. Il a envoyé aux gens du Havre ses hérauts pour leur demander d'amener la bannière à croix rouge sur champ blanc. Deux hérauts plantent au Havre la bannière à fleur de lys de France. Un grand cri s'élève. Il n'y a déjà plus d'Anglais dans la ville, la plupart s'étant jetés dans des bateaux. Ils cinglent, sous le gros temps d'hiver, vers Albion.

Le roi avait gagné l'abbaye de Jumièges, de l'ordre de Saint-Benoît, à cinq lieues au-dessous de Rouen, pour se reposer un moment tandis que l'on faisait les préparatifs du siège d'Honfleur (111).

Une surprise, et quelle surprise, devait lui arriver. La belle Agnès, la pauvre, venait de traverser la France avec son gros ventre de femme enceinte. Le roi la fait installer au manoir du Mesnil (112), maison de plaisance des abbés de Jumièges, car elle ne peut rester à l'abbaye, et parmi l'armée. Qu'est-elle venue faire ici, la malheureuse, qui a sans doute souhaité de suivre souriante la conquête ou la promenade militaire qu'a bien pu lui expliquer Pierre de Brézé? Elle dit qu'elle a fait cela pour avertir le roi, « que certains de ses gens vouloient le trahir et le livrer aux mains de ses anciens ennemis les Anglois ». Allons donc, le roi est aujourd'hui le victorieux Charles! il ne peut tenir compte de l'avertissement « et ne s'en fit que rire » (113). Mais Agnès croyait à ces bruits qui l'accablaient de tristesse et d'indignation (114). Comment dans son état, par un temps pareil, eût-elle autrement entrepris ce voyage? Le roi souriait, car il comprenait son doux mensonge.

Et tout à coup la dame de Beauté prit le « flux du ventre » dont elle fut fort malade, comme Jean Chartier le sut par le rapport de Mᵉ Denis, docteur en théologie, son confesseur. Mais elle eut belle contrition et repentir de ses péchés. Il lui souvint de Marie Madeleine, qui fut une grande pécheresse selon la chair, et elle invoqua bien dévotement à son aide Dieu et la Vierge Marie. Puis comme bonne catholique, après avoir reçu les sacrements, elle demanda ses Heures pour dire les vers de saint Bernard qu'elle y avait écrits jadis de sa main. Alors elle dicta ses volontés et ses legs qui pouvaient monter à 60.000 écus, tant pour ses aumônes que pour payer ses serviteurs. Enfin elle désigna les exécuteurs de son testament qui étaient noble homme Jacques Cœur, l'argentier, honorable et sage personne Mᵉ Robert Poitevin, physicien et prêtre, le savant médecin de la reine, Mᵉ Etienne Chevalier, secrétaire et trésorier du roi : « Item, elle ordonna que le roy seul et pour le tout fust par dessus les trois dessus dits » (115).

Mais Agnès voyait bien que sa maladie empirait. Et comme Guillaume de Tancarville, comte d'Harcourt, Madame de Brézé et Guillaume Gouffier se tenaient à son chevet, avec ses demoiselles, on entendit Madame Agnès dire « que c'estoit peu de chose, et orde et fétide, de nostre fragilité ». Elle répétait à peu près le mot désabusé que la dauphine d'Ecosse dit à son lit de mort. Puis elle demanda à Mᵉ Denis, Augustin, son confesseur, de vouloir bien l'absoudre de peine et de ses péchés par vertu d'une absolution qui était à Loches, comme elle disait (116). Ce que fit le confesseur s'en rapportant à sa parole.

Alors la dame de Beauté poussa un grand cri, réclamant et invoquant la benoîte Vierge Marie. Et se sépara l'âme de son corps, le lundi 11 février de l'an 1450, sur les six heures après-midi. Ainsi passa Madame Agnès dans la fleur de sa jeunesse (117).

VI

Les Tombeaux.

On ouvrit, suivant la coutume, le corps tendre d'Agnès. Son cœur fut mis en terre dans l'abbaye de Jumièges, et son corps fut porté à la collégiale de Notre-Dame de Loches, où elle avait fait plusieurs fondations et donations. « Dieu luy face mercy à l'âme, Amen », telle est la conclusion de Jean Chartier, chantre de Saint-Denis et historiographe officiel qui suivait en ces jours la campagne de Normandie.

Quant au roi, nous savons qu'il quitta Jumièges huit jours après ces événements, ayant laissé, sans doute, ses instructions pour élever dans la chapelle de Notre-Dame à Jumièges le magnifique monument que nous ne connaissons plus que par des descriptions et une dalle qui a été conservée (118). C'était un tombeau de marbre noir, haut de trois pieds, sur lequel on voyait la statue d'Agnès en marbre blanc, en posture de suppliante, à genoux, tenant entre ses mains son cœur qu'elle offrait à la Vierge comme aux heures de son agonie. Sur le biseau de la table de marbre noire courait l'inscription gravée en très beaux caractères :

« Cy git Agnès Surelles, noble demoiselle, en son vivant
« dame de Roqueserrière, de Beauté, d'Issouldun et de Ver-
« non sur Seine, piteuse entre toutes gens, qui de ses biens
« donnoit largement aux églises et aux pauvres ; qui trespassa
« le 9ᵉ jour de février l'an de grâce 1449. Priez Dieu pour
« elle ».

On y lisait l'inscription :
« Hic jacet in tumba mitis simplexque columba »...

Le corps de « la douce et simple colombe » recevait le même dévot et amoureux hommage à Loches. Il fut enterré dans le chœur même de la Collégiale de Notre-Dame (119), que nous nommons aujourd'hui l'église Saint-Ours. La Collégiale était l'antique église du château, desservant sur le rocher le logis du roi d'une part et la citadelle de l'autre. Dans le sanctuaire mystique de la Vierge, Agnès reposait entre la demeure du roi et les gens de la garnison, devant l'un des plus gracieux paysages de France. Dans le petit chœur de la vieille collégiale, on dressa une cuve de marbre noir où courait, sur le biseau, une inscription analogue à celle de Jumièges.

« Cy gist noble damoyselle Agnès Seurelle en son vivant
« Dame de Beaulté, de Roquesserière, d'Issouldun et de Ver-
« non sur Seine, piteuse envers toutes gens et qui largement
« donnoit de ses biens aux églyses et aus pauvres, laquelle
« trespassa le IXe jour de février l'an de grâce MCCCCXLIX.
« Priees Dieu pour l'âme d'elle. Amen ».

On voyait sur la dalle, taillée dans un marbre poli comme l'albâtre, Agnès gisante, les mains jointes, dans l'attitude de la prière. Elle était représentée dans l'un de ces beaux costumes de princesse qu'on lui reprocha. Sa robe est longue, largement drapée, mais elle ne justifie aucune critique des traînes qu'Agnès portait. Le surcot, bordé d'hermine, est légèrement décolleté. La figure, jeune et douce, ceinte sur le front d'un bandeau de duchesse, reposait sur un coussin porté par deux angelots. Un petit pinacle couronnait la tête du monument. Aux pieds d'Agnès, là où nous trouvons d'habitude les chiens ou les lions, la fidélité et la force, l'emblème de sa douceur et de sa patronne, deux agneaux.

Tel était, dans son état primitif (120), le monument qui atteste tant de soins et d'amour.

On lisait, scellée au pinacle formant le chevet d'Agnès, sur

TOMBEAU D'AGNÈS SOREL
(Château de Loches)

une petite plaque de marbre noir, en caractères délicats, l'inscription suivante (121):

Hac jacet in tumba mittis simplexque columba,
Candidior cignis, flamma rubicundior ignis.
Agnes pulcra nimis terre latitatur in imis.
Ut flores veris facies hujus mulieris.
Belalteque domum nemus astans Vinceniarum
Rexit et a specie nomen suscepit utrumque.
Sereriamque roquam Vernonis et utique gentem
Ac Yssoldunum regimen dedit omnibus unum.
Alloquiis mictis compescens scandala litis,
Ecclesiisque dabat et egenos sponte fovebat;
Illi Seurelle cognomen erat domicelle.
Et non miretur quis si species decoretur
Ipsius est ipsa quoniam depitta ducissa.
Hoc factum sponte certa racione movente
Pro laudum titulis meritorum sive libellis.
Hic corpus reliqua sunt Gemeticis inhumata.
Mille quadringentis quadringenta novem tulit annis.
Illam cum sanctis in tronum vita perhennis,
Nona dies mensis hanc abstulit inde secundi.
Palmis extensis transivit ab ordine mundi.

Dans cette tombe repose une douce et simple colombe,
Plus blanche que les cygnes, plus vermeille que la flamme.
Agnès la belle demeure maintenant au fond de la terre.
Un printemps fleuri était le visage de cette femme.
De son château de Beauté, près du Bois de Vincennes,
Et de l'aspect de sa personne, elle tint doublement son nom;
La Roquecezière, les gens de Vernon et d'ailleurs,
Ceux d'Issoudun, elle administra sous une même règle.
Douce en ses propos, apaisant querelles et scandales,
Elle donnait aux gens d'Eglise et protégeait naturellement les pauvres.
Le nom de cette demoiselle était Seurelle.
Mais que nul ne s'étonne de la voir sous cet aspect,
Et son image décorée des attributs de duchesse :
Ce fut librement fait, et par raison certaine,
A titre de louanges et en récompense de ses mérites.
Ici est son corps; son cœur est à Jumièges.

L'an mil quatre cent quarante neuf,
Elle passa dans la vie éternelle prendre place sur un trône parmi les
Enlevée le neuvième jour du second mois,   [saints.
Les mains tendues vers le ciel elle a quitté ce monde.

Un autre petit bas-relief de bronze représentait encore Agnès agenouillée, faisant oraison devant la Vierge ; derrière elle se tenait sa patronne sainte Agnès avec son mouton. Sous le petit socle, servant de support à la statuette d'Agnès Sorel, on voyait ses armes parlantes, un sureau ; on y lisait ces autres vers latins (122) :

Fulgor apollineus rutilantis luxque Diane
    Quam jubaris radiis clarificare solent
Nunc tegit ops et opem negat atrox Iridis arcus,
    Dum Furie prime tela superveniunt.
Nunc elegis dictare decet planctuque sonoro.
    Leticiam pellat turtureus gemitus
Libera dum quondam que subveniebat egenis
    Ecclesiisque modo cogitur egra mori.
O Mors seva nimis que jam juvenilibus annis
    Abstulit a terris membra serena suis.
Manibus ad tumulum cuncti celebretis honores
    Effundendo preces quas nisi Parca sinit.
Que titulis decorata fuit decoratur amictu,
    In laudis titulum picta ducissa jacet.
Occubuere simul sensus species et honestas
    Dum decor Agnetis occubuisse datur,
Solas virtutes meritum famamque relinquens.
    Corpus cum specie Mors miseranda rapit.
Premia sunt Mortis luctus querimonia tellus.
    Huic ergo celebres fundite queso preces.

La splendeur d'Apollon et la lumière de la rutilante Diane
Que les rayons de l'étoile du matin clarifient d'habitude,
Voilà ce que maintenant recouvre la terre ; et l'arc terrible d'Iris
Demeura sans effet contre les traits de la première des Furies.
C'est maintenant l'heure des élégies et des plaintes.
Que le gémissement de la tourterelle écarte la joie !
Celle qui jadis, libéralement, subvenait aux indigents

Et aux églises vient de passer douloureusement.
O Mort trop cruelle, en ses jeunes années,
Tu enlevas à la beauté sereine ce qu'elle possédait.
Venez tous à ce tombeau honorer ses mânes
Et répandre les prières que nous laisse seulement la Parque.
Celle que parait tant de titres n'a plus qu'un linceul.
Elle est représentée ici à titre d'honneur, gisante sous l'aspect d'une
[duchesse :
C'est qu'avec elle moururent esprit, beauté et décence.
Car tout cela finit avec la Belle Agnès,
Qui ne nous a laissé que le souvenir de ses vertus, de ses mérites et de
[son renom.
La Mort déplorable nous ravit son corps et sa beauté.
Le deuil, les plaintes, un peu de terre, tel est l'apanage de la Mort :
Donnez-lui, je vous prie, vos prières méritoires.

On lisait encore une autre pièce acrostiche paraphrasant les précédentes :

Astra petit mollis Agnes redimitaque flore
Grato celicolis hanc credo vigere decore.
Nulla sub aethereo thalamo permansit imago
Ejus namque Deo placuit sublimis origo.
Simplex alloquiis et libera munera dando
Sacris ecclesiis et egenis subveniendo.
Eripuit pariter animam Mors atque cruorem
Venarum per iter solitum prestare decorem.
Rexit Vernonis Issolduni quoque gentem :
Effleat hinc omnis ipsam populus morientem
Limina Belaltam Vincennarum comitantem,
Laeta per hanc vitam tenuit turrim resonantem
Et Roqua sereria fuit illi subdita jure
Illi propitia sit virginis optio pure
Quam pingi voluit ratio de jure ducissam
Nam titulis decuit ornari talibus ipam.
Anno milleno nono simul et quadrageno
Cum quadracenteno decessit ab orbe sereno
Nona dies februi vitam cum sanguine movit
Prosint spiritui qua saepe precamina vovit.
Et si defunctae nomen cognoscere curas

Metrorum primas tredecim conjuge figuras.
Flamma rubi Moysi, Sinai Mons, janua cœli,
Astrea, lucifera virgo, memento me.

La douce Agnès est dans les cieux, couronnée de fleurs.
Mais je crois bien qu'elle revit pour l'agréable ornement de ceux qui
[habitent là-haut.
Sous le lit du ciel aucune image d'elle ne resta :
Son essence sublime ne peut plaire qu'à Dieu.
Si simple dans ses entretiens, et libérale dans ses dons
Envers les églises, elle était le soutien des pauvres.
La Mort lui ravit et le souffle et le sang
Qui s'écoula par le chemin des veines qui d'habitude la rendait plus
[belle encore.
Elle a gouverné les gens d'Issoudun et ceux de Vernon :
Que tous répandent des larmes sur celle qui est morte.
Elle posséda Beauté dans les environs de Vincennes,
Heureuse de vivre, la tour qui répète son nom,
Et la Roquecezière dont elle a eu légalement la jouissance.
Suivant le désir de la pure demoiselle,
A bon droit elle a voulu être représentée dans le costume de duchesse ;
Et il convenait de lui décerner un tel honneur.
L'an mil quatre cent
Et quarante neuf, elle a quitté ce monde,
Le neuvième jour de février, perdant la vie avec le sang.
Que profitent à son âme ses prières et ses fondations !
Et si tu veux connaître le nom de la défunte,
Réunis les treize initiales de ces premiers vers.

Flamme pourpre de Moïse, Mont Sinaï, Porte du Ciel,
Céleste, Vierge lumineuse, ne m'oublie pas !

Nous connaissons l'auteur de ces vers étranges dont les mètres eurent leur célébrité : c'était un jeune humaniste et poète déjà connu, Jacques Milet (123), qui étudiait le droit à Orléans. On n'en saurait douter, ils sont aussi un hommage au roi, tenu pour un bon latiniste. Chrétiens et païens tout ensemble, les vers gravés dans la Collégiale de Notre-Dame de Loches sont comme un signe annonciateur de la Renaissance des lettres, du triomphe de la mythologie qui trouvera

sa racine dans une terre accueillante entre toutes aux figures
de l'Antiquité et de l'Italie. Ils sont ici le premier sourire
du Paganisme.

On peut se demander toutefois si l'hommage des deux
magnifiques tombeaux de Jumièges et de Loches ne fut pas
imprudent. Car Agnès après sa mort fera encore parler d'elle.
Cela est si vrai que Jean Chartier, chantre de Saint-Denis, et
chroniqueur officiel, que nous avons trouvé suivant la campagne de Normandie, a inséré dans son récit une apologie
d'Agnès (124) qui paraît bien inspirée par le roi, et devait
répondre à des médisances posthumes. Le religieux nous dit
avoir fait une enquête ; mais son récit semble surtout reproduire ce que Charles a voulu que nous sachions d'Agnès. Pendant les cinq ans qu'elle avait demeuré chez la reine, plai-
dera Jean Chartier, le roi n'avait pas cessé de coucher avec
sa femme et d'en avoir des enfants. Certes, dans la maison
de la reine, Agnès a connu les joies et les passe-temps du
monde, porté de jolies robes, des colliers d'or, des pierreries.
Etant jeune et jolie « ce fut une commune renommée que le
roy la maintenoit et entretenoit en concubinage. Car aujour-
d'hui le monde est plus enclin à penser et dire mal que bien ».
Le religieux de Saint-Denis, qu'on est si surpris de voir
prendre un tel parti en cette affaire (alors qu'il était bien
simple de n'en pas parler), va même jusqu'à dire que c'est
contre sa volonté qu'Agnès eut un si grand état : mais tel était
assure-t-il, le bon plaisir de la reine, alors que nous savons
bien le contraire. Les rapports du roi et d'Agnès on été des
plaisirs licites et honnêtes, comme il appartient à un roi. Chacun d'eux a toujours regagné le soir son propre logis. Agnès
avait le langage le plus poli et le plus honnête du monde.
Le roi la rencontrait quand il allait visiter la reine, parmi les
dames et les demoiselles. Il y eut toujours une multitude de
gens présents, même quand Agnès allait le voir ; et Jean

Chartier ajoutera, un peu naïvement, que jamais ces témoins ne la virent touchée par le roi au-dessous du menton. S'il y a eu « copulation charnelle », ce fut en cachette et bien secrètement, alors qu'Agnès était au service de la reine de Sicile, et dans tous les cas avant d'entrer au service de la reine de France.

Comment le roi se serait-il amusé durant les cinq ans qu'Agnès passa à la cour ? Il avait restauré la justice, apaisé la division de l'Eglise universelle, à ce point que la paix, l'union et la concorde étaient partout observées. Et Dieu l'avait récompensé en lui accordant de recouvrer la Normandie occupée par les Anglais. En deux ans, le roi avait fait sur eux autant de conquêtes qu'ils en avaient pu faire pendant l'espace de trente ans.

Voilà ce que Jean Chartier croyait pouvoir affirmer, au témoignage des chevaliers, des écuyers, des conseillers, des physiciens, des médecins qui avaient connu la Belle Agnès. Car il faut « oster l'abus du peuple ».

C'est que le grand scandale demeurait évident. Même après la mort de la dame de Beauté, son amour était un grand péché aux yeux des braves gens de France.

VII

Les Enfants de l'Amour.

Charles demeura fidèle au souvenir d'Agnès Sorel qui lui avait donné trois enfants. Mais ce fut d'une manière qui parut assez équivoque, en se rapprochant de la famille d'Agnès. Antoinette de Maignelay, fille de Jean de Maignelay, capitaine de Gournay-sur-Aronde et de Creil (125), « aussi belle que sa cousine » (126), passe en effet pour avoir remplacé Agnès. Mais peut-être, comme nous le verrons, s'occupait-elle simplement des enfants royaux.

Cette belle Antoinette, Charles la maria à son jeune chambellan, André de Villequier, son familier des Montils. André de Villequier, au service de Charles depuis son enfance, ne paraît pas avoir été un homme très scrupuleux. Son nom est prononcé à propos d'un trafic d'influence pour la vente d'une lettre de chancellerie qu'il aurait fait obtenir contre 12000 écus, en 1449, à une grande dame, Blanche d'Aurebruche, en difficulté avec la justice après avoir supprimé un mari odieux (127). On s'inclinait devant lui. Un homme comme Dunois renonçait en sa faveur à des droits sur un héritage confisqué au duc d'Alençon « pour le bon amour et affinité qu'il avoit à noble homme André sire de Villequier... et pour son bien et avancement » (128). Et la lettre reçut, à l'enregistrement, la mention de la volonté expresse du roi.

Revenu à Tours, après la campagne de la Normandie, Charles VII s'installa au mois de septembre au château de Montbazon, chez son chambellan Aymar de la Rochefoucauld (129). La famille d'Agnès Sorel se retrouve. Il y a là la mère d'Antoinette de Maignelay. Le mariage d'André de Villequier est célébré en présence de Charles. Le sieur de Villequier, à qui chacun veut du bien, reçoit, le 22 octobre, le don des îles et dépendances d'Oléron, Marennes, la tour de Brou, biens confisqués sur la Trémoille. Son contrat de mariage est vraiment curieux (130). Il y fait exposer que venu en âge, il avait reçu l'offre « de plusieurs grands et notables partis et traités de mariage, en grandes et notables maisons, par le moyen desquels il eût eu et lui fussent venus plusieurs grandes terres et seigneuries ». Mais André désirait obéir en tout à son maître, le roi Charles, « sachant que nostre plaisir estoit le pourveoir autre part oudit estat de mariage à nostre plaisir et voulenté, ainsi que avons entencion de faire, avec nostre très chière et bien amée Anthoinette de Maignelaiz, damoiselle... ». Ce contrat représente-t-il la compensation d'un dommage ? Il s'agit dans tous les cas d'un service, comme nous allons le voir.

Le mariage à Montbazon donna lieu à des fêtes, comme au temps d'Agnès, dans les derniers jours d'octobre. L'acte de mariage d'André de Villequier était signé par les évêques de Maguelonne, de Maillezais, de Carcassonne et d'Agde, les comtes de Saint-Pol, de Tancarville, le grand maître de l'hôtel (Culant), le sire de Torcy, de Preuilly (Frotier), de Bangy (Bar), par Charles de Ventadour, Jean de Chambes, Louis d'Aumale, Jacques Cœur, Jean Hardouin et Etienne Chevalier. On le voit, l'Eglise, la noblesse et la finance étaient bien représentées aux noces du favori avec la cousine d'Agnès. Bientôt à Montbazon arrivait Pierre, le nouveau duc de Bretagne, qui venait prêter son hommage (131). Philippe de Gamaches, abbé de Saint-Denis, oncle de Villequier, est là aussi (132). La fête dure quinze jours, avec les joutes et les danses d'autrefois. Le 12 novembre, le roi s'aperçoit que Mme de Villequier n'a de son côté aucun bien : il faut combler cette lacune ; et Charles lui accorde, sa vie durant, la seigneurie d'Issoudun, celle qu'il avait donnée autrefois à Agnès (133). Nicole Chambers, capitaine de la garde Ecossaise, avait acquis, le 21 mai 1448, de Jean de Malestroit la terre de la Guerche. C'était là un beau domaine auquel il pouvait tenir (les Ecossais ne servaient pas pour rien) ; mais il faut qu'il le cède, pour un prix inférieur à celui de l'acquisition, le 19 octobre 1450, au ménage Villequier.

On est bien et sûrement à la Guerche (134), la petite ville entourée de murailles et de fossés, dans le grand château dont les fondations de pierre de taille s'élèvent sur la rivière, où cinq grosses tours reposent leurs pieds dans les fossés d'eau vive. Qu'est devenu encore une fois le roi, qui avait si doux accueil ? Le voici de nouveau inacessible, au milieu des jeunes favoris dont les conseils paraissent à certains dangereux. Où sont, autour de lui, les anciens chevaliers ? Le roi fait ce que veut un favori. Quelle moquerie ne ferait-on pas de lui, si le peuple le savait ! Et Jouvenel des Ursins va recommencer à grogner (135). Mais lui aussi ne peut pas comprendre.

En 1451, au printemps, Charles quitte Montils-lez-Tours, la résidence qu'il venait de faire clôturer. Il va passer un mois auprès du sire de Villequier et d'Antoinette au château de la Guerche et leur alloue une gratification de 2000 livres (136). En été, le roi se rendra à Taillebourg, où il séjournera jusqu'à la fin de la campagne de Guyenne. Le roi Charles a désigné Dunois pour lieutenant général. Celui-ci l'invite à venir à Libourne, ville grande et spacieuse. Charles sera, comme en Normandie, au milieu de l'armée. Mais le roi reste à Taillebourg, auprès des trois petites filles qu'il a installées dans cette résidence d'abord sous la surveillance de Prégent de Coëtivy, auquel a succédé Olivier. Marie est l'aînée, Charlotte entre les deux, Jeanne la plus jeune. Et Marie pouvait avoir six ans. On voit encore le roi, très solitaire, passer l'au-

tomne (octobre-novembre) à Villedieu, chez Etienne Gillier,
seigneur du lieu, dans un endroit bien incommode au dire
de l'ambassadeur Florentin (137). Puis Charles repasse bientôt à la Guerche ; il s'installe de nouveau aux Montils, au
temps où commence le procès de Jacques Cœur.

Le bel aventurier, l'exécuteur testamentaire d'Agnès Sorel,
fut magnifique. Il savait bien qu'il avait des envieux, ayant
fait une fortune considérable, et acquis des inimitiés puisqu'il
avait prêté de l'argent. Une certaine Jeanne de Vendôme,
dame de Mortagne, osa même l'accuser d'avoir fait empoisonner Agnès ; d'autres, d'avoir conspiré contre la personne du
roi, vendu des armes aux infidèles, et reçu des commissions.
Certes, Jacques Cœur avait fait des bénéfices commerciaux ;
mais vendu du poison, jamais. Empoisonner Agnès, une amie,
et la meilleure de ses clientes, était une absurde accusation.
Mais mal parler d'Agnès, c'était l'ancien racontar que la vieille
dame de Mortagne avait recueilli. Conspirer contre la personne
du roi, Jacques Cœur ne l'aurait pas fait : il attendait tout de
sa justice. Jeanne de Vendôme, qui radote, sera condamnée
à faire amende honorable. Mais l'argentier fut cependant condamné à l'exil. Et le roi ne fit rien pour celui qui avait en
partie financé l'expédition de Normandie. Peut-être était-il
coupable d'avoir prêté de l'argent au dauphin ? Jacques
Cœur quitta son bel hôtel de Bourges, reprit la mer et l'aventure. Lui qui avait été accusé d'avoir vendu des armes aux
infidèles (sait-on ce que l'on vend en Egypte ?) mourra,
comme un chevalier, au service du pape, dans un combat
contre les Turcs à Chio. Telle fut la fin du marchand de
Bourges et de l'argentier du roi.

Au temps où on le jugeait, Charles réservait ses faveurs à
la famille d'Agnès : colliers, ceintures d'or, robes sont pour
Mesdames de Montel, de Vauvert, les belles-sœurs d'Antoinette, et Jeanne de Maignelay, sa sœur. Mme de Villequier

devint veuve en 1454. Le roi, revenant encore à la Guerche, passait l'été chez elle. Mme de Villequier avait toujours dans sa maison cinq ou six autres demoiselles, sans doute jeunes et agréables (138). Le roi Charles vieillissait, décidément. Il mourut le 22 juillet, l'an 1461, très solitaire, ne mangeant plus, craignant le poison, dans le charmant château de Mehun-sur-Yèvre, le jour de la fête de sainte Madeleine. Et comme Agnès, il tourna sa pensée vers celle qui intercède en faveur de ceux qui ont souffert et péché dans leur chair.

Voici ce que devint Marie de Valois.

Elle grandit, enfant gracieuse et spirituelle, admirablement élevée à Taillebourg, sous la direction des Coëtivy (139). Les Coëtivy sortaient d'une famille bretonne dont le chef avait été tué contre les Anglais. L'aîné, Prégent, un magnifique soldat que Charles VII avait pris dans son service, fut fait grand amiral de France en 1439, puis seigneur de Taillebourg. De Marie de Laval, dame de Rais, sa femme, il n'avait pas d'enfant, quand Charles VII lui confia, avec son secret, Marie. Prégent tomba frappé d'un coup de canon alors qu'il emportait Cherbourg. Il laissa un cadet, Olivier de Coëtivy, énergique et précoce, qui l'avait secondé en maintes circonstances, et qui avait été fait chevalier à la journée de Formigny en 1450. Olivier recueillit l'héritage de son frère l'amiral, combattit en Guyenne en 1451 et fut fait à son tour seigneur de Taillebourg et grand sénéchal de Guyenne. La trahison des Bordelais le met, en 1452, aux mains de Talbot qui l'emmène prisonnier en Angleterre. Il recouvre sa liberté en 1458, prend part à la victoire de Castillon, paye sa rançon, s'installe sur les bords vivaces de la Charente. Il a la quarantaine et le dernier des représentants des Coëtivy médite de se marier.

Olivier retrouve à Taillebourg l'enfant que son frère avait amenée à la maison, la recommandant à l'expérience et à l'affection de leur mère, Catherine du Chastel. C'était Mademoi-

selle Marie, qui peut avoir treize ans environ, ce qui est pour
le temps l'âge nubile. Olivier connaissait le secret de la fille
du roi qu'il a pu faire sauter sur ses genoux, et la raison des
séjours du roi à Taillebourg. La chose est agréable au roi
Charles qui a écrit officiellement à Marie, le 3 novembre 1458 :
« Chère et amée fille, pour la grande amour et bonne affection que nous avons à nostre amé et féal conseiller et chambellan, le sire de Coëtivy et de Taillebourg, sénéchal de
Guyenne, et confiant que vous serez bien colloquée et pourvue
avec lui, et en faveur d'icellui, vous avons donné 12.000 écus
pour une fois et tous les droits sur les places, châteaux et cha-
tellenies, terres et seigneuries de Royan et de Mornac... Et
pour ce que nous désirons que la chose soit parfaite et accomplie le plus tôt que bonnement se pourra, nous envoyons présentement par delà notre amé et féal conseiller, maître
M. Pierre Doriole, général des finances, porteur de cestes,
pour vous conseiller en cette matière. Si voulons et vous man-
dons que vous entendiez audit mariag... ». Olivier reçut la
même lettre (140).

Ce mariage par ordre, disproportionné suivant la condition
et l'âge, fut la plus heureuse des unions. Charles reconnut
Marie pour fille naturelle, avec le surnom de Valois, et lui
donna les armes de France, modifiées par la barre indiquant
la bâtardise, qui n'était pas d'ailleurs en ce temps là vue défa-
vorablement. Le trousseau fut bien : de riches étoffes de laine
et de soie, satins, fourrures, bijoux d'une valeur de
1650 livres.

Une suite de lettres intimes de Marie de Valois à son mari
absent nous fait pénétrer dans une maison d'autrefois et révèle
l'esprit primesautier et charmant de la fille d'Agnès Sorel (141).
Elle remercie Monseigneur qui lui donne de ses nouvelles.
Car elle est joyeuse, et si heureuse, d'avoir reçu deux bonnets
de toile et des aiguilles. Elle n'avait plus rien à faire. Elle

passera le temps à ourler ses colifichets, en attendant de le
revoir. Monseigneur lui a envoyé un patron pour ses travaux. Sa couture s'efforcera d'être toujours belle : « Monseigneur, je ne sais que vous écrire pour le présent, fors que
prier Notre Seigneur qu'il vous donne ce que votre cœur
désire ». Marie ne se montre pas jalouse des bagues que les
belles filles ont donné au vainqueur. Les Anglais qui rôdaient
dans les environs n'ont pas touché à son coffre : elle a conservé ses belles chemises. Marie réclame des graines pour ense-
mencer les jardins qu'elle aime : « Ah ! si elle avait su que
l'absence durerait si longtemps, elle ne l'eût pas laissé partir,
ce bon mari ». La maison est en ordre. Marie a reçu une
petite chienne qui a eu un petit. Si vous demeurez, vous
trouverez tout votre ménage en bon point, « et dussé-je mener
le rousseau et sa charrette ! » Marie de Valois affirme en
plaisantant qu'elle est devenue fort riche de la vente du blé
qui a rapporté 100 écus. Elle demande à Olivier une grande
chaîne, deux « ferrures » (corsets), et une large attache pour
se faire belle : « car je vous certifie que j'en ai bien besoin ».
Marie de Valois a, comme elle dit, le cœur au ventre :
« Depuis votre départ, votre fille est devenue femme de façon :
elle couche en grand lit et me servira de mari jusqu'à votre
retour... ». Mme de Taillebourg a prêté sa mule, qui lui fait
tant défaut, et n'a toujours pas reçu la belle robe verte qu'elle
attendait. Voici comment, le dernier février 1464, elle annonçait la naissance d'un fils : « Monseigneur... vous plaise savoir
que le premier vendredi de Carême il plut à Dieu me faire
grâce de me délivrer d'un beau fils, environ huit heures de
nuit, et lequel enfant est tant beau que merveille. Mais, Monseigneur, comme vous savez, il ne faut pas émerveiller s'il est
beau, car tout le monde dit qu'il vous ressemble très fort, et
pour ce autrement ne pourrait être. Et me semble que vous
me devez beaucoup louer, vu que vous ai fait deux si beaux

fils, l'un après l'autre. Et si se fût une fille, j'en dirais tous
les maux du monde, vu la peine qu'il m'a donné ; mais,
puisque c'est un fils, j'aurais honte de me plaindre ». Marie
de Valois dira encore à son mari qu'elle ne devrait pas l'aimer si fort qu'elle fait, car dès qu'elle l'a perdu de vue elle
donnerait pour rien tous les biens du monde. La petite Marguerite, sa fille, qu'elle nomme une « mauvaise garce », a
toujours bon bec — « Mal gracieux mari », qui passant à
Paris, ne lui a même pas acheté un beau « caresmau » ! Bien
qu'elle en ait fait provision, elle a peur d'en avoir besoin d'un
autre, vu le ventre qu'elle a : « Car je vous certifie qu'il est
plus grand qu'il n'était, l'autre voyage ». Ainsi Marie de
Valois plaisante sur ses grossesses. Elle réclamera encore des
Heures pour les enfants qui vont à l'école, de la toile de
Tours, des bonnets et des frivolités. Nulle trace, dans
cette correspondance, qui n'est que sourire et douceur, le sourire et la douceur de sa mère, des grands ennuis que le ménage
des Coëtivy eut à l'avènement de Louis XI. Car le nouveau
roi est l'ennemi des serviteurs de son père ; et brutalement,
il a enlevé à sa sœur naturelle Royan et Mornac, refusé le
paiement du reste de sa dot, ôté à Olivier l'office de sénéchal
de Guyenne. Deux fois M. et Mme de Taillebourg ont été
dépossédés de leur château. Mais Marie de Valois devait
mourir, à la fin de l'année 1473, dans son cher Taillebourg,
qu'elle avait rempli de sa bonté et de sa piété. On parla même
de miracles opérés sur son tombeau. Et Louis XI, en 1480,
reconnaîtra publiquement ses torts envers Olivier, qui survé-
cut à sa femme d'une dizaine d'années.

Charlotte de Valois, la seconde fille d'Agnès et de
Charles VII, n'eut pas l'existence unie de sa sœur aînée.
Louis XI, qui était grand marieur, montra envers elle une
terrible sollicitude. Il la donna, en 1462, à Jacques de Brézé,
comte de Maulévrier, le fils du grand sénéchal Pierre de Brézé,

qu'il tenait alors dans la prison de Loches, comme son ennemi
capital dont il avait mis la tête à prix lors de son avènement.
Une des grandes forces du roi Louis, c'est qu'il savait ne
pas avoir de rancune, quand les intérêts du royaume étaient
en jeu. Pierre de Brézé, plein de courage et de ressources,
pouvait devenir un bon serviteur du roi, encore qu'il se soit
montré ennemi du dauphin. Louis était roi. Il rendit à la
lumière du jour le brillant seigneur qui avait su d'ailleurs
intéresser à sa cause l'opinion publique par la voix éloquente,
poétique et déclamatoire du grand Georges Chastellain (142).
Mais Louis XI prit des assurances. Il maria sa demi-sœur
Charlotte au jeune fils du prisonnier de Loches, Jacques de
Brézé.

Comme son père, le comte de Maulévrier était un homme
spirituel, qui amusa souvent le roi de ses brocards (143); il
lui était dévoué et entre ses mains devenait un gage. Le jeune
sénéchal de Normandie servit Louis, comme Pierre avait servi
Charles. Au temps de la guerre du Bien Public, on le voit
sortir de Paris avec ses 600 chevaux pour escarmoucher et
montrer qui il était aux gens de Charolais (144). Jacques de
Brézé fut souple et fidèle : ayant reçu la charge de capitaine
de Rouen, le 27 juillet 1466, il n'hésita pas à céder sa place
au comte de Saint-Pol, puisque l'ambitieux connétable était
momentanément réconcilié avec le roi. A une heure critique,
on trouve son lieutenant Guillaume Valée portant aux assié-
gés de Beauvais le secours de ses deux cents lances (145).
Pierre de Brézé était mort héroïquement à Montlhéry, condui-
sant la première charge contre les Bourguignons. Le roi montrait à son fils une charmante familiarité. Car lui ayant donné
une petite haquenée, il lui disait : « Monseigneur le sénéchal,
que vous en semble ? n'est-ce pas icy une belle haquenée, et
bonne !» (146). Il n'y a pas que les grandes femmes qui soient
agréables à chevaucher.

Le comte de Maulévrier, comme son père, avait la passion
de la chasse. Comme lui, il aimait à faire retentir le son du
cor dans les forêts normandes: nul n'avait de plus beaux
chiens. Quand il usait des nobles termes du veneur, qu'il
cherchait à dire l'émoi de la chasse aux cerfs dans la forêt,
il devenait poète (147):

> La veille d'une Saincte Croix
> En May, au matin me levoy
> Mon lymier au poing, pour au boys
> Aller en queste où je pourroy
> Pour veoir si je rencontreroy
> Nul cerf qui me plaise à chasser.
> Et si je puis ung rencontrer
> Qui me plaise, cerf à dix cors,
> Mectroy peine de retourner
> Au lieu ou se font les rappors...
>
> C'est ung cerf de dix huit corps,
> Une haulte teste paumee,
> Grant et pesant et brun de corps,
> Par tous pret, la teste sommee :
> Gros merrin par ordre semee,
> Grant tour de meusles près du test.
> De ses joes blanches ne se test
> Et dit qu'il a fauves coustés.
> Ce poil sur tous autres me plaist,
> Et à tous veneurs, n'en doubtez...

Nous aimerions mieux connaître ce que fut sa vie avec
Charlotte de Valois. Mais nous savons seulement que l'épouse
de Jacques de Brézé lui donna cinq enfants: Louis, Jean,
Gaston, Catherine et Anne (148). Et nous ne connaissons
Charlotte que par un affreux drame de chasse, par le coup
d'épée que Jacques de Brézé devait lui porter entre les seins,
dans la nuit du 13 juin 1476.

Le journal de Jean de Roye rapporte ainsi cet assassi-
nat (149): « En ce temps, le samedi XIIIe jour du moys de
juing mil CCCCLXXVI, le seneschal de Normandie, conte

de Maulevrier, filz de feu messire Pierre de Breszé, qui fut tué à la rencontre de Montlehery, lequel Monseigneur le seneschal, qui s'en estoit alé à la chace près d'un village nommé Rouvres lez Dourdan, à lui appartenant, et avecques luy y avoit amenée madame Charlote de France, sa femme, fille naturelle dudit feu roy Charles et de damoiselle Agnès Sorel, advint par male fortune, après que ladicte chasse fut faicte, et qu'ilz furent retournez au souper et au gite au lieu de Rouvres, ledit seneschal se retray seul en une chambre pour ilec prendre son repos de la nuit ; et pareillement sa dicte femme se retrahy en une autre chambre. Laquelle, meue de lecherie (150) désordonnée, comme disoit son dit mary, tira et mena avecques elle ung gentilhomme du pays de Poictou, nommé Pierre de la Vergne, lequel estoit veneur de la chasse dudit seneschal, lequel elle fist coucher avecques elle. Laquelle chose fut dicte audit seneschal par ung sien serviteur et maistre d'ostel, nommé Pierre l'Apoticaire. Lequel seneschal incontinent print son espée et vint faire rompre l'uis où estoient lesdites dame et veneur. Lequel de la Vergne il trouva en chemise, en pourpoint, auquel il bailla de son épée dessur la teste et au travers du corps, et depuis qu'il le eut veu mort, lui bailla cent cops d'espée et plus. Et après s'en ala en une chambre ou retrait, au joignant de ladicte chambre, où il trouva sa dicte femme mucée (151) dessoubz la couste (152) d'un lit, où avoient couché ses enfans ; laquelle il print et tira par le bras à terre, et en la tirant à bas, lui bailla de ladicte espée au travers d'entre deux espaules, et puis, elle descendue à terre et estant à deux genoilz, lui traversa la dicte espée par deux foiz parmy les tetins et l'estomac, dont incontinent ala de vie à trespas. Et puis l'envoya enterrer en l'abbaye de Coulons (153) et y fist faire un service, et ledit Pierre de la Vergne fist enterrer en ung jardin en joignant de l'ostel ou il avoit ainsi esté murdry ».

Une variante du drame est fort différente, et sans doute plus précise; nous la rencontrons dans une lettre de rémission accordée plus tard au meurtrier. Elle reproduit, comme tous les documents de ce genre, le récit de l'impétrant, un peu arrangé en vue d'un pardon.

Un samedi, veille de la Sainte-Trinité, Jacques de Brézé et Charlotte sont à Rouvres. La nuit est venue. Ayant le désir de se coucher, « il dist à la dite Charlote, sa femme, qu'elle s'en vensist coucher, ainsi qu'il est accoustumé faire en mariage. Et depuis que ledit suppliant fut couchié en son lit, icelle sa femme lui vint dire qu'elle ne povoit encore couscher avec lui jusques à ce qu'elle se fust nectoyé et lavé ses cheveulx. A quoy ledit suppliant lui dist: « Bien! » Et ainsi comme ledit suppliant actendoit sadite femme, cuidant qu'elle vensist avec lui, il s'endormit. Et après, environ la myennuyt, ledit suppliant fut esveillé par Pierre l'Apoticaire, et par son barbier, qui lui vinrent dire que lad. Charlote et Pierre de la Vergne, qui estoit serviteur domesticque dudit suppliant, estoient couschez ensemble en ung lit, en faisant adultaire, en la chambre qui estoit au dessus de celle où estoit cousché ledit suppliant. Pourquoy icellui suppliant, meu de grant ire, et desplaisant dudit cas, se leva soudainement de son dit lit, et de chaude colle, print une espée et vint en la chambre où s'estoient couschez ledit Pierre et ladite Charlote; et fut bouté l'uys de la dite chambre, qui estoit fermé, dedans. En laquelle chambre ledit suppliant trouva ledit la Vergne; auquel de prime face, il bailla ung ou plusieurs coups de la dite espée, tant d'estoc que de taille, tellement que ledit la Vergne, à l'occasion des dits coups, mourut en la place. Et après vint icelluy suppliant à ladite Charlote, sa femme, qui s'estoit retraicte en la garde robe, à laquelle il bailla ung coup de ladite espée par la poitrine; à l'occasion duquel coup elle alla semblablement de vie à trespas... » (154).

Telle fut la fin de la seconde fille d'Agnès Sorel, où l'on pourrait reconnaître le prolongement de la vie passionnée de sa mère. Les circonstances du drame rapportées par le chroniqueur et par Jacques de Brézé sont trop différentes pour que nous puissions prononcer un jugement sur cette cause.

Le meurtre de Jacques de Brézé eut du moins un grand retentissement, comme on vient de le voir par le récit de Jean de Roye. Louis XI et la justice prirent très mal ce drame passionnel. Le roi, qui plaisantait jadis agréablement avec le comte de Maulévrier, n'admettait pas que l'un des siens assassinât sauvagement sa demi-sœur. Jacques de Brézé reçut d'un huissier du parlement commandement de se constituer prisonnier à la Conciergerie dans les huit jours. Cette prison, où il était détenu avec des gardes à lui et des serviteurs, ne parut pas cependant assez sûre. Le 24 novembre 1477, sur les cinq heures du soir, une barque touche au pied de la tour de la Conciergerie. Des hommes armés en descendent, font déguerpir les serviteurs de Jacques de Brézé, le prennent sur leur barque par un froid rigoureux ; ils descendent ainsi jusqu'à Saint-Cloud. Jacques de Brézé proteste : il ne sait si on le délivre des griffes des gens du Parlement, ou si on va le noyer. Jacques comprend bientôt qu'il est remis en garde au prévôt de Paris, Robert d'Estouteville, son ennemi mortel, avec lequel il avait eu des démélés à propos d'une succession. Le prévôt le fait enfermer, pendant trois ans, dans la grosse tour du château de Vernon-sur-Seine où Jacques de Brézé demeura sans être interrogé. Enfin Louis XI lui fait faire divers voyages, entre autres au château de Nemours, étroitement lié et garotté. De Nemours, on le ramène à Vincennes où il reste jusqu'aux Rois ; puis il réintègre Vernon où il demeure dans la nuit d'un cachot, car on avait bouché d'étoupes la fenêtre de sa prison ; et Jacques ne voyait le jour

que par l'huis de la porte et le trou de la cheminée. On savait
évidemment qu'une tentative de délivrance en faveur de Brézé
était préparée par les siens, comme l'indique une lettre de
Jacques d'Estouteville, prévôt de Paris, au roi Louis XI.
Enfin le prisonnier reçoit la visite des commissaires du roi
qui l'interrogent : Pierre de la Dehors, le seul homme de justice, les commissaires Navarrot d'Anglade, Girard Bureau,
Pierre Lobat, Pierre Durand et Mᵉ Jean de la Vallée. Pierre
de la Dehors, le descendant des bouchers dont Villon a stig-
matisé la dureté, ne paraît pas en cette circonstance avoir procédé avec assez de rigueur, car il est privé momentanément de
son état. Navarrot demande à Jacques de Brézé de confesser
ce dont on l'accusait, et qu'au besoin le roi lui pardonnerait.
Il déclare tout ce qu'on veut, pour faire plaisir au roi, dira-
t-il plus tard. S'agit-il seulement du meurtre de Charlotte, ou
d'une autre affaire de trahison en rapport avec celle qu'eut
sa mère à Rouen ? On peut le supposer.

Le 22 septembre 1481, les commissaires lurent à Jacques
de Brézé une sentence portant que, d'après l'avis du grand
conseil, il avait forfait envers le roi en corps et en biens.
Cependant sa Majesté consentait à convertir l'affaire du criminel au civil, et il était condamné à une amende énorme de
100.000 écus d'or, qui peut correspondre aujourd'hui à 4 mil-
lions. Jacques de Brézé fut élargi. Ne pouvant payer une
somme aussi considérable, il dut se constituer de nouveau
prisonnier à la Roche-Corbon. Les terres de la maison de
Brézé, qui étaient nombreuses, en Normandie le comté de
Maulévrier, en pays chartrain Nogent-le-Roi, Anet, Bréval,
Montchauvet, en Anjou la Varenne, Bréchossac et Clayes,
d'autres en Périgord dépendant de la Vicomté de Turenne,
Martel en Quercy, furent mises en la main du roi. Le contrat de cession fut passé à Tours, le 6 octobre 1481.

La première pensée qui vient à l'esprit est que le roi Louis

aurait agi par cupidité et cherché à agrandir le domaine aux
dépens d'un assassin. Mais il n'en est rien. Dans le même
mois, Louis XI rendait ses terres à Louis de Brézé, fils aîné
du comte de Maulévrier, et à ses quatre autres enfants qui
firent à leur père une pension de 2.000 francs sur la baronnie
de Mauny. Ce qui détermina le roi à agir ainsi vaut d'être
rapporté : « Considérant que ledit Jacques de Brézé a eu
espousé feue Charlotte, en son vivant nostre sœur naturelle,
de laquelle sont issus en mariage nostre cher et amé nepveu
Louis de Brézé, leur aisné fils, et deux autres fils et deux
filles, qui sont encore mineures et en bas âge ; laquelle nostre
feue sœur naturelle ledit Jacques, par de faux et sinistres
rapports, comme il dit, meurtrit et occist inhumainement, non
voulant ledit Louis, fils aisné, estre deshérité et ne souffrir des-
triement pour les crimes dudit Jacques son père, mais les
élever et augmenter en faveur de sa feue mère, et aussy en
faveur du mariage pourparlé dudit Louis de Brézé, nostre
nepveu, et de nostre bien amée Yolande de la Haye, demoiselle, fille de nostre amé et féal conseiller et chambellan,
Louis de la Haye, seigneur de Passavant, et de notre chère
et bien amée cousine, Marie d'Orléans, son épouse, et pour
autres grandes et raisonnables considerations ». Le jeune
Louis de Brézé recevait comme tuteur Dunois, puis le vidame
de Chartres.

On ne s'attendait vraiment pas à trouver Louis XI montrant un tel esprit de famille, une fois de plus marieur, et
si rigoureux à poursuivre les intérêts du sang de la belle
Agnès qu'il avait pourchassée la dague à la main.

Jacques de Brézé fit le mort durant les dernières années du
règne de Louis XI. Il attendit prudemment l'avènement de
Charles VIII pour faire appel de sa condamnation dans un
procès qui vint au Parlement le 3 mai 1484. Alors les avocats
de sa cause racontèrent la suite des détentions de leur client

et protestèrent contre l'illégalité des informations. Mais
Jacques de Brézé préféra cependant réintégrer la Conciergerie et s'en remettre à la clémence du roi Charles VIII qui le
délivra, lors de son entrée à Beauvais, au mois d'avril 1486.
Alors le comte de Maulévrier obtint de la chancellerie une
lettre de rémission pour le crime qu'il avait commis au mois
de juin 1477. Il retrouva son passe-temps favori qui était
la chasse, regarda vieillir Souillart, le bon chien « qui fut au
roi Louis de France » (155), célébra cette « belle rose fleurie »,
Anne de Beaujeu, la fille du roi très chrétien. Il demeura
sans rancune envers celui qui lui avait imposé de justes et
sévères prisons (156) :

> O Roy Loys, roy très victorieux,
> Dont les haulx faitz et labeurs gorieux
> Ont excedé tout authentique histoire :
> Certes, je dy que l'œuvre est méritoire
> Et digne assez de te canonizer
> A toutes gens qui ont ferme creance
> D'avoir été père d'Anne de France !

Jacques de Brézé, qui chante la gloire de Louis XI, devait
à son tour se réconcilier avec son épouse. Ce fut dans la
paix du tombeau où il la rejoignit dans l'abbaye de Coulombs. C'est du moins ce qu'atteste une plaque de cuivre,
semée de larmes, qui fut posée plus tard sur leur sépulture.
On y lisait l'inscription suivante, au-dessous de leurs blasons,
dans un encadrement de palmes (157) :

Cy gist haut et puissant seigneur Mre *Jacques de Brézé, comte de
Maulévrier, baron de Bec Crespin et de Mauny, seigneur de Haut Rocher,
Planes, Anet, Breval, Mont-chauvet et Nogent le Roy, où il mourut
le X*^e *jour d'aoust M IV*^c *XCIV et Mademoiselle Charlotte de France,
sa femme, qui mourut le [X]III juin M IV*^c *LXXVI. Priez pour le repos
de leurs âmes. Requiscant in pace.*

L'histoire de la troisième fille d'Agnès Sorel nous laisse

croire qu'elle n'en eut pas. On a dit, sans qu'on en puisse
faire la preuve, que Jeanne de France naquit à Beauté-sur-
Marne. Mais nous savons surtout qu'elle a été remise enfant
à un homme riche, Prégent, baron de Preuilly, fils de ce
Pierre Frotier qui fut, au début du règne de Charles VII,
une sorte de premier ministre et qui avait réédifié le vaste
château de Preuilly sur la Claise dont les ruines sont aujour-
d'hui abandonnées à la pluie et aux vents. Prégent, baron
de Preuilly, éleva Jeanne de Valois, qui lui était destinée
plus tard comme épouse. Charles VII avait confié de la même
manière Marie à Prégent de Coëtivy. Mais il arriva que
Louis XI, peu après son avènement, modifia les projets de
son père. Le 23 décembre 1461, un contrat de mariage était
signé à Tours, par lequel Jean V de Bueil, comte de Sancerre, représentant son fils Antoine de Bueil (158), encore
mineur, épousait Jeanne de France (159). Le roi était représenté par Pierre Bérart, chevalier, seigneur de Bléré et de
Chissé. Prégent, baron de Preuilly, recevait une indemnité
de 6000 écus d'or comme dédommagement des frais qu'il
avait eus pour nourrir et élever l'enfant. Jean de Bueil s'en-
gageait à faire d'Antoine son héritier, à lui assigner comme
demeure le château de Vaujours; il devait recevoir du roi,
par termes successifs, une dot de 40.000 écus d'or; et Louis
promettait de faire légitimer Jeanne.

Il est vraiment curieux de retrouver encore une fois
Louis XI faisant office de marieur, et prenant de la sorte
les intérêts de ses demi-sœurs. C'est que ce mariage devait,
dans sa pensée, servir sa politique, comme le mariage de
Jacques de Brézé avec Charlotte de Valois. Louis établissait
les filles d'Agnès.

Il faut connaître ceux qu'il enchaînait ainsi, Jean V et
Antoine de Bueil.

Jean de Bueil (160) était un autre Pierre de Brézé, un sol-

dat solide, mais peu maniable, une forte tête, descendant
d'une famille militaire qui tirait son origine de Bueil, un
bourg de Touraine sur les confins du Maine. Son père avait
disparu vers 1415 dans la guerre contre les Anglais. Par sa
mère, fille de Béraud II, dauphin d'Auvergne, Jean V devait
hériter le comté de Sancerre. Mais à la suite du désastre
d'Azincourt, au milieu de la misère générale de ce temps, Jean
n'était qu'un « jouvencel », comme il le racontera plus tard.
Il devait faire sa fortune à la force de son bras, dans une
série de coups de main qui l'illustrèrent, aux côtés d'un autre
aventurier, le jeune duc d'Alençon, notamment à Verneuil.
Grand et zélé serviteur de la maison d'Anjou, confident de
Charles d'Anjou et d'Yolande, ami de Prégent de Coëtivy,
cousin de Pierre de Brézé, la vie de Jean V ne fut qu'une
longue aventure. On le trouve à l'entreprise sur le Mans,
défendant Tours, ravitaillant Orléans au temps du grand
siège, suivant le roi à Reims, poursuivant les Anglais à Beau-
mont-le-Vicomte. En 1433, avec Pierre de Brézé et le seigneur de Coëtivy, Jean de Bueil enlève la Trémoille qu'il
mène prisonnier à son château de Montrésor. Avec le duc
d'Alençon, il poursuit, en 1435, les Anglais à Avranches, sur-
prend par escalade Sainte-Suzanne en 1432, sert le roi au
siège de Pontoise en 1441, suit le dauphin en Suisse, et prend
avec Dunois la plus large part à la conquête de la Normandie
en 1450. Jean de Bueil est nommé capitaine de Cherbourg et
succède dans la charge d'amiral à Prégent de Coëtivy. Il
montre même courage, même esprit d'entreprise pendant la
conquête de la Guyenne. Mais le sire de Bueil, comte de Sancerre, s'il ne connaît pas d'obstacle à ses manœuvres hardies
et méprise la fortification, s'il demeure l'homme des coups de
main, au combat comme dans la politique, n'a pas été sans
inquiéter souvent Charles VII. Désappointé en 1458, il continue cependant à servir le nouveau roi, son très prudent fils.

C'est la raison pour laquelle Louis XI entend l'attacher par
des liens de famille. C'est ainsi qu'il donne à son fils Antoine
cette Jeanne de France, destinée d'abord au baron de Preuilly.
L'affaire n'a pas été mauvaise : l'anne suivante, Jean de Bueil
rendra au roi l'hommage de sa châtellenie de Sancerre.

Madame de Bueil, autant que nous la connaissons, paraît
avoir été très aimée du roi Louis. Nous la voyons assister,
en 1467, aux côtés du roi et de la reine, aux belles noces de
Nicole Balue, frère du célèbre évêque d'Evreux, à l'hôtel de
Bourbon (161). Au mois de septembre de la même année, le
roi qui revient de son pèlerinage à Saint-Denis où il pardonne
aux trois meurtriers et épieurs de chemins qui lui demandent
une lettre de rémission, se rend à souper en l'hôtel de sire
Denis Hesselin, son panetier et l'élu de Paris. Mme Hesselin vient d'accoucher d'une fille, dont le parrain est le roi.
Mme de Bueil est la commère avec Mme de Montglat. Denis
Hesselin, l'élu, fait bien les choses. Il sait recevoir et a pré-
paré trois beaux bains. Le roi Louis, qui est enrhumé, ne
prend pas le sien. Le chroniqueur ne dit pas si Mme de Bueil
et Mme de Monglat se baignèrent (162).

Un fait assuré est que les Bueil, père et fils, furent comblés
d'attentions par le roi Louis XI On voit que Louis demanda
fort gracieusement à Antoine de lui envoyer son fils pour le
servir. Il veille à ce que la dot de Jeanne de France, « sa
sœur naturelle », soit régulièrement payée. Il leur fait don,
en 1478, des revenus de la seigneurie de Carentan qui étaient
importants. Le roi nommera affectueusement Antoine son
« frère d'armes », l'avertira de la fin du Téméraire. Antoine
mourut après 1506.

Louis XI ne cessa jamais de s'intéresser à sa famille, à ses
enfants. Jacques de Bueil, l'aîné, devint échanson de
Charles VIII. Renée de Bueil, sa sœur, fut mariée par
Louis XI à Jean de Bruges, seigneur de la Gruthuse, en 1479 ;

le roi la nomme sa nièce, lorsqu'il donne au ménage les revenus des greniers à sel de Caen, Caudebec, Harfleur et Lisieux. Jean de la Gruthuse, le fastueux amateur de beaux manuscrits, sera fait par Louis XI sénéchal d'Anjou, avant de devenir gouverneur de la Picardie.

Jean de Bueil ne montra pas la fidélité de son fils envers le roi. Aux jours du Bien Public, il fut dans les rangs des factieux. Mais les bienfaits de Louis XI retinrent dans le devoir, pour une large part, ce personnage audacieux et actif. Il se retira dès lors dans ses terres, à Vaujours et à Saint-Calais, écrivant sous forme romanesque un récit de sa propre vie, sous le titre du *Jouvencel*, qui est aussi une encyclopédie militaire et chevaleresque à l'usage de la noblesse. Ce que Jean de Bueil nous a dit d'Agnès Sorel a certainement un grand prix. Il a recueilli une tradition de famille, qui ne devait déplaire en rien à Louis XI, comme on l'a pensé.

VIII

Un Corps Tourmenté.

Le corps d'Agnès reposait sous un somptueux tombeau de
marbre noir dans le chœur de la Collégiale de Notre-Dame
de Loches que la dame de Beauté avait enrichie de ses fondations. Il était enfermé sous un treillis de fer, une sorte de
cage, à mailles très serrées, aux armes parlantes d'Agnès
Sorel (163). Quatre fois l'an, les religieux célébraient l'anniversaire solennel pour le repos de l'âme de leur bienfaitrice
qu'ils ont inscrit dans l'obituaire de l'église, rappelant les
dons qu'elle leur avait faits en argent, ses fondations, les
joyaux et les vêtements ecclésiastiques qu'elle avait légués ;
et chaque anniversaire valait 50 sous, à partager par moitié
entre les chapelains et les chanoines (164).

Le tombeau, la grille, les gênaient, assuraient-ils, dans les
évolutions du culte. Ils décidèrent de présenter à Louis XI,
en 1468, une requête pour obtenir qu'il fît enlever le tombeau
du chœur. Sans doute ils n'ignoraient pas les sentiments que
Louis professait envers la bonne amie de son père, et ils espé-
raient ainsi réussir auprès de lui. Mais au témoignage de
Robert Gaguin, qui nous rapporte cette petite histoire (165),
ils ne tardèrent pas à déchanter : « Vous ne demandez pas
chose équitable, répondit le roi. Bien que pendant sa vie,
Agnès m'ait toujours montré des sentiments hostiles, je ne
violerai pas, au mépris des lois, le tombeau de cette femme.
Car je ne pense pas que vous lui ayez accordé la sépulture
dans votre église sans qu'elle vous ait rémunérés largement.
Gardez donc à votre bienfaitrice, après sa mort, les promesses

que vous lui avez faites pendant sa vie. Je vous défends de
déplacer son tombeau ». Et pour les engager davantage à
prier Dieu pour elle, il leur aurait fait don de 6000 livres à
employer en rentes perpétuelles au profit de l'église.

Les religieux sont gens patients. On voit qu'en 1772, ils
se tournèrent vers Louis XV et lui demandèrent encore le
déplacement du tombeau d'Agnès Sorel. Certes, ils n'invo-
quaient pas un souvenir déplaisant pour eux: ils exposaient
simplement que le tombeau, placé dans le chœur étroit,
gênait le service, qu'en passant le long du treillage ils usaient
leurs chapes. La continuité était telle sous l'ancienne monarchie que Louis XV, après s'être fait renseigner sur Agnès,
comme sur telle autre dame, sa contemporaine, écrivit simplement sur la requête: « Néant, laisser le tombeau où il
est » (166).

Les chanoines ne se tenaient toujours pas pour battus. Ils
attendirent jusqu'en 1777 pour adresser une autre requête à
Louis XVI qui, lui, avait perdu la tradition royale de ses
ancêtres et se montra ici, comme en d'autres circonstances,
prêt aux abandons. C'est ainsi que M. Amelot, ministre et
secrétaire d'Etat, le 22 février 1777, annonçait aux religieux
de la Collégiale de Notre-Dame de Loches que sa Majesté
leur permettait « d'oster le tombeau d'Agnès Seurelle du
chœur de leur église où il gesne le service divin » (167). L'archevêque de Tours, de son côté, autorisa la translation dans
un lieu convenable, en recommandant toutefois de procéder
à cette opération avec décence, de faire reconnaître les ossements et les médailles qui pourraient s'y trouver par quelques
personnes notables (168).

L'exhumation d'Agnès Sorel eut lieu le 5 mars 1777 en
présence de M. l'abbé de Baraudin, doyen, de MM. Gobreau,
Musnier, Delafaure, Belotin, De la Cour, Le Roy et Thouroude, prêtres et chanoines de Notre-Dame. On invita, comme

notables, M. de Boislambert, chevalier de Saint Louis, lieutenant du roi à Loches ; Benoist, lieutenant général de police, Musnier, lieutenant civil, Veneau, lieutenant criminel, Pothier de la Berthellière, procureur du roi, Haincque, maire de Loches, et Henry, docteur en médecine de la Faculté de Montpellier.

Il faut lire la scène shakespearienne sur les pièces du procès verbal (169). Après avoir enlevé les marbres du tombeau, on perce un caveau de trois pieds sous la voûte en pierre tendre. On trouve un cercueil de bois de chêne ferré, qui en renfermait un autre de plomb enveloppant lui-même une troisième bière, faite en bois de cèdre, dans laquelle était Agnès. On y trouva une terre légère, un peu grasse, mêlée à des débris de plantes aromatiques. La tête parut d'abord, conservée dans son entier, mais sans autre chose que les os. C'était ce qui restait du charmant visage de la belle Agnès. Au moment où on voulut l'enlever, la chevelure resta dans la main avec le coronal, les deux temporaux, le sphénoïde, partie de l'ethmoïde ; le vomer, les deux os maxillaires supérieurs, les deux os de la pommette et ceux du nez, l'occiput et les deux pariétaux tombèrent en poussière. Les deux os maxillaires apparurent garnis de leurs dents ; la clavicule gauche était saine. Le reste n'était plus que poussière. On reconnut un crêpé formant la partie supérieure de la coiffure, et de chaque côté deux boucles flottantes. Les cheveux de derrière, natté en trois, formaient une tresse de 20 pouces de long relevés et attachés sous le crêpé. Les cheveux d'Agnès étaient, suivant Henry, de « couleur brun clair ou cendré ». Mais on ne trouva dans le cercueil ni inscription ni médailles. Les ossements, les cheveux et les cendres furent placés dans un pot de grès, couvert d'une brique, qui fut porté processionnellement sous le tombeau de marbre noir que le Chapitre avait fait réédifier dans la nef, à main droite. Après quoi les seigneurs du Chapitre chantèrent les suffrages des morts pour le repos de l'âme d'Agnès Sorel dont ils avaient violé la tombe et tourmenté le pauvre corps.

Quatre jours plus tard, les gens du Chapitre vendaient au sieur Gerosme 141 livres de cuivre provenant du mausolée — probablement de la plaque de cuivre suspendue au pilier — et 160 livres de vieux plomb pour 24 livres. Une grille fut placée autour du tombeau (170).

Au témoignage de l'historien Dufour (171), particulièrement informé par son ami le docteur Henry, une tresse de la chevelure d'Agnès aurait été distraite, par Henry lui-même. Selon Moreau, le dénonciateur (172), les chanoines fatigués des lenteurs des opérations de l'exhumation se seraient retirés. Un jeune étourdi descendit alors dans le tombeau prendre une partie de la mâchoire d'Agnès et une tresse des jolis cheveux qu'il emporta, se répandant en quolibets des plus déplacés. Le procureur du Parlement de Paris, informé par cette dénonciation, donna l'ordre de procéder contre M. de Baraudin, doyen du Chapitre. L'affaire n'eut aucune suite. M. de la Berthellière, procureur, affirma que rien n'avait été distrait et que les opérations de l'exhumation avaient été des plus correctes (173). Une tresse d'Agnès demeure cependant au musée de Bourges, et une « pincée » de cheveux au musée régional de Loches. Et d'autres cheveux auraient été distribués par l'archevêque aux domestiques et femmes de chambre du duc de Choiseul !

Le transfert du chœur dans la nef n'avait pas été sans dommage pour le tombeau lui-même. On voit qu'un maçon du nom de Marteau recevait, le 2 juin 1777, deux livres pour le réparer (174).

La Révolution. Les cendres royales sont profanées à Saint-Denis. La reine de la main gauche subit le sort infligé aux reines légitimes. Des soldats venus du département de l'Indre

passent à Loches se rendant en Vendée (175). Visitant l'église
Notre-Dame, ils voient la gisante dans son habit de duchesse
avec ses armes parlantes. Savent-ils qu'ils sont devant le tombeau d'Agnès Sorel ? Ils la prennent pour une sainte et brisent
le monument, dont on recueillit les débris, transportés en 1794
dans le cimetière du Chapitre. Peu de temps après arrivait en
mission à Loches le conventionnel Pocholle (176), représentant de la Seine-Inférieure. Il se fit ouvrir le tombeau, prit
l'une des tresses qui avaient déjà tenté l'archevêque ; et
comme les dents étaient belles, il cassa la mâchoire, en arra-
cha quelques-unes, rejeta les os dans le trou et partit. Mais
c'est là, sans doute, une des nombreuses traditions locales
recueillies par Dufour (177), car Jacques-Pierre Gaboré,
membre du Comité de vigilance à Loches, rédigea, en 1795,
un rapport pour défendre Pocholle d'avoir pris des cheveux
et des dents conservés dans l'urne d'Agnès Sorel.

La restauration du monument d'Agnès Sorel fut presque
aussi inconvenante que sa destruction (178). Oubliée jusqu'en
1801, Agnès connaissait le repos. Mais à cette époque le général de Pommereul était préfet d'Indre-et-Loire. Homme sensible et philosophe, il se montra d'ailleurs le parfait orga-
nisateur d'un département qui lui doit beaucoup. M. de Pommereul (179) avait la religion du souvenir laïc, comme le
montre le calendrier de l'an X dont il avait expulsé les saints
qu'il avait remplacés par tous les genres de gloire, se mettant
au-dessus de toutes préventions. C'est ainsi que parmi les
noms de femme : Sylvie, Lucrèce, Sauvage, Sensitive, Tricolore, Thaïs, au mois de thermidor, M. de Pommereul avait
inscrit le nom d'Agnès Sorel, entre ceux de Jeanne d'Arc et
d'Eponine. Il paraît que le premier consul écrivit au bas
du rapport : « L'annuaire du Préfet n'est qu'une chose ridicule ».

Le 31 décembre 1801, M. de Pommereul fit enlever l'urne

contenant les restes d'Agnès qui furent déposés à la sous-préfecture. Les marbres du cénotaphe brisés avaient été recueillis par les habitants. Chacun en ayant pris sa part, M. de Pommereul demanda et obtint que ces fragments lui fussent rendus. En 1806, tous les morceaux du monument étaient réunis à la sous-préfecture. Le 10 novembre an XIV, M. le Préfet prenait un arrêté qui est une merveille de drôlerie et de justice distributive. Il y invoquait tour à tour la charge de la conservation des monuments historiques, la destruction partielle du tombeau relégué dans une chapelle de la Collégiale. Et considérant qu'une tour du château de Loches « qu'Agnès habita longtemps avec Charles VII », avait jusqu'ici conservé son nom et qu'elle offrait une situation favorable pour recevoir son mausolée (le château était alors affecté à la sous-préfecture et au siège du Conseil d'arrondissement), M. de Pommereul arrêtait que la restauration du tombeau serait confiée à M. Murisson, que les colonnes de marbre noir provenant du Liget et d'autres marbres et moellons seraient mis à sa disposition ; que la statue d'Agnès Sorel serait envoyée à Paris pour être restaurée ; que le tombeau serait placé dans la tour d'Agnès Sorel, son entrée donnant sur la terrasse du château devant être décorée de quatre colonnes et de leur entablement.

Le titre IV et V de l'arrêté portent les textes des inscriptions tels que les voulait M. de Pommereul :

« Première :
Les chanoines de Loches, enrichis de ses dons,
Demandèrent à Louis XI d'éloigner ce
Tombeau de leur chœur.
J'y consens, dit-il, mais rendez la dot.
LE TOMBEAU Y RESTA.
Un archevêque de Tours, moins juste, le fit
Reléguer dans une chapelle.
A la Révolution il fut détruit.

TOURELLE DU LOGIS DU ROI
dite d'Agnès Sorel

> Des hommes sensibles recueilirent les restes
> D'Agnès, et le général POMMEREUL, préfet
>   D'Indre-et-Loire, releva le mausolée de
> La seule maîtresse de nos rois qui
>   Ait bien mérité de sa Patrie, en mettant pour
>   Prix de ses faveurs l'expulsion des
>   Anglais hors de France.
> Sa restauration eut lieu l'an 1806, LE MAISTRE
>   Etant sous-préfet.

La seconde sera composée du quatrain dont le roi François Ier honora
la mémoire d'Agnès :

> Gentille Agnès, plus de los tu mérites,
> La cause étant de France recouvrer,
> Que ce que peut dedans un cloître ouvrer
> Close nonain ou bien dévot hermite.
>   FRANÇOIS Ier

Dans le tympan du fronton de la porte d'entrée sera gravé :
    Je suis Agnès, vive France et l'Amour ! (180)

C'est dommage vraiment qu'on ne lise plus sur le tombeau
les inscriptions de M. de Pommereul. Elles ont disparu,
grâce aux protestations de Mgr. de Barral, archevêque de
Tours (181), qui intervint énergiquement, le 7 mars 1806,
auprès du préfet M. Lambert et du ministre, quand M. de
Pommereul quitta la préfecture d'Indre-et-Loire et passa à la
préfecture du Nord. Monseigneur ne s'élevait nullement
contre la restauration ni contre l'installation du monument
à la sous-préfecture de Loches; mais il protestait contre le
texte de l'inscription : « Sans doute une inscription lapidaire
ne peut pas tout dire, mais lorsqu'elle censure avec amertume, elle devient infidèle, si elle supprime ce qui pourrait
atténuer la faute. On juge alors que la rédaction a sacrifié la
vérité et la réputation d'autrui pour obtenir le mérite de la
concision du style épigrammatique... ». Monseigneur prenait
la défense des chanoines de Loches, qui avaient tenu leurs
engagements et n'avaient jamais invoqué que l'étroitesse et

l'encombrement du chœur pour obtenir le transfert du monument. Mgr. de Conzié avait procédé à la translation avec décence et justice. Venant à l'appréciation portée par M. de Pommereul sur Agnès, Mgr. de Barral disait : « A force de sensibilité pour les restes d'Agnès Sorel, le rédacteur de l'inscription nous la représente comme la principale cause de l'expulsion des Anglais hors de France. Vous savez, Monsieur, que cette fausse idée serait plus propre à orner un roman historique qu'à être consignée dans nos fastes. Elle est fausse parce qu'elle est du moins très exagérée... ». Mgr. ouvrait devant M. le Préfet l'*Histoire de Charles VII* par Baudot de Suilli. Il y trouvait marquée l'influence excellente de Marie d'Anjou, des rumeurs suspectes, des on dit quand il s'agit d'Agnès. « Ce que les panégyristes d'Agnès citent avec plus d'avantage, c'est l'adresse dont elle usa pour alarmer le roi par la prétendue prédiction d'un astrologue, et le quatrain si connu que François Ier fit en son honneur, plus de quatre vingt ans après sa mort. Ce n'est pas, ce me semble, sur des *on dit... fertur... aiunt,* sur le bruit d'une prédiction, ou sur l'autorité d'un madrigal que les magistrats de l'antiquité s'appuyaient pour graver sur le marbre et l'airain les faits qu'ils voulaient, au nom de leur gouvernement, transmettre à la postérité. Et lorsque le préteur ou le proconsul romain érigeoit un monument ou décernoit une inscription à la louange d'une femme, il respectoit assez la morale publique et sa propre dignité pour ne pas la louer, comme le fait l'inscription projetée pour Loches, sur les faveurs qu'elle avait accordées ou sur le prix qu'elle avait mis à ses faveurs ». Sur quoi l'archevêque demandait au nouveau préfet de rapporter l'arrêté de son prédécesseur.

La leçon était juste et fut entendue. On lit aujourd'hui cette inscription prosaïque sur le soubassement du tombeau d'Agnès :

> Ce mausolée, érigé à la belle Agnès vers
> Le milieu du XVe siècle, a été relevé l'an 1809
> Avec les fonds votés par le Conseil général
> Du département d'Indre-et-Loire, sous la
> Préfecture de M. Lambert, chevalier de
> L'Empire, le Maistre étant sous-préfet.

Mais il faut bien dire que c'est une idée singulière d'avoir placé le tombeau d'Agnès dans le logis du roi, où il n'a que faire. Nous connaissons très mal l'histoire du logis dit de Charles VII, qui paraît être une construction de la fin du XIVe siècle (182). Une tradition, remontant à Dubuisson (183), mentionnant une chambre de Charles VII et la chambre située au-dessus « dans laquelle logeoit la belle Agnès », n'a que peu de valeur. La tour, dite au XVIIe siècle d'Agnès Sorel (184), n'est qu'un petit donjon, et ne mérite vraiment ce nom que depuis qu'on y a placé son cénotaphe. Le cul de lampe, qui supporte la vis de cette tour, a peut-être donné naissance à cette légende. Il date du XIVe siècle et représente à l'orée de la forêt un seigneur entreprenant une pastourelle où certains pensent reconnaître l'enchanteur Merlin et Viviane (185). Le gracieux tombeau d'Agnès Sorel, M. de Pommereul l'a mis dans une salle basse, qui n'est peut-être qu'un privé. Mais le souvenir d'Agnès, que les gens du pays situent plutôt à Beaulieu, règne toujours sur la terrasse.

C'est qu'ayant donné un regard au charmant visage d'Agnès, nous avons sous les yeux un paysage évoquant une miniature de son temps. Le logis royal n'est plus une forteresse, mais une demeure gaie et accueillante; la petite terrasse cherche la lumière qui convient à un visage heureux. La prairie du roi s'allonge derrière les peupliers marquant dans la plaine le cours sinueux de l'Indre; le beau clocher roman de Beaulieu dresse ses pinacles; plus loin le pressoir, les collines plates couronnées de vignes. A l'horizon, la forêt de Loches et le souvenir des chasses royales. C'est un paysage fait pour le vieux peintre Jean Fouquet qui l'eût baigné de lumière et illuminé de points d'or. J'y observe le travail des champs, les gens qui font les regains. Je cherche dans la prairie les moutons, les agneaux de la douce Agnès.

Août 1930.

a

Cliché Yvon

b

Cliché Giraud

a) COLLÉGIALE DE N.-D. DE LOCHES
(Église Saint-Ours)
b) LOCHES. LE LOGIS DU ROI

(1) Antoihe Thomas, *Jean de Gerson et l'éducation des dauphins de France*. Paris, 1930, p. 58.

(2) Le religieux de Dunfermling.

(3) Bibl. Nat., ms. fr. 2701, fol. 7 v°.

(4) Quicherat, *Procès de Jeanne d'Arc,* t. IV, p. 52. Jean Chartier, éd. Vallet de Viriville, t. I, p. 67.

(5) J'ai utilisé ce que dit Georges Chastellain (éd. de Kervyn de Lettenhove, t. II, p. 1787 et le résumé G. Du Fresne de Beaucourt, *Histoire de Charles VII,* t. IV, p. 79 et s.

(6) Thomas Basin. Pièces justificatives.

(7) Le plus complet est celui que nous reproduisons et qui provient de la Sainte-Chapelle de Bourges. Ii est depuis 1838 au Musée de Louvre et semble indiscutablement l'œuvre de Jean Fouquet.

(8) A. Lecoy de la Marche, *Le Roi René,* I, p. 41 et s.

(9) Du Fresne de Beaucourt, *Hist. de Charles VII,* t. IV, p. 88.

(10) *Ibid.,* IV, p. 89 *n.*

(11) Cette belle œuvre est au Musée du Louvre.

(12) Du Fresne de Beaucourt, *Hist. de Charles VII,* t. III, p. 290.

(13) Les Honneurs de la Cour, publiés par Lacurne de Sainte-Palaye, *Mémoires sur l'ancinne chevalerie,* éd. Ch. Nodier.

(14) Lecoy de la Marche, *Le Roi René, sa vie, son administration, ses travaux artistiques et littéraires.* Paris, 1875, 2 vol.

(15) Le petit volet du Musée du Louvre entre autres.

(16) Compte de Gilles de Bourmont, publié par Vallet de Viriville, dans la *Bibl. de l'Ecole des Chartes,* 1849, t. XI, p. 304. Voir Pièces justificatives.

(17) Cet inventaire, qui date de 1749, est cité par la Thaumassière, *Hist. du Berry,* p. 94 et par Vallet de Viriville, *Recherches hist. sur Agnès Sorel,* dans la *Bibl. de l'Ecole des Chartes,* t. XI, p. 304.

(18) Mathieu d'Escouchy, éd. Du Fresne de Beaucourt, t. I, p. 5.

(19) Pièces justificatives.

(20) Pièces justificatives.

(21) C'est ce que fait croire le texte d'Æneas Sylvius qui laisse entehdre que par la suite Charles ne fut pas d'ailleurs le seul amant d'Agnès. Voir pièces justificatives.

(22) Duclos, *Preuves,* III, p. 47.

(23) Thomas Basin, éd. Jules Quicherat, I, p. 313. On trouvera la traduction de ce texte dans les Pièces justificatives.

(24) Du Fresne de Beaucourt, *Hist. de Charles VII,* t. IV, p. 89.

(25) Pierre Champion, *La dauphine mélancolique,* Paris, 1927.

(26) Du Fresne de Beaucourt, *Hist. de Charles VII,* t. IV, p. 90.

(27) Olivier de la Marche, éd. Beaune et d'Arbaumont, II, p. 54-55.

(28) C'est le mot d'Olivier de la Marche, II, p. 54.

(29) Aliénor de Poitiers, *Les Honneurs de la Cour, op. cit.*

(30) Chastellain, t. IV, p. 365.

(31) Parmi les *Œuvres de Georges Chastellain,* éd. Kervyn de Lettenhove, t. VIII, p. 40.

(32) Bibl. Nat., ms. fr. 10297, fol. liminaire; Pierre Champion, *Vie de Charles d'Orléans,* 1911, p. 355.

(33) Du Fresne de Beaucourt, *Hist. de Charles VII*, t. IV, p. 184.

(34) Voir la notice IV: Agnès Sorel devant l'histoire.

(35) Olivier de la Marche, II, p. 55.

(36) *Chronique Martiniane*, éd. Pierre Champion, p. 97.

(37) II, p. 183; « une damoiselle nommée la belle Agnès » (*Ibid.*, II, p. 181).

(38) Ed. de 1586, t. III, fol. 25.

(39) *Journal d'un bourgeois de Paris*, éd. A. Tuetey, p. 388.

(40) *Œuvres complètes d'Eustache Deschamps*, éd. Queux de Saint-Hilaire, I, p. 155-156.

(41) Le plan de 1731 indique la clôture du parc de Beauté et la place des fondations du manoir (Arch. Nat., N¹ Seine, 59).

(42) Edifiée en 1373, nous ne possédons plus qu'une vue de la ruine par Chastillon du début du XVII° siècle. La tour était entièrement ruinée au XVIII° siècle et l'abbé Lebœuf, en 1750, n'a vu que les souterrains marquant son emplacement.

(43) Il est déjà question du moulin de Beauté en 1206.

(44) Voir pièces justificatives.

(45) Delort, *Charles VII et Agnès Sorel*, p. 173. Pièces justificatives.

(46) Aveyron, Commune Laval-Roquecezière.

(47) Bibl. Nat. P. orig., 2716, Sorel. Pièces justificatives.

(48) Bibl. Nat., N. acq. fr. 717. Voir le fac-similé.

(49) Voir les documents réunis par Vallet de Viriville dans la *Bibl. de l'Ecole des Chartes*, t. XI, p. 314-315.

(50) IV, p. 365.

(51) Georges Chastellain arriva en France au mois d'octobre 1446, chargé d'une mission pour le duc de Bourgogne (G. Du Fresne de Beaucourt, *Hist. de Charles VII*, t. IV, p. 200).

(52) Voir les notices I et IV.

(53) Jacques du Clercq, éd. de Reiffenberg, t. III, p. 141.

(54) L. Graves, *Précis statistique sur le canton de Ribécourt, arr¹ de Compiègne, Oise*. L'ancien château de Thourotte était sur une motte et les seigneurs commandaient le pont sur l'Oise.

(55) L. Graves, *Précis statistique sur le canton de Ressons-sur-Matz*.

(56) L. Graves, *Précis statistique sur le canton de Maignelay, arrondissement de Clermont, Oise*.

(57) Emile Roy, *La vie et les œuvres de Charles Sorel, sieur de Souvigny*, (1602-1674). Paris, 1891, p. 424.

(58) Peigné-Delacourt, *Agnès Sorel était-elle Tourangelle ou Picarde?* Noyon, 1861.

(59) Sur Geoffroy Soreau, voir les observations de Vallet de Viriville, *Bibl. de l'Ecole des Chartes*, t. XI, p. 298-300.

(60) Fromenteau est une commune dépendant de Villiers-en-Brenne (Indre), ancien fief qui relevait de Châtillon-sur-Indre. En 1408, cette terre appartenait à Geoffroy de la Celle; en 1452, à Hector de la Jaille qui la vendit à l'église collégiale de Loches (Gaignières, 678; Arch. d'Indre-et-Loire, C. 603). Cf. Carré de Busserolles.

(61) *Histoire du Berry*, p. 91. L'auteur était né à Sancerre en 1621 et mourut à Bourges en 1702. « Elle s'appelloit Agnès Seurelle ou Sorelle, prit naissance

au village de Fromenteau en Touraine, et non en celuy des Ygonières, paroisse d'Orcay près Vierzon, comme le veut la tradition du païs ». La Thaumassière parle du don d'un appartement que Charles VII lui aurait fait au château de Loches et dans son palais à Bourges « où il la voyait en secret, en la tour qui est encore appelée la Tour de la belle Agnès ». Pour les tours d'Agnès, on voit que le choix est abondant.

(62) La généalogie des Sorel donnée par le père Anselme, t. VIII, p. 701, paraît assez suspecte.

(63) Anselme, t. VIII, p. 701; *Gallia Christiana*, t. IX, p. 402.

(64) Jean Chartier, t. II, p. 184-185.

(65) Voir cependant la scène rapportée par Æneas Sylvius. Pièces justificatives.

(66) Jean Chartier, II, p. 182.

(67) IV, p. 365.

(68) Inscriptions funéraires du tombeau de Loches.

(69) Vallet de Viriville, dans la *Bibliothèque de l'Ecole des Chartes*, t. XI, p. 307.

(70) Du Fresne de Beaucourt, *Histoire de Charles VII*, t. IV, p. 174.

(71) Sur les fourrures d'Agnès, dont plusieurs furent engagées à Londres par Guillaume de Varye, alors facteur de Jacques Cœur, voir *Bibl. de l'Ecole des Chartes*, t. XI, p. 309-311.

(72) Jean Chartier, II, p. 181.

(73) IV, 365.

(74) *Le Livre du chevalier de la Tour Landry pour l'enseignement de ses filles*, éd. A. de Montaiglon. Paris, 1854, p. 109.

(75) Bibl. Nat., ms. fr. 2701, fol. 55 v°.

(76) Bibl. Nat., ms. fr. 2701, fol. 98 v°, 99.

(77) Sur les fondations d'Agnès, *Bibl. de l'Ecole des Chartes*, t. XI, p. 325 et Pièces justificatives.

(78) IV, 367.

(79) Pièces justificatives.

(80) II, p. 55.

(81) Pierre Bernus, *Notes sur la famille de Brézé; Le rôle politique de Pierre de Brézé au cours des dix dernières années du règne de Charles VII* (1451-1461), Nogent-le-Rotrou, 1908; *Louis XI et Pierre de Brézé* (1440-1465). Angers, 1912.

(82) Georges Chastellain, III, p. 347.

(83) Voir le livre du *Cueur d'amours esprins* (*Œuvres du Roi René*, éd. Quatrebarbe, t. III, p. 126).

(84) Jacques Milet, le poète de Charles VII, qui rédigera les épitaphes pour Agnès Sorel, a célébré Pierre de Brézé, aussi courageux qu'Hector, aussi sage que Nestor, et meilleur capitaine que César (Bibl. Nat., ms. lat. 5960, fol. 1).

(85) Mathieu d'Escouchy, II, p. 280-289; Clément, *Jacques Cœur et Charles VII ou la France au xv° siècle*. Paris, 1853, 2 vol.

(86) Arch. Nat., KK. 328, fol. 339 v°; Du Fresne de Beaucourt, *Histoire de Charles VII*, t. V, p. 59.

(87) Sur ce personnage, voir Gruyer, *Chantilly et les quarante Fouquet*.

(88) Du Fresne de Beaucourt, *Histoire de Charles VII*, t. IV, p. 177-178.

(89) J. Quicherat, *Procès de Jeanne d'Arc*, t. IV, p. 280.

(90) Vallet de Viriville dans la *Bibl. de l'Ecole des Chartes*, t. XI, p. 308, d'après la lettre du 8 juillet 1452 dans la Coll. de dom Housseau, vol. IX, n° 3946.

(91) *Chronique Martiniane*, éd. Pierre Champion, p. 97.

(92) Voir pièces justificatives. Jean Bouchet, dans les *Annales d'Aquitaine*, parle seulement d'un soufflet donné par le dauphin à Agnès.

(93) La Curne de Sainte-Palaye, *Mémoires sur l'ancienne chevalerie*, t. II, p. 165.

(94) Bibl. Nat., ms. fr. 15537, publié dans Duclos, et complété par G. Du Fresne de Beaucourt, *Histoire de Charles VII*, t. IV, p. 192 et s.

(95) Col. Le Grand, vol. VII, f. 44; G. Du Fresne de Beaucourt, *Histoire de Charles VII*, t. III, p. 293. La pièce est publiée dans le *Jouvencel* de Jean de Bueil par Lecestre.

(96) *Chronique Martiniane*, éd. P. Champion, p. 59-60.

(97) G. Du Fresne de Beaucourt a publié ce procès dans les preuves de Mathieu d'Escouchy, p. 268.

(98) Mathieu d'Escouchy, éd. G. Du Fresne de Beaucourt, I, p. 137.

(99) *Journal d'un bourgeois de Paris*, éd. A. Tuetey, p. 387-388.

(100) Duclos, *Preuves*, p. 74-82.

(101) 10e Compte de Xaincoins, fol. 125 v°, cité par G. Du Fresne de Beaucourt, *Histoire de Charles VII*, t. IV, p. 215 n.

(102) *Journal d'un bourgeois de Paris*, éd. A. Tuetey, p. 390-391.

(103) *Le Jouvencel*, éd. C. Favre et L. Lecestre, t. II, p. 136.

(104) Sur ce personnage, G. Du Fresne de Beaucourt, *Histoire de Charles VII*, t. V, p. 65.

(105) Bibl. Nat., ms. fr. 25259, fol. 23 (G. Du Fresne de Beaucourt, *Histoire de Charles VII*, t. IV, p. 217 n).

(106) 10e Compte de Jean de Xaincoins, cité par Beaucourt, *ibid.*, t. IV, p. 217 n.

(107) *Journal d'un bourgeois de Paris*, p. 392.

(108) J'ai emprunté ce qui suit à Jean Chartier, témoin oculaire (t. II, p. 176-189).

(109) *Journal d'un bourgeois de Paris*, p. 393.

(110) G. Le Fèvre-Pontalis, *Journal des Débats*, 18 juillet 1916. Exactement: Nous les aurons! Le mot a été dit à Patay.

(111) Jean Chartier, II, p. 181.

(112) G. Du Fresne de Beaucourt dit qu'elle y accoucha de sa quatrième fille (*Histoire de Charles VII*, t. IV, p. 218).

(113) Jean Chartier, II, p. 181.

(114) *Ibid.*, p. 184.

(115) Jean Chartier, II, p. 184-185.

(116) Etienne Charavay, *Arch. des Missions scientifiques*, t. VII, p. 467 et Pièces justificatives.

(117) « In flore juventutis vitam finavit » a noté Thomas Basin; « mais elle ne dura guerre » dit Jacques Du Clercq; « juvenilibus annis » suivant l'inscription de Jacques Milet. Voir l'appendice IV sur la thèse contraire de Vallet

de Viriville qui s'est appuyé sur un texte de xviii° siècle du prieur Marrye (Histoire de l'abbaye de Jumièges, dans les *Mélanges de la Collection des Documents inédits*. t. I, p. 419-422) pour faire mourir Agnès à quarante ans.

(118) Roger Martin du Gard, *L'abbaye de Jumièges, étude archéologique sur les ruines*. Montdidier, 1909, p. 283.

(119) Agnès y avait fondé une psallette (Arch. Com. de Loches. Inventaire général des anciennes chartes... 1773). Je ne sais sur quelle tradition s'est appuyé Joly de Fleury pour dire, dans une note, qu'Agnès était originaire de Loches (Bibl. Nat., Coll. Joly de Fleury, vol. 478, fol. 274). Pièces justificatives.

(120) Bibl. Nat., Cabinet des Estampes, Gaignières, P* 2, réserve; L. Bossebœuf, *Le Tombeau d'Agnès Sorel à Loches*, Tours 1900.

(121) Ces inscriptions ont été recueillies par La Thaumassière, *Histoire du Berry*, p. 93-94, et regravées suivant Ch. de Grandmaison.

(122) Dans la « Complainte » de Simon Gréban sur la mort de Jacques Milet, il est fait allusion à cette poésie célèbre qui demandait des prières pour la belle Agnès. Rhétorique parle ainsi :

> C'est la bouche que je esleuz
> Qui, en temps de prospérité,
> Fist *Fulgor Apolineus*
> Pour Agnès, dame de Beaulté.
> Ce mettre est en solennité
> Escript à Loches sur la lame,
> Lequel a plusieurs incité
> De prier à Dieu pour son âme.

(Arthur Piaget, *op. cit.*, dans la *Romania*, 1922).

(123) Sur ce personnage, qui mourut à Paris en 1466, nous savons d'ailleurs peu de choses (Gustav Häpke, *Kritische beiträge zu Jacques Milets dramatischer Istoire de la destruction de Troye la grant: Marburg, Ausg. und Abhanlungen aus dem Gebiete der romanischen Philologie*, 1896). M. Antoine Thomas (*Jacques Milet et les humanistes italiens, Studi medievali diretti da F. Novati et R. Renier, Torino*, 1904, t. I) a montré qu'il avait été reçu bachelier es arts, en 1447, à Paris. Il naquit donc vers 1428. La rubrique de la « Destruction de Troye » nous montre qu'il avait commencé cet ouvrage en 1450 à Orléans, où il étudiait le droit, et que l'épilogue était écrit en 1452. M. Arthur Piaget a publié la Complainte de Simon Gréban sur la mort de Jacques Milet, qui se place à Paris en 1466, et retrouvé dans le *Jardin de Plaisance* un autre poème de Milet que l'on croyait perdu: *La Forest de tristesse* (*Simon Gréban et Jacques Milet*, dans la *Romania*, 1922, p. 230). Mais M. Antoine Thomas a attiré l'attention sur le fait très rare qu'un jeune poète des rives de la Loire et de la Seine était connu jusqu'en Italie et entretint une correspondance poétique avec un groupe d'humanistes de Rome (Fv. Flamini, *Leonardo di Piero Dati poeta latino del secolo XV*, 1890).

(124) II, p. 181-186.

(125) Jacques du Clercq, éd. de Reiffenberg, t. III, p. 142.

(126) Jacques du Clercq la nomme sa nièce (*Ibid.*, p. 142).
Dom Grenier la dit sa maîtresse, ce qui n'est pas démontré. (Coll. de Picardie, vol. 210, fol. 13 v°).

(127) Pierre Champion, *Guillaume de Flavy*, p. 271-272.

(128) G. Du Fresne de Beaucourt, *Histoire de Charles VII*, t. V, p. 60 n.

(129) Sur ce qui suit G. Du Fresne de Beaucourt, *Histoire de Charles VII*, t. V, p. 60-61. Les Maignelay étaient en procès avec les ducs de Bourbon au sujet de cette terre que Louis II s'était fait adjuger en 1398. Le roi la retira des mains de Charles de Bourbon et de sa propre autorité la rendit à Antoinette. (Dom Grenier, Coll. de Picardie, vol. 210, fol. 13 v°).

(130) Du Fresne de Beaucourt, *Histoire de Charles VII*, t. V, p. 62.

(131) Dom Morice, *Preuves de l'Histoire de Bretagne*, II, col. 1544-1548.

(132) Jean Chartier, II, p. 249.

(133) Du Fresne de Beaucourt, *Histoire de Charles VII*, t. V, p. 63.

(134) Bibl. Nat., Coll. de dom Housseau, vol. XII, n° 5786.

(135) Bibl. Nat., ms. fr. 2701, fol. 103.

(136) G. Du Fresne de Beaucourt, *Histoire de Charles VII*, t. V, p. 83.

(137) Dépêche du 18 novembre d'Acciajuoli (*Ibid.*, p. 76 n).

(138) Jacques du Clercq, éd. de Reiffenberg, t. III, p. 142.

(139) Sur ce qui suit voir *Lettres de Marie de Valois, dame de Taillebourg, fille de Charles VII et d'Agnès Sorel* (1458-1472), publiées par Marchegay dans l'*Annuaire départemental de la Société d'Emulation de Vendée*, 1874.

(140) Vallet de Viriville, *Bibl. de l'Ecole des Chartes*, t. XI, p. 480.

(141) Les originaux publiés par Paul Marchegay (*op. cit.*), sont conservés dans le chartrier de la Trémoille.

(142) « Déprécation pour Messire Pierre de Brézé » (Chastellain, VII, p. 37).

(143) Brantôme a copié dans les *Annales d'Aquitaine* de J. Bouchet cette anecdote qui le montre plaisant « Et n'eust pas faict comme le roy Louis XI, qui, voulant un jour faire un présent à quelques ambassadeurs d'Angleterre, il demanda à M. de Brézay quel il leur pourroit donner qui luy coustast beaucoup et ne luy servist de rien. L'autre, qui estoit bon brocardeur, luy répondit : « Et mon Dieu, Sire, donnez luy vostre chapelle et tous vos chantres, qui vous coustent beaucoup et ne vous servent de rien. » Bon celui-là! (Brantôme, éd. Lalanne, t. I, p. 137; le texte de Bouchet, II, p. 426-7).

(144) Journal de Jean de Roye, t. I, p. 107.

(145) *Ibid.*, I, p. 168, 272.

(146) Interpolation de la *Chronique scandaleuse* rédigée par Jean le Clerc (Journal de Jean de Roye, éd. Bernard de Mandrot, t. II, p. 359).

(147) *Le Livre de la chasse du grand Seneschal de Normandye et les dicts du bon chien Souillard qui fut au roy Louis de France XI° de ce nom*, par le baron Jérôme Pichon. Paris, Aubry.

(148) Je cite leurs noms d'après les pièces de procédure publiées par Douët d'Arcq, dans la *Bibl. de l'Ecole des Chartes*, t. X, p. 211. Elles permettent de corriger ce que dit le Père Anselme, t. VIII, p. 272.

(149) Ed. Bernard de Mandrot, II, p. 15.

(150) Luxure.

(151) Cachée.

(152) La couverture.

(153) Près de Nogent-le-Roi, sur l'Eure.

(154) Je cite ce document et les renseignements qui suivent, d'après Douet d'Arcq : *Le Procès criminel intenté contre Jacques de Brézé, grand Sénéchal de Normandie, au sujet du meurtre de sa femme* (Bibl. de l'Ecole des Chartes, t. X, p. 211 et s.).

(155) *Le Livre de la chasse, op. cit.*

(156) *Ibid.*, p. 51. Publié par le baron J. Pichon d'après le ms. de Robertet.

(157) Bibl. Nat., Cab. des Estampes, Gaignières P° 11 c, fol. 46, Réserve. — Je m'en voudrais de ne pas citer, bien que l'ouvrage soit de forme romanesque, le charmant essai d'Edmond Pilon, *Portraits tendres et pathétiques..., Madame de Brézé*. Paris, 1910.

(158) Sur la famille de Bueil, voir La Thaumassière, *Histoire du Berry*, p. 436 et surtout la belle introduction à l'édition du *Jouvencel* de Camille Favre.

(159) *Le Jouvencel*, pièces justificatives, II, p. 401.

(160) C. Fabre, introduction au *Jouvencel*, I; Anselme, *Histoire générale de la Maison de France*, t. VII, p. 487.

(161) Journal de Jean de Roye, éd. Bernard de Mandrot, I, p. 179.

(162) *Ibid.*, I, p. 182.

(163) André Duchesne, *Les Antiquitez de la France*, 1609, p. 524.

(164) *Bibl. de l'Ecole des Chartes*, t. XI, p. 318.

(165) Voir Pièces justificatives.

(166) Arch. Nat. K. 68, n° 50. Voir Pièces justificatives.

(167) Arch. d'Indre-et-Loire G. 295. Pièces justificatives.

(168) Bibl. Nat., Col. Joly de Fleury, vol. 478, fol. 278. Pièces justificatives.

(169) Arch. d'Indre-et-Loire G. 295; Bibl. Nat., K. 68, n° 50; Bibl. Nat., Collection Joly de Fleury, vol. 478, fol. 280. Pièces justificatives. J'ai utilisé aussi les souvenirs du Dr Henry recueillis par J.-M. Dufour, *Dictionnaire hist. d'Indre-et-Loire*, 1812.

(170) E. Gautier, *Le château royal de Loches*.

(171) J.-M. Dufour, *Dictionnaire historique, géographie, biographique et administratif des trois arrondissements communaux du département d'Indre-et-Loire*. Tours, 1812, t. II, p. 177 et s.

(172) Bibl. Nat., Collection Joly de Fleury, vol. 478, fol. 272.

(173) Bibl. Nat., Collection Joly de Fleury, vol. 478 (1er mai 1777).

(174) Edmond Gautier, *Le château royal de Loches*, 1925, p. 46.

(175) Ch. de Grandmaison, *Le tombeau d'Agnès Sorel à Loches*, 1890.

(176) Pierre-Pomponne-Amédée Pocholle, né à Dieppe en 1764. Maire de Dieppe en 1791, député suppléant à l'Assemblée législative, représentant de la Seine-Inférieure à la Convention, sous-préfet à Neufchatel en l'an X, atteint par la loi sur les Régicides, il quitta le territoire en 1816; mort à Paris en 1831.

(177) *Dictionnaire historique d'Indre-et-Loire*, t. II.

(178) Voir l'étude définitive de Charles de Grandmaison, *Le Tombeau d'Agnès Sorel à Loches, destruction et restauration*, 1793-1809, Tours, 1890.

(179) François-René-Jean de Pommereul, né à Fougères en 1745, capitaine d'artillerie à la Révolution, général de division sous l'Empire, nommé Préfet de l'Indre-et-Loire en 1800 et du Nord en 1810, Directeur général de l'Imprimerie au retour des Bourbons, mort à Paris en 1823. Il a laissé des *Souvenirs de mon administration d'Indre-et-Loire*, Lille, 1807, tirés à 10 exemplaires.

(180) C'est le vers célèbre de la *Pucelle* de Voltaire.

(181) Bossebœuf, *Le tombeau d'Agnès Sorel*, p. 31.

(182) Edmond Gautier, *Le château royal de Loches*. Loches, 1925.

(183) Au XVIIe siècle. Sur les vues anciennes, la tour varie de forme et change de place.

(184) Voir Dreux du Radier.

(185) Voir plus loin, notice I.

DEUXIÈME PARTIE

———

NOTICES

I

La Légende d'Agnès Sorel.

La légende d'Agnès Sorel n'est pas aussi simple que le croyait un bon historien et critique tel que M. Dufresne de Beaucourt. Elle ne jaillit pas d'un texte unique, recopié à l'envi par les anecdotiers et les chroniqueurs. Elle est complexe. La légende a ses racines dans des traditions de famille, dans diverses traditions de terroir localisées en Touraine, dans le pays de Bourges, en Picardie. Elle est surtout l'œuvre d'un homme, Charles Sorel, romancier et historien, qui la transmit à Chapelain d'où elle aboutit à Voltaire et aux romantiques. Elle vaut d'être étudiée en détail, comme un prisme où l'esprit humain chercha, à travers le temps et les modes, à satisfaire une soif de merveilleux qui déconcerte.

La tradition de famille la plus ancienne nous l'avons déjà rencontrée, presque immédiatement après la mort de la Belle Agnès, dans la vie romancée que Jean V de Bueil a dictée de lui-même sous le titre du *Jouvencel*. Les filles d'Agnès qui vivaient encore (l'une d'elles avait épousé Antoine de Bueil) pouvaient entendre clairement l'allusion. Car la « moult belle dame », qui désire que le roi emmène les femmes à la guerre, et qui s'écrie si gaillardement devant la reine et ses dames : « Vous en serez plus vaillant, et toute votre compagnie », est à n'en pas douter Agnès. Il s'agit bien de la conquête de la Normandie, car les détails donnés sur la surprise d'Escalon, au chapitre XXIII, concordent avec ce que nous savons de la surprise du Pont-de-l'Arche. L'indication est très brève, enveloppée de romanesque, mais à mon sentiment certaine. On peut la situer au début du règne de Louis XI, le *Jouvencel* ayant été écrit entre 1461 et 1466, et Jean de Bueil étant mort en 1477.

Le charmant bohême Roger de Collerye d'Auxerre (1), dont les œuvres furent imprimées à Paris en 1536, nous a laissé, parmi les écrits de sa jeunesse, un joli « Blazon des Dames ». Ce petit dialogue peut être daté postérieurement au règne de Charles VIII. Beau Parler commence :

Honneur aux Dames !

Et Recueil Gracieulx répond :

C'est raison.

Suit un éloge des femmes, fait peut-être pour un banquet, sur le thème éternel du bien que l'on peut dire d'elles, auquel répondra un autre convive par un développement contraire.

Le morceau est frais et joli, car Collerye était un homme de talent, un Villon honnête. Or voici les exemples allégués au sujet des bienfaits des dames : Jason eût-il conquis la Toison d'or sans la belle Médée ? Pâris eût-il ravi Hélène sans la pomme d'or de Vénus ? Saturne, le premier roi du monde, ne dut-il pas son règne à Vesca ? Jupiter lui-même n'a-t-il pas aimé la belle Danaé ?

Beau Parler

Par ung bon advis diuturne,
Par ung prudent veiller nocturne,
Judith deffist Holofernès.

Recueil Gracieulx

Ne fut pas de la belle Agnès
Le roy Charles septiesme pris ?

Beau Parler

Ses voulloirs en estoient seduictz,
Et en vraye amour purs et nectz,
Qui sont choses de très grant pris.

____

(1) *Œuvres de Roger de Collerye,* n. éd. avec une préface et des notes, par M. Ch. d'Héricault, 1855, p. 130-139.

PORTRAIT D'AGNÈS SOREL
(Album du Musée d'Aix)

Recueil Gracieulx

On ne sçauroit estre repris
De donner aux dames bon bruyt.

Et nous trouverons tour à tour exaltées, Rebecca, Suzanne, Philis, Demophon, Sapho, Didon, Esther, Rachel, Sara, les héroïnes de la Bible, celles de l'antiquité : Lucrèce, Polixène, et celles des romans : Griselidis, Sidoine et Viene.

C'est dans cette suite qu'est dame Agnès, au temps de Louis XII.

Une autre tradition, se rattachant à la Picardie, est fixée par un recueil de dessins (le plus ancien de ces albums célèbres) que l'on peut dater exactement de l'année 1526 (1). Il avait été formé par Catherine de Hangest, femme d'Artus de Boissy (2), grand maître de France, qui se plaisait à la peinture. C'est le célèbre recueil de portraits conservé à la Bibliothèque d'Aix-en-Provence.

La tradition répète que François Ier, délivré de sa captivité de Madrid, aurait feuilleté cet album en compagnie de sa maîtresse, qu'il y aurait écrit de sa main des noms, des boutades, des vers, dissimulés par la suite par une petite bande de papier qu'on levait à volonté. On lit, sous le crayon de « la belle Anys », le quatrain célèbre :

---

(1) Etienne-Moreau Nélaton, *Les Clouet et leurs émules,* 1924, t. II, p. 103-108; L. Dimier, *Le portrait français au xvie siècle,* t. III, p. 5.
(2) Rouard, *François Ier chez Mme de Boissy.* Paris, 1863.

> Plus de louange son amour sy méryte
> Etant cose de France recouvrer
> Que n'est tout ce qu'an cloistre pet ouvrer
> Clause nonnayn ou an désert ermyte.

J'avoue que j'ai eu la curiosité de comparer l'écriture du quatrain avec celle de François Ier, et que je puis affirmer en toute certitude que ces vers ne sont pas de la main du roi (1). On a bien émis l'hypothèse que le recueil de la Bibliothèque Méjanes serait, à défaut de l'original, une copie contemporaine ou figurée ; mais de graves difficultés se présentent pour attribuer au roi François Ier d'autres légendes. Et il y a tout lieu de croire que ceux qui ont parlé du quatrain et du recueil ont été victimes d'une supercherie de Charles Sorel, qui n'en était pas à une invention près, comme nous le montrerons.

Dans la seconde partie du XVIe siècle vivait en Picardie une famille militaire, les Sorel d'Ugny. Ils conservaient, eux, la tradition d'une parenté avec la maîtresse du roi Charles VII. Cette parenté était-elle plus véridique que celle de Charles du Lys qui, croyant se rattacher au sang de Jeanne d'Arc, renouvela dans le même temps l'histoire de la Pucelle ? Nous n'en savons rien. Les Sorel d'Ugny ont du moins fait le voyage au tombeau de Jumièges, auquel ils intéressèrent Jean-Antoine de Baïf, le poète. Et c'est ainsi que ce dernier put dater de Jumièges une longue pièce de vers qu'il publia pour la première fois en 1573, et qui conserve une des plus anciennes formes de la légende d'Agnès Sorel (2). Le morceau est adressés au seigneur de Sorel, que l'on croit pouvoir iden-

---

(1) Sont-ils du roi ? C'est bien douteux. A. Champollion-Figeac les a recueillis dans sa collection si suspecte, *Poésies du roi François Ier*, Paris, 1847, ainsi qu'une autre forme de ces vers en Epitaphe, p. 153, dont une variante est attribuée à Mellin de Saint-Gelais, sans que nous la retrouvions dans les vers spirituels de ce poète.

(2) *Œuvres en rime*, Paris, Lucas Bruyer, 1573, fol. 54vo. La pièce, qui est jolie, est datée du « Mesnil la Belle », dont le nom avait déjà changé et atteste l'état avancé de la légende.

tifier avec un Sorel (1), en relation avec divers poètes de la
Pléiade.

On le voit, sauf par quelques traditions, la belle Agnès
avait été pendant près d'un siècle oubliée par les historiens (2).
C'est qu'elle demeurait la concubine, comme Monstrelet l'avait
indiqué ; et Gaguin, sur la fin du xve siècle, n'a recueilli à
son sujet qu'une anecdote assez suspecte relative à une visite
de Louis XI à la Collégiale de Notre-Dame de Loches. François de Belleforest (3), historiographe de Charles IX, et par
ailleurs esprit critique, parle pour la première fois un peu
longuement d'Agnès. Il a connu Gaguin, la *Chronique Scandaleuse,* l'histoire du soufflet du dauphin rapporté dans la
Chronique Martiniane. Pas de merveilleux, chez l'honnête
Belleforest, mais un surprenant mépris pour la favorite. S'il
s'arrête un instant à conter sa vie, c'est pour « admonester
les grands de ne point s'abestir après ces folles, desquelles
procède la fainéantise et avilissement des plus braves et sages
et vaillants hommes de la terre ».

Bernard de Girard, seigneur du Haillan, gentilhomme
huguenot qui enseigna l'histoire à Charles IX, est tout aussi
méprisant dans son livre de l'*Estat et succez des affaires de*

---

(1) Le « seigneur Soreau, valet de chambre du roy », consolé en 1571 par Ronsard à propos de la mort de sa femme Jeanne de Loynes (éd. Laumonier, t. VI,
p. 373 ; VIII, p. 81).

(2) Rien sur Agnès, ou presque rien dans les *Très élégantes et très véridiques et
copieuses annales* de Nicoles Gilles (Paris, 1520, in fol.). Dans la révision de 1551
apparaît l'explication morale :

« En celle saison, avoit en la compagnie de la Royne une moult belle Damoyselle,
nommée Agnès Sorelle, laquelle estoit fort en la grace du Roy, et l'appeloit on
communément la belle Agnès ; et affin qu'elle eust aucun tiltre, le Roy luy donna,
sa vie durant, la place et chastel de Beauté, près le boys de Vincennes ; et lors
on l'appela madamoyselle de Beauté ; et pour ce que lors on voyoit que le Roy
estoit fort pensif, et imaginatif, et peu joyeux et qu'il estoit expédient de l'esjouyr,
par la délibération de son Conseil, sans son sceu, fut dict à la Royne qu'il estoit
expédient qu'elle endurast que le dict seigneur feist bonne chière à la dicte Damoiselle, et qu'elle ne montrast nul semblant d'en estre mal contente, ce que la bonne
Dame feit et dissimula combien qu'il luy grevast beaucoup. »

(3) *Les grandes annales et histoire générale de France, dès le règne de Philippe
de Valois jusques à Henry III,* Paris, Buon, 1579. Voir pièces justificatives.

France (1570). Il a tracé ce croquis de Charles VII : « Il estoit homme aymant ses plaisirs et qui n'appréhendoit pas le mal, et la ruine de son royaume, s'amusant à faire l'amour à sa belle Agnès et à faire de beaux parterres et jardins, cependant que les Anglois, la craye en la main, se pourmenoient par son royaume ».

En 1576, le seigneur du Haillan développa ce thème dans l'*Histoire de France* qu'il dédia à Henri III, ouvrage qui eut plusieurs éditions et fut entre toutes les mains :

« Durant tant d'affaires, le Roy se laissant couler aux plaisirs, s'estoit énamourée d'une Damoiselle de la Roine, nommée Agnès Sorel, native du pays d'Auvergne, et belle Damoiselle. Sa beauté luy acquit le nom de la belle Agnès, et affin qu'elle eut quelque titre, le Roy lui donna sa vie durant le chasteau de Beauté près le Bois de Vincennes, et y fit bastir ce grand pavillon qu'on y voit tout descouvert, et de là elle fut appelée Madamoiselle de Beauté. Le Roy eut d'elle quatre filles qui furent mariées en quatre bonnes maisons de ce Royaume, combien que quelques uns disent qu'elle n'en eut qu'une qui fut mariée au sieur de Brézé, grand Seneschal de Normandie, et que d'autres disent que la fille qu'elle fit ne vesquit guières, et que mesmes le Roy disoit que ce n'estoit pas de son faict. Et bien que l'affection que le Roy luy portoit diminuast d'autant de celle qu'il devoit porter à la Royne sa femme, et luy retranchast autant de ce qui par le mariage luy estoit deu, si est ce que ladite Royne estoit contraincte d'avaller ceste pillule bien amère, et d'endurer patiemment que la belle Agnès eut le meilleur et le plus beau des appétis et des affections du Roy son mary. On dit que voyant le Roy lasche, mol, et peu se souciant des affaires de son Royaume, et des victoires que les Anglois obtenoient sur luy, un jour elle luy dit que lorsqu'elle estoit bien jeune fille, un astrologue luy avoit dit qu'elle seroit aymée de l'un des plus courageux et valeureux rois de la Chrestienté. Que quand le Roy luy fit cest honneur de l'aymer, elle pensoit que ce fut ce Roy valeureux et courageux qui luy avoit esté prédict par ledict astrologue, mais que le voyant si mol et aveques si peu de soing de ses affaires et de résister aux Anglois et à leur Roy Henry qui, à sa barbe, luy prenoit tant de villes, elle voyoit bien qu'elle estoit trompée, et que ce Roy si valeureux et courageux estoit le Roy d'Angleterre. Adonc, dit elle au Roy Charles, je m'en

(1) *Histoire de France*, par Bernard de Girard, seigneur du Haillan. Paris, P. Lhuillier, 1576, p. 1253.

vois le trouver, car c'est luy de qui entendoit cest astrologue, non de
vous qui n'avez courage ny valeur, puisque sans vous remuer vous
laissez surprendre vos pays. Ceste parolle proférée de la bouche de ceste
femme que le Roy aymoit plus qu'il ne luy convenoit, esmeurent et
picquèrent tellement son cueur qu'il se mit à pleurer, et de là en avant
s'esvertuant print le frein aux dents, et ne s'adonna plus tant à la
chasse ny aux jardins comme auparavant il faisoit, si bien que par
son bon heur et par la vaillance de ses bons serviteurs, desquels il fut
fidellement servy, il chassa les Anglois de la France hormis de Calais.
Ceste femme puis après mourut en l'an mille quatre ans quarante-neuf,
en l'abbaye de Jumièges sur Seine au dessoubs de Rouen, et fut
enterrée à Loches... ».

C'est ce texte que Brantôme recopiera, presque textuelle-
ment, dans les *Dames galantes* (1) qu'il rédigera dans les dernières années du xvi⁰ siècle, mais qui ne trouvera un écho
qu'en 1665, lorsque l'ouvrage du gascon vaniteux et égrillard
aura les honneurs de l'impression. L'esprit du texte de du
Haillan, nous le trouverons dans les *Recherches de la France*
d'Etienne Pasquier, qui virent le jour en 1611, enjolivé d'une
petite histoire sur La Hire (2) :

« Il estoit [Charles VII] au milieu de ses afflictions du tout addonné
à ses voluptez, faisoit l'amour à une belle Agnès, oubliant par le
moyen d'elle toutes les choses nécessaires à son estat : et dit-on que
ce brave capitaine La Hire venant un jour botté, crotté, battu de
pluye, et du vent, le saluer pour luy conter quelques exploits de guerre
par luy faits, il le trouva au milieu des dames, menant sa maistresse
à la danse (je me mocque certes de moy quand j'appelle une simple
damoiselle maistresse d'un roy) : lequel demandant à La Hire ce qu'il
luy sembloit de ceste belle compagnie, il luy respondit, d'une parole
brusque et hardie, que jamais il ne s'estoit trouvé Roy qui perdist si
joyeusement son Estat comme luy ».

Dans un recueil de discours supposés de la fin du xvi⁰
siècle (Bibl. Nat., ms. fr. 4839, fol. 51 v°), provenant de la

----

(1) *Œuvres complètes de Pierre de Bourdeille, seigneur de Brantôme*, éd. Ludovic
Lalanne, t. IX, p. 393-394.
(2) L. VI, ch. VI. Je cite l'édition de 1665.

collection de Béthune, nous retrouvons toujours le même thème, et presque les mêmes mots :

Le roy qui devoit faire reluire sa vertu au travers des nuages de tant de misères, et qui se devoit monstrer bon pilote et patron de son royaume en un si tempestueux orage de guerre, se laissoit couler aux plaisirs, préférant les amours de sa belle Agnès au bien de son royaume ; de sorte qu'Agnès mesmes le voyant si lasche et si mol, elle luy dist que lorsqu'elle estoit jeune fille, un astrologue luy avoit prédit qu'elle seroit aimée de l'un des plus courageux et vertueux rois de la chrestienté, que quand il luy fist cest honneur que de l'aymer, elle pensoit que ce fust ce roy vallereux ; mais que le voyant si mol et se soucier si peu de résister aux Anglois que c'estoit plustost le roy d'Angleterre que luy qu'entendoit l'astrologue, ce qu'à ceste occasion elle le vouloit aller trouver. Ces parolles le picquèrent si avant au cœur que de la en avant il print le freint aux dens, et par sa vertu et prudence chassa les Anglois de la France hormis de Calais. Pour ceste Agnète le roy feist bastir ce pavillon qu'on appelle encores la tour de Beauté.

Cette fable était devenue une vérité. Henri IV en tire excuse : « Et ne se lassoit point de semblables amours, disant que le roy Charles septiesme avec la belle Agnez son amie avoit conquis son royaulme » (1). Charles Sorel va l'illustrer des témoignages de l'histoire.

Ce fut un bien curieux bonhomme que Charles Sorel, sieur de Souvigny, pince sans rire à la triste figure (2). Son nom ne rappelle plus guère que l'*Histoire comique de Francion*, qu'il désavoua d'ailleurs, et le *Roman bourgeois* que Furetière écrivit contre lui, où il est représenté comme un insupportable pédant, promenant partout des manuscrits que personne ne voulait lire, et son nez vêtu de rouge qu'on pouvait appeler « son éminence ». Le pauvre écrivain besogneux que fut Charles Sorel a eu cependant son heure de célébrité, des dons peu communs, une érudition considérable, la science universelle d'un homme du XVIe siècle au temps de Louis XIII

____

(1) Jules Gassot, Sommaire mémorial (Bibl. Nat., ms. fr. 12795).
(2) J'utilise le livre excellent d'Emile Roy, *La vie et les œuvres de Charles Sorel*, Paris, 1891.

et de Louis XIV. Molière, qui connaissait fort bien son œuvre d'observations, lui doit beaucoup de traits et de types. Charles Sorel aimait les livres, qu'il connaissait très bien, et il était passé maître en fait de supercheries littéraires ou généalogiques. Fils d'un procureur au Parlement de Paris, d'origine Picarde, qui avait épousé une sœur de Charles Bernard, lecteur de Louis XIII et premier historiographe de France, Charles Sorel avait grandi dans le plus honnête milieu bourgeois; il régnait dans les ruelles où il passait pour un grand écrivain, grâce à de nombreux romans pleins d'imagination et d'observations, aujourd'hui tout à fait oubliés. Sorel avait racheté la charge d'historiographe de son oncle; son esprit, versatile et encyclopédique, se tournait vers l'histoire et les sciences. En 1640, il publiait un livre singulier *La Solitude et l'Amour Philosophique de Cléomède* (2), où il célébrait le charme d'une maison de campagne de famille, embellie de toutes sortes de rêveries instructives ou de réflexions morales qui passaient dans sa tête meublée de tant de connaissances. Charles Sorel était bourgeois, et bourgeois de Paris, mais d'origine Picarde. Dans les chroniques qu'il avait lues, il avait noté l'histoire de quelques Sorel de Picardie et d'autres homonymes. Délibérément l'écrivain rattacha son origine à ces Sorel, entra en relations avec les Sorel d'Ugny, recueillit leurs traditions concernant la belle Agnès, fit le pélerinage aux tombeaux de Jumièges et de Loches dont il copia les inscriptions, ouvrit le premier le recueil de crayons de la cour de François Ier, lança la légende de la dame de Boisy, transcrivit le quatrain qu'il attribua à François Ier en l'arrangeant d'ailleurs pour le rendre plus conforme à la morale. Sorel qui avait si souvent montré son esprit critique, raillé les prétentions nobiliaires de ses contemporains, se forgea la plus

----

(2) Voir Pièces justificatives.

étrange des généologies, rattachant sa propre famille à celle
d'Agnès; il lui donnait tout simplement pour origine les
Sorel du Comté de Kildar descendants des anciens rois d'Angleterre! C'est bien le plus étrange de ses romans, sinon le
plus amusant. Mais pour la première fois, on sortit des redites
de du Haillan: sur le même plan furent placées Jeanne d'Arc
et la belle Agnès qui fit « autant par ses remontrances et ses
persuasions que l'autre avoit fait par son espée ». La concubine devint le parangon de la vertu et de la beauté. Ainsi
naquit la légende d'Agnès qui restaura le royaume, fable que
les générations répèteront à l'envi.

Jean Chapelain (1), le prosaïque et rocailleux rimeur de la
Pucelle ou la France délivrée qu'il publia en 1656, a-t-il
connu le roman de la *Solitude* de Sorel, paru en 1640? Nous
ne le pensons pas, encore que Chapelain se soit longuement
documenté, et qu'il ait été, comme Sorel, un grand lecteur
de chroniques et de nos vieux romans. D'abord il ne faut
pas oublier que Chapelain travaillait à son poème épique,
imité surtout de l'*Enéide* et de l'*Iliade,* depuis vingt-cinq
ans; il s'était mis aux vers vers 1630 et il donna lecture de
son premier chant au comte de Fiesque en 1634; l'année où
Corneille porte au théâtre le *Cid,* il avait terminé son troisième
livre. On peut même dire que Jean Chapelain prit la contre-
partie de la thèse de Charles Sorel. Agnès est pour lui le
génie du mal, en rapport avec les démons, qu'il oppose naturellement à la Pucelle, chaste et magnanime. Il donne Agnès
comme maîtresse à Charles VII et à Philippe-le-Bon. Con-
finée à Chantonceaux par l'artifice d'Amaury, Roger, frère
d'Agnès, vient l'exhorter à revenir auprès du roi; mais c'est
pour tenter de chasser la Pucelle après le triomphe d'Orléans.

____

(1) J'ai utilisé la bonne étude de Georges Collas, *Jean Chapelain, 1595-1674. Un
poète protecteur des lettres au* XVII* *siècle,* Paris, 1912, et les Lettres publiées par
Tamizey de la Roque.

Agnès se pare, vainement, de ses plus somptueux vêtements,
se charge de rubis et de diamants. Charles ne la regarde même
pas, et la Pucelle la chassera honteusement du camp. C'est
alors qu'afin de se venger, Agnès retourne vers Philippe-le-
Bon pour le faire révolter contre son suzerain. Le portrait
que Chapelain trace d'Agnès montre du moins qu'il a vu
d'elle une effigie traditionnelle, encore que dans les vers de
Chapelain les contemporains aient tous reconnu la belle
duchesse de Longueville. Le poème de la *Pucelle* fut d'ailleurs inspiré et payé par Henri d'Orléans, duc de Longueville, comte de Dunois, son mari. Quel étrange et rude portrait (1) Chapelain trace de la favorite!

> Agnès demeure seule, en sa chambre dorée,
> Qui de brillans miroirs tout-autour est parée,
> Et, de quelque costé qu'elle tourne les yeux,
> Y voit l'objet de tous le plus délicieux.
> En la plus haute part d'un visage céleste,
> Les glaces luy font voir un front grand et modeste,
> Sur qui, vers chaque temple, à bouillons séparés,
> Tombent les riches flots de ses cheveux dorés.
> Sous luy, roulent deux cieux, d'où mille ardentes flammes,
> Mille foudres, sans bruit, se lancent dans les âmes ;
> Deux yeux estincelans, qui, pour estre serains,
> N'en font pas moins trembler les plus hardis humains...
> Au-dessous se fait voir en chaque joue éclose
> Sur un fond de lys blanc, une vermeille rose...
> Plus bas s'offre, et s'avance une bouche enfantine,
> Qu'une double fossette aux deux angles termine,
> Et dont le petit tour, fait d'un coral riant,
> Couvre un double filet de perles d'Orient...
> On voit que, sous son col, un double demy-globe,
> Se hausse par mesure, et souslève sa robe ;
> L'un, et l'autre d'un blanc si pur et si parfait,
> Qu'il ternit la blancheur de la neige et du lait.

Tel est le rôle que Chapelain donne à Agnès au cours des
douze premiers chants (1656). Il suit en somme d'assez près la

---

(1) P. 195.

tradition de Belleforest et de du Haillan ; et sur place, il a pu
comme Sorel, relever la tradition relative à

> Loches, ce mur terrible,
> Que la nature et l'art rendent inacessible,
> Ceste prison fameuse, et cette forte tour
> Où si longtemps Agnès renferma son amour.

Le poème héroïque de Chapelain, illisible, sans poésie, sans
style, sans âme, et en dépit de l'opinion de Théophile Gautier assez mal charpenté, fut accueilli avec confiance et
faveur. Cinq éditions suivirent l'admirable édition princeps
donné par Augustin Courbé avec les illustrations par Ch. Vi-
gnon. Le poème fit bailler tout le monde, y compris la
duchesse de Longueville. Mais il ne fut pas, comme on le
pourrait croire, la chute pour Chapelain : l'Académie, les
Longueville étaient là d'ailleurs pour soutenir l'œuvre. Des
critiques, comme Tallemant, lui reprochèrent seulement d'avoir
« suivi le gazettier », c'est-à-dire d'avoir fait une œuvre de
trop fidèle historien. Ce n'est que plus de dix ans après
que la génération nouvelle, dont le critique persifleur fut Boi-
leau, attaqua l'œuvre. Et Chapelain, après 1656, se remit au
travail, premier commis des Belles Lettres, écrivant des rapports sur les pensions de ses confrères, servant l'Etat, le Roi,
l'Académie dont il écrivit le projet du dictionnaire, organisant
la propagande française, prenant la direction de l'apothéose
de Louis, protecteur des Lettres Françaises et rêvant pour lui-
même d'une ambassade à l'étranger. Une fois de plus, et
pour de longues années, voici Chapelain dans sa riche bibliothèque; il travaille, courbé sur ses bouquins, admirant toujours
davantage Virgile, les anciens, Ronsard, de moins en moins
fréquentant le monde où on le voit parfois, petit homme noir
et ridé, sous son immense perruque, crachotant et gesticu-
lant, quand il lit la suite de son immense poème. Ainsi il

RUINES DU CHATEAU DE BEAUTÉ
d'après Chastillon, début du 17e siècle

besogna jusqu'à sa mort (1670) aux douze derniers chants qui
ne virent le jour qu'en 1882, par les soins du bon libraire
éditeur d'Orléans, M. Herluison (1).

La première partie du poème nous laissait avec Jeanne
blessée à Paris. Les livres XIII à XXIV, nous mènent du
siège de Paris au bûcher de Jeanne, à Notre-Dame où se
prosterne Charles VII pour rendre grâces à Dieu d'avoir délivré la France. Dans le livre XIV, Chapelain nous montre
Agnès dans sa retraite où les anges déchus lui apparaissent en
songe. L'un d'eux lui annonce qu'elle va bientôt rentrer en
faveur auprès du roi. Elle se rend à Bourges et obtient sur le
faible monarque la victoire complète que lui assurent sa beauté
et sa douceur. L'armée se plonge dans la mollesse, à l'exemple
de Charles et d'Agnès (l. XV). Le livre XIX chante les
amours de Charles et d'Agnès au château de Vincennes que
Jean Chapelain décrit longuement. Charles conduit sa
« reine » à la tour de Beauté :

> A l'un des coins du parc une masse quarrée
> S'élève Impérieuse à la voute azurée,
> Edifice semblable au donjon du chasteau,
> Fors qu'il est plus logeable, aussi bien que plus beau.
> Pour servir de demeure à la beauté divine
> Le monarque amoureux la belle tour destine,
> Et, jusques en ce point servant sa vanité,
> Luy donne le beau nom de la Tour de Beauté.

C'est le triomphe d'Agnès. Les fifres et les tambours font
place aux musettes ; les soldats pendent leurs armes aux
ormeaux, courent la bague, jouent aux cartes et organisent
des parties ; le fer est couronné de fleurs. Edouard, le traître,
suggère l'idée d'un superbe festin que présidera Agnès.

---

(1) *Les douze derniers chants du Poème de la Pucelle publiés pour la première
fois sur les mss. de la Bibliothèque Nationale*, par H. Herluison. Orléans, 1882.

Edouard passe au monarque la pomme de Caleville empoisonnée. Mais Charles, qui sert de ses mains Agnès, veut lui en faire présent :

> A la belle, dit-il, la belle soit donnée :
> Pour la jeune Vénus le ciel l'a destinée,
> Et quand l'autre Vénus vous la disputerait,
> Contre votre beauté sa beauté la perdrait.

Le bal va s'ouvrir : mais Agnès trébuche, blémit, devient froide : elle tombe empoisonnée. Charles veut se donner la mort. Un ange lui apparaît, sous la forme d'Agnès, qui l'invite à s'arracher à la mollesse. Roger vient annoncer au roi de nouveaux revers. Charles demande au ciel le salut de la France. Il se repent et devient un homme nouveau.

Le savant avocat Gaspard Thomas de la Thaumassière, né à Sancerre en 1621 et mort à Bourges en 1702, infatigable compilateur, grand collectionneur de généalogies, n'a pas montré un esprit beaucoup plus critique lorsqu'il nous parle d'Agnès dans son *Histoire du Berry* (1699). Il a du moins pour nous le mérite de fixer beaucoup de traditions locales et de présenter aussi le recueil de documents le plus complet que l'on possédât encore sur la Belle Agnès. Grand panégyriste de Jacques Cœur, Thomas de la Thaumassière voit surtout dans Agnès « le premier instrument de son malheur ; car ne pouvant supporter qu'un autre qu'elle eut part aux bonnes grâces de son prince, elle lui rapporta qu'il avait mal parlé de sa Majesté et d'elle, et qu'il blamoit trop librement leur conduite... ». La Thaumassière invente le roman du monarque jaloux et défiant, rapportant à Agnès les propos de Jacques Cœur sur sa maîtresse et lui-même. Ainsi l'argentier aurait encouru sa disgrâce « pour avoir parlé trop librement au roy de la trop grande familiarité qu'il avoit avec elle, qui le divertissoit de ses plus sérieuses affaires, et l'empêchoit de suivre

le cours de ses victoires, et de chasser les Anglois hors de
son royaume, quoy que ces avis importans eussent été donnés
secrettement au roy pour le bien de ses affaires ». La Thaumassière croit savoir encore qu'« Agnès Seurelle ou Sorelle,
prit naissance au village de Fromenteau en Touraine, et non
en celui des Ygonières, paroisse d'Orcay près Vierzon, comme
le veut la tradition du païs ». Il se fait l'écho d'une tradition
locale, lorsqu'il rapporte le « don d'un appartement au château de Loches et en son palais à Bourges où il la voyait en
secret en la tour qui est encore appelée la Tour de la belle
Agnès ». Tout ceci appartient au folk-lore, aux contes ber-
richons, comme le don de Bois Trousseau, qui est Bois Sire
Amé, à quatre lieues de Bourges, où Charles feignait d'aller
à la chasse pour se « divertir avec sa maîtresse ». Car il
n'existe dans cette région pittoresque de bois, tour de logis,
relais de chasse, qui n'aient abrité les amours d'Agnès et de
Charles. Le château de la Guerche, qui n'a jamais appartenu
à la favorite, mais à Nicole Chambers, capitaine de la Garde
Ecossaise en 1448, puis à André de Villequier, mari d'Antoinette de Maignelay, le 19 octobre 1450, et passa par la suite
aux d'Aumont puis aux Voyer d'Argenson, comme tant
d'autres châteaux est censé également avoir reçu la visite
d'Agnès; déjà Martin Marteau l'affirmait dans son *Paradis
délicieux de la Touraine* (1661). On y montrait des fresques
représentant des sujets de chasse et des allégories, où Voyer
d'Argenson et les rédacteurs de la célèbre *Bibliothèque des
romans* n'hésitèrent pas à reconnaître les aventures de la
Belle Agnès (1): « Cette belle personne y est représentée au
milieu de différents ornements et figures relatives aux différentes situations de sa vie; d'abord méprisant et rejetant des
trésors, et jusqu'à des sceptres et des couronnes que l'on met

---

(1) La critique de cette tradition a été faite par Emile Roy, *La vie et les œuvres
de Charles Sorel*, Paris, 1891, p. 424 et s.

à ses pieds ; ensuite on voit qu'elle se rend à l'amour d'un prince qu'elle croit sincère ; elle paraît enlevée par un aigle comme Ganymède, et, par une devise latine, elle se vante de ne s'être rendue qu'au roi des oiseaux. Quoique les traits de la figure principale soient un peu effacés, on voit qu'ils représentent une personne d'une assez grande taille, parfaitement bien faite ; ses cheveux sont blonds, ses traits réguliers et sa physionomie douce et spirituelle ». Roman qui trouva naturellement sa place dans la *Bibliothèque des Romans,* faite sur les manuscrits de M. de Paulmy, qui a eu certainement cette notice sous les yeux.

Que Voltaire est donc excusable quand, lui aussi, va lancer un nouveu roman de la Pucelle et d'Agnès ! Ce fut un péché de sa jeunesse (1), qu'il avait perpétré vers 1730, et qu'il n'avouera que trente ans après, où Voltaire a suivi d'assez près les données de Jean Chapelain. Mais chez lui, nulle envie de suivre les vieux romans français que connut si bien Huet, évêque d'Avranches ; il a surtout le désir d'amuser là où Chapelain fit bailler :

> O Chapelain, toi dont le violon,
> De discordante et gothique mémoire,
> Sous un archet maudit par Apollon,
> D'un ton si dur a raclé son histoire ;
> Vieux Chapelain, pour l'honneur de ton art,
> Tu voudrais bien me prêter ton génie :
> Je n'en veux point...

Composées pour réjouir en secret quelques amis, les aventures de Jeanne et d'Agnès s'étaient déjà répandues en copies à Paris en 1735. Six chants avaient été pris par les Autri-

---

(1) J'ai utilisé Georges Bengesco. *Voltaire, Bibliographie de ses œuvres,* Paris, 1882, t. II, p. 123-140 ; la correspondance de Voltaire avec la duchesse de Saxe-Gotha (*Œuvres Complètes de Voltaire,* éd. Garnier, t. XXXVIII) ; Desnoiretteres, *La vie et les œuvres de Voltaire,* t III, IV.

chiens en 1745 dans les cantines de Frédéric. Académicien, poète officiel de Mme de Pompadour, historiographe de Louis XV, Voltaire s'en inquiétait. Mme du Châtelet veillait sur son poète, et Voltaire ne se souciait guère, pour une bagatelle secrète, imitée de Pulci et de l'Arioste, d'éprouver des ennuis. Mais il était en même temps tourmenté par une véritable prédilection pour son œuvre : « Je veux que cet ouvrage serve quelquefois à divertir mes amis, mais je ne veux pas que mes ennemis puissent jamais en avoir la moindre connaissance ». Les copies circulaient toujours, défigurées, chargées d'obscénités. La duchesse de Wurtenberg passait une nuit pour en prendre copie ; le prince Henri en possédait une autre, grâce à l'indiscrétion d'un secrétaire. En 1749, Voltaire se rendait à la cour de Frédéric, et plus libre, il en donna une lecture qui eut un assez grand succès auprès de la Reine Mère et des princes allemands où son ouvrage fut présenté, dans ce milieu réformé, comme une satire des abus de la cour de Rome. En 1755, le poème de Voltaire était imprimé à Francfort dans une édition qui passe pour l'originale et que désavoua Voltaire. L'écrivain venait de rompre avec Frédéric ; il entre en relations avec l'aimable, indulgente et sage Louise Dorothée de Saxe, qui l'invitait à écrire dans la bibliothèque de Gotha une histoire d'Allemagne. C'est pour cette sage dame que Voltaire terminerait les chants de sa pauvre Jeanne qui se « corrigerait un peu de ses mauvaises habitudes » afin de paraître plus chastement devant ses yeux. Puisque « cette plaisanterie » était imprimée, ce dont il était bien fâché, le mieux était de l'avouer et de corriger cette « ancienne rapsodie ». Près de Louise Dorothée, qui lui servait alors d'intermédiaire auprès de Frédéric, dans sa riche bibliothèque, il donnerait « le matin aux rois qui ont troublé le monde, et le soir à Jeanne et à la tendre Agnès qui ont adouci les mœurs ». Projet qui n'eut jamais de suite, Voltaire s'étant installé aux

Délices près de Genève. Et ce ne fut qu'en 1762 qu'il donna *la Pucelle poème divisé en vingt chants,* qui n'était ni plus scandaleuse que le Morgante, l'Arioste, Rabelais ou les Contes de La Fontaine. L'ouvrage, illustré de figures libres, eut un extraordinaire succès. Dans Agnès Sorel, le public reconnut Mme de Pompadour; dans Charles VII, Louis XV. Les éditions qui se succédèrent jusqu'à l'époque de la Restauration fixent donc la légende d'Agnès (1):

> Le bon roi Charle, au printemps de ses jours
> Au temps de Pâque, en la cité de Tours
> A certain bal (ce prince aimait la danse)
> Avait trouvé, pour le bien de la France,
> Une beauté nommé Agnès Sorel.
> Jamais l'Amour ne forma rien de tel.
> Imaginez de Flore la jeunesse,
> La taille et l'air de la nymphe des bois,
> Et de Vénus la grâce enchanteresse
> Et de l'Amour le séduisant minois...
> Sous un cou blanc qui fait honte à l'albâtre
> Sont deux tétons séparés, faits au tour,
> Allans, venans, arrondis par l'Amour,
> Leur boutonnet a la couleur des roses...

Vers que chacun répétait à l'envi: ce qui n'arriva jamais à ceux de Chapelain. Les amours honnêtes de Charles et d'Agnès, l'aventure burlesque où elle revêt l'armure de la Pucelle quand elle est prise par les Anglais et que sa pudeur souffre tant, son cri:

> Je suis Agnès, vive France et l'amour!

autant d'épisodes qui se gravèrent profondément dans la mémoire des lecteurs.

Le joli page Montrose, Dorothée délivrée de l'inquisition par le vaillant Dunois, les folies de l'Ane d'Or, la belle conduite et bons conseils de la discrète Agnès, la burlesque

---

(1) *Œuvres complètes,* éd. Garnier, t. IX, p. 26, 29.

prise d'Orléans, le souper d'Agnès avec Charles tandis que
la tendre Jeanne a tenu le serment donné à Dunois, tout ce
qui nous scandalise divertit et plut infiniment. L'Académie
Française elle-même, par la plume de Duclos, sage historien
et fort honnête homme, réconforta Voltaire désolé de tant
d'impressions fautives et défigurées : « Ce qui doit vous conso-
ler, Monsieur, c'est de savoir que les lecteurs capables de
sentir le mérite de vos écrits, ne vous attribueront jamais les
ouvrages que l'ignorance et la malice vous imputent, et que
tous les honnêtes gens partagent votre peine ».

Les historiens s'étaient, jusqu'à ce jour, montrés assez
sévères pour Agnès. C'est Voltaire qui fit d'elle une image
sympathique. Au grand succès de la *Pucelle* on doit ce
revirement. Il se manifeste, extrêmement vif et remarquable,
dans la première étude historique consacrée à Agnès Sorel
par J.-Fr. Dreux du Radier, avocat, historien, poète, journaliste (*Anecdotes des reines et régentes de France,* III, 1776).
Voltaire devint une source. C'est d'après lui que Dreux du
Radier dessine le portrait enchanteur de la jeune Agnès dans
tout l'éclat de sa beauté (1). L'historien se réjouit de voir qu'il
ne ressemble pas à celui qu'avait tracé Jean Chapelain « qui
n'a peut-être rien fait de plus ridicule en vers que ce portrait.
L'auteur de la moderne Pucelle est bien plus gracieux. C'est
Vateau, c'est l'Albane... ». Agnès a réveillé le courage de
Charles : « La gloire, les intérêts du trône, celui de son amour,
tout ce qui peut ranimer un roi se présenta rapidement à ses
yeux... ». Légende un peu moins folle, sans doute, que celle
de la chasteté d'Agnès que recueillit Dreux du Radier lorsqu'il visita, en 1750, le tombeau de Loches, où il rencontra

---

(1) « La jeune Agnès, qui s'appeloit la demoiselle de Fromenteau, étoit dans
tout l'éclat de sa beauté. C'étoit un teint de lys et de roses, des yeux où la
vivacité étoit tempérée par tout ce que l'air de douceur a de plus séduisant, une
bouche que les grâces avaient formée ; tout cela étoit accompagné d'une taille libre
et dégagée, et relevé d'un esprit aisé, amusant, et d'un entretien dont la gaieté
et le tour agréable n'excluoient ni la justesse, ni la solidité ».

ce bon chanoine qui avait composé plus de mille sonnets, tous acrostiches, louant sa vertu incomparable (1). Car Dreux du Radier, journaliste et reporter avant la lettre, s'est documenté sur place (2).

Faut-il exhumer l'éloge, justement oublié, qu'en 1785, Riboud, procureur du roi au bailliage de Bourg-en-Bresse, lut à la société d'Emulation? Ces pages, emphatiques et médiocres, ont du moins un mérite, celui de nous montrer qu'à la fin du XVIIIe siècle, la légende d'Agnès Sorel est une de ces solides notions admise par tous au titre de l'histoire : c'est l'apothéose d'Agnès Sorel.

« Les temples consacrés aux Muses retentissent tous les jours des louanges données aux hommes qui ont bien servi la patrie ou l'humanité... Pourquoi, dans la multitude des tributs payés à des personnages

(1) Dreux du Radier, *Mémoires historiques, critiques et anecdotes des reines et régentes de France*. Nouv. éd., Amsterdam, 1776, t. III, p. 322-323. « Ces vers m'ont été adressés de Loches où ils ont été fidèlement copiés d'après l'original. En passant à Loches, en 1750, j'y vis un chanoine qui me montra un in-fol. manuscrit de sa composition, rempli de près de mille sonnets, tous acrostiches, à la louange d'Agnès Sorel. Le bon chanoine m'en lut plus de cent. Si les premiers m'avoient fait rire, les derniers me firent bailler. J'eus toutes les peines du monde à me débarrasser de l'auteur; et je n'en vins à bout qu'en lui disant qu'il seroit bien étonné, lui qui avoit passé sa vie à louer la chasteté de la belle Agnès (car c'estoit le but de plus de quatorze mille vers acrostiches qu'il avoit faits) si on lui prouvoit que cette chaste et pudique demoiselle avoit eu quatre enfants. Il me dit avec feu qu'il avoit effectivement lu cela quelque part, mais que c'estoit une calomnie abominable, digne de punition, et à laquelle il avoit déjà répondu dans plus de quatre ou cinq cents sonnets, toujours acrostiches: car il n'en faisoit pas d'autres, et il s'y étoit si fort accoutumé (en faveur de la belle Agnès) qu'il n'eut pu faire autrement ». Delort, *Essai critique* (1824), p. 276, nous dit à ce propos: « On conservait encore en 1789, dans la Bibliothèque du Chapitre de Loches, un manuscrit qui contenait plus de mille sonnets à la louange d'Agnès, et tous faits par un chanoine ».
(2) « Elle se retira à Loches où elle se plaisoit beaucoup, et où Charles VII lui avoit fait bâtir un château joignant à l'ancien: sans doute elle y étoit souvent visitée par Sa Majesté qui la combla de biens. Elle tenoit de sa libéralité le Comté de Penthièvre en Bretagne (*sic*).... Du côté de l'occident, se découvre une tour carrée, très ancienne, *dans laquelle,* disent bonnement les habitants de Loches, *le roi renfermoit Agnès, lorsqu'il alloit à la chasse* ». On voit que la tradition de folklore prend ici la forme d'une chanson populaire.
« Pendant son séjour à Loches et dans la petite ville de Beaulieu (qui n'est séparée de Loches que par un pont, et où elle avoit une maison qu'on appelle encore aujourd'hui l'Hôtel de Madame de Beauté), elle s'affectionna particulièrement à l'Eglise Collégiale du Château de Loches, fondée par Geoffroy Grisegonulle... où elle voulut que son corps fut inhumé ». (*Ibid.,* p. 318).

illustres, en trouve-t-on si peu d'offerts à la beauté ? Ce silence injuste
des hommes est-il une vengeance des fers qu'elle leur a fait porter, ou
un oubli de ce qui ne frappe plus leur regards ? Ils adorent la beauté
quand elle leur promet des plaisirs, la nature les force alors à lui
rendre hommage... Mais ne sont-ils pas ingrats quand ils perdent le
souvenir des objets auxquels ils doivent leurs moments les plus doux ?...

Agnès Sorel fut aimée d'un prince malheureux et sensible, elle en
fit un grand roi, et ses conseils sauvèrent la France : elle eut des
vertus presque toujours inconnues dans le rang qu'elle occupoit et
l'estime publique en fut la récompense. J'ose aujourd'hui la rappeler
à la reconnoissance des François... Ce n'est point à tes charmes, aimable
et belle Agnès, ce n'est point à ta fortune que je veux élever un monument ! Ces fragiles divinités ne sont encensées que par ceux qui les
voient ; c'est ton cœur, c'est ton àme qui excitent ma sensibilité et
me conduisent sur ta tombe...

La favorite d'un prince est une idole qu'on encense toujours avec
indignation. On l'adore pour plaire à son maître, mais on la foule aux
pieds quand elle est renversée... Quelle différence entre ce sombre portrait et celui de la belle Agnès ! Pouvant opérer beaucoup de mal, elle
n'en fit jamais aucun... Un vil intérêt ne souilla jamais son âme...

Puissent les rois placer toujours ainsi leur confiance et leurs cœurs,
jamais leurs sujets ne pourront s'en alarmer !... Puissent les François
se rappeler avec attendrissement le nom d'Agnès, et qu'il soit inscrit
dans le nombre de ceux des bienfaiteurs de la patrie ! ».

MASQUE
(Musée de Bourges)

II

La Tradition Iconographique.

Il faut l'avouer, la tradition de l'iconographie d'Agnès
Sorel est aussi légendaire que son histoire. Elle est sa légende
illustrée, aussi abondante en supercheries, en traditions con-
trouvées, en aimables mensonges, en redites fastidieuses, où
chaque génération habilla à sa façon, et suivant son idéal, la
dame de Beauté.

Les chroniqueurs, les épitaphes nous ont répété à l'envi
que Madame Agnès tira doublement son nom de son manoir
de Beauté et de la beauté qu'elle était elle-même. Le jeune
Olivier de la Marche a sur nous tous une supériorité, c'est
d'avoir vu Agnès en 1444 : et il nous affirme qu'elle était alors
une des plus belles femmes et jeunes qu'on aurait su voir au
monde. Thomas Basin, l'évêque de Lisieux, passe méprisant :
« assez jolie » dira-t-il. M. de Beaucourt, qui a tant fait pour
ramener à la vérité l'histoire d'Agnès Sorel et de Charles VII,
note « des yeux bleus pleins de douceur, une opulente chevelure blonde, le teint d'une fraîcheur admirable, un ensemble
de jeunesse, de grâce, d'enjouement offrant un charme incomparable ». Il est vrai que l'historien toujours érudit, et le plus
souvent morose, de Charles VII croit pouvoir affirmer que
« ses traits purs » ont été empruntés pour représenter la Sainte
Vierge dans le célèbre diptyque de Notre-Dame de Melun (1).

Or, au témoignage de Dufour qui reproduit les souvenirs
du docteur Henry, témoin de l'exhumation d'Agnès en 1777,

____

(1) G. du Fresne de Beaucourt, *Hist. de Charles VII,* t. IV, p. 171.

les cheveux de la Dame de Beauté « avaient une couleur brun
clair ou cendré ». Agnès n'était donc pas blonde. Telle est
bien la couleur des cheveux du petit lien conservé aujourd'hui
au Musée de Bourges, et de la pincée de ceux qui se trouvent
au Musée de Loches. Simple remarque, mais qui donne
à réfléchir sur la valeur des éléments pouvant nous guider
sur ce qu'il faut penser de la légendaire beauté d'Agnès.

Le seul document présentant une valeur certaine est le tombeau d'Agnès, jadis à la Collégiale de Notre-Dame de Loches,
et placé aujourd'hui au logis du château, puisque la réplique
du deuxième tombeau de Jumièges a disparu.

Qui n'a admiré cette œuvre charmante, taillée dans le
marbre, où nous voyons Agnès souriante dormir son dernier
sommeil ? Des anges délicieux, on voudrait écrire des Amours,
sont penchés sur le gracieux visage, le large front au bonnet
emperlé, les purs yeux clos, et la bouche enfantine. Agnès
a les mains jointes et prie pour l'éternité. Elle est vêtue d'une
corsage seyant, celui des princesses ; une robe longue, aux
larges plis, dessine le tendre corps féminin et l'amplifie. Les
moutons de sa patronne jouent à ses pieds (1).

Mais il s'en faut que nous possédions dans la tour du logis
de Loches le tombeau d'Agnès tel qu'il était dans la Collégiale. C'est ce que nous montrent deux dessins de la collection Gaignières, l'un et l'autre sans finesse, mais qui ont
sans doute le mérite de l'exactitude. La première de ces
images, assez complète, nous fait voir que l'Agnès, vue au
XVIIe siècle, lisait dans son livre de prières, alors que sur le
tombeau rétabli en 1809 elle prie les mains jointes. Les anges
ne sont pas à la même place, et les moutons ont été sérieu-
sement complétés. Il manque enfin le pinacle au-dessus de la
tête qui terminait l'architecture du gracieux tombeau.

____

(1) Sur l'histoire du tombeau, voir L. Bossebœuf, *Le tombeau d'Agnès Sorel à
Loches*, Tours, 1900.

C'est que l'œuvre, telle que nous la possédons aujourd'hui,
a subi certaines altérations. Le tombeau a vu une première
fois les restaurateurs en 1777, et la statue a été mutilée à la
Révolution. C'est ce que nous apprend une lettre du 19 bru-
maire 1796 écrite par le président de l'assemblée municipale
de Loches en réponse à une demande du Ministre de l'Intérieur l'invitant à lui faire savoir où se trouvait alors le tombeau d'Agnès Sorel (1) :

Citoyens,

Le tombeau d'Agnès Sorel a existé véritablement dans le chœur de
la ci-devant collégiale de Loches ; il y était encore au mois de mars 1793,
époque à laquelle un bataillon de citoyens du département de l'Indre
passa dans nos murs pour aller dans la Vendée. Une partie de ce
bataillon se porta dans la Collégiale et, voyant le tombeau d'Agnès,
construit en marbre noir, de la hauteur d'environ trois pieds, et sur
lequel était étendu sa statue faite en stuc, ayant à sa tête deux figures
d'anges et à ses pieds deux moutons, ces militaires la prirent pour une
statue de Saint, et dans leur délire, ils sabrèrent Agnès, les anges qui
la gardaient et les moutons qui étaient à ses pieds.

L'Administration du district, prévenue du ravage qui se faisait dans
cette église, s'y transporta aussitôt, mais elle n'y trouva que les morceaux d'Agnès et de son entourage, ainsi que des têtes, des jambes,
des pieds de statues que, dans leur rage vandalique, avaient coupés,
brisés, ces citoyens armés pour aller arrêter les révoltés de la Vendée.

L'Administration ne put, dans ce moment, que sauver des tableaux
que ces militaires n'avaient pas mutilés, parce qu'ils n'avaient pas
encore pu les atteindre avec leurs sabres ; les murs de l'église étant
très élevés, les tableaux étaient attachés très haut, et le temps d'aller
chercher des échelles donna celui de les chasser.

Sortant de ce lieu, ils se portèrent à la maison de détention, ils décla-
rèrent qu'ils voulaient septembriser ceux qui y étaient. Ce fut alors
qu'on employa la fermeté avec eux, et qu'on leur déclara qu'on ne
souffrirait jamais le massacre.

---

(1) Publiée par Charles de Grandmaison, *Le tombeau d'Agnès Sorel à Loches,
destruction et restauration,* 1793-1809. Tours, 1890.

Voilà ce qui s'est passé à l'occasion du tombeau d'Agnès Sorel, dont les marbres sont encore dans les magasins de l'Administration.

Les ossements de cette femme avaient, du temps des chanoines, été mis dans une urne et déposés dans le Cimetière du Chapitre. Pocholle, représentant du peuple, les fit exhumer quand il vint en mission ; il s'empara d'un reste de cheveux qui tenait encore au crâne. Satisfait, tout fut remis dans l'urne, et l'urne dans la terre.

Salut et fraternité,

GABORÉ.

Pour le Secrétaire : GOULARD.

Les fragments du tombeau d'Agnès Sorel furent donc oubliés « dans les magasins de l'Administration » jusqu'en 1805, date à laquelle M. de Pommereul, préfet d'Indre-et-Loire, résolut de les faire réédifier dans la tour du château de Loches qui avait conservé le nom d'Agnès. S'il fallait s'en tenir à la lettre de l'arrêté préfectoral, le « tombeau d'Agnès Sorel, placé d'abord dans le chœur de l'Eglise Collégiale de Loches, avait été depuis relégué dans une chapelle où il avait dans les derniers temps subi une destruction totale ». La statue d'Agnès subsistait cependant, avec les accessoires qui devaient être envoyés à Paris pour y être restaurés. M. de Pommereul ne vit pas la réalisation de son projet puisqu'il passa bientôt à la Préfecture du Nord. Mais il continua de s'y intéresser. C'est ainsi que M. de Pommereul écrivit à un sculpteur de Paris, nommé Beauvallet, collaborateur habituel d'Alexandre Lenoir pour le Musée des Monuments français, qui venait pour ce musée d'exécuter la restauration du tombeau de Charles VII. Avant son départ pour le Nord, l'ancien préfet d'Indre-et-Loire pensait avoir laissé les fonds nécessaires à la restauration de la statue au chef de bureau de la Préfecture ; et il remerciait l'artiste d'avoir accepté généreusement la somme de 900 francs pour son travail. Le 9 mai 1806, Beauvallet faisait connaître à M. le Roux, chef du bureau de la comptabilité à la Préfecture de Tours, qu'il avait terminé sa restauration : il réclamait les 900 francs convenus, plus 81 francs pour la caisse, l'emballage et menus frais : « Aussitôt que vous m'aurez fait passer cette somme, je vous donnerez avis du jour de départ de la statue que je fais emballer avec tous les soins possibles ». Beauvallet, statuaire au Musée des Arts, rue de Sorbonne, qui avait plus de talent que d'orthographe, dut s'armer de patience. Car le comptable de Tours n'avait pas les fonds pour le régler. Ainsi Agnès demeura deux ans à Paris, jusqu'à ce que M. le Ministre de l'Intérieur eut obtenu de M. Lambert, préfet de Tours, de faire payer le restaurateur. Le mandat est du 18 mars 1808 ; le 16 avril, la caisse arrivait à Tours ; le 22, elle était expédiée à Loches.

C'est dommage que nous n'ayons plus l'état de restauration demandé par le préfet. Il nous tirerait d'un doute. Car la statue confiée à Beauvallet était détériorée, et la restauration fut très habilement faite, encore que Beauvallet eut l'honnêteté d'avoir employé le plâtre pour les refaçons. « Le nez, les mains, la couronne d'Agnès étaient brisés ; les anges avaient perdu leurs ailes et leurs mains ; la robe était endommagée du haut en bas ; et des deux agneaux, placés aux pieds, l'un avait perdu sa tête, l'autre moins mutilé, était cependant loin d'être intact ». Ainsi s'exprime l'érudit Charles de Grandmaison, qui nous a fait connaître l'histoire de la statue. C'est donc avec quelque réserve qu'il est possible d'utiliser cette œuvre ; elle demeure cependant, sous la forme où nous la possédons, un gracieux chef-d'œuvre. Et, pour notre part, nous n'hésitons pas à retrouver les traits de la belle Agnès sur le joli visage au grand front, aux grands yeux, à la petite bouche. Les retouches de Beauvallet ne peuvent porter que sur la couronne, l'extrémité du nez, un morceau du menton.

Nous ne sommes pas aussi heureux en présence d'un petit

masque de marbre conservé au Musée de Bourges (1), et dont
une réplique a été acquise par le Musée de Berlin grâce aux
soins de M. W. Böde. L'œuvre est certainement dérivée d'un
de ces masques de cire dont la pratique était courante au
Moyen Age. Le masque de marbre a tous les caractères de la
mort, les yeux clos, la bouche tombante, les joues flasques.
Mais seule une tradition rapporte que ce masque provient d'un
moulage pris à la mort de la maîtresse de Charles VII. Le
registre d'entrée du Musée porte simplement : « masque de
femme morte, acquisition à la vente Labouvrie », ancien
notaire qui s'intéressait à l'histoire locale sous la Restauration. Si nous sommes, comme le veut la tradition, en présence d'un masque funèbre d'Agnès, il est difficile de
reconnaître sur cette menue figure les traits de la beauté, mais
seulement ceux de la souffrance. Quant à l'usage du masque,
il nous échappe (2) ; et des crampons, fixés à l'intérieur,
indiquent qu'il était destiné à être maintenu à plat. Pauvre
effigie d'une poupée funèbre, où l'ingéniosité des archéo-
logues, qui n'est jamais en défaut, a supposé qu'elle porta les
robes mêmes de la favorite, en attendant l'exécution dans le
marbre de la statue du tombeau de Loches. Les traits du
masque ont d'ailleurs un certain rapport avec ceux de la
figure du tombeau.

Une tradition, qui peut remonter au XVIe siècle, reconnaît
dans une image de la Vierge, ornant jadis le tombeau
d'Etienne Chevalier à Notre-Dame de Melun, les traits d'Agnès
Sorel. Mais pourquoi l'avoir agrémentée d'un roman ?

Etienne Chevalier, fils de Jean Chevalier, secrétaire du roi
en 1423, servit d'abord le connétable de Richemont comme

---

(1) *Un masque de femme en marbre du* xve *siècle conservé au Musée de Bourges*
par le Vicomte Alphonse de Guire, dans les *Mémoires de la Société des Antiquaires
du Centre,* 1885, t. XIII, p. 166.
(2) Sur la pratique courante des masques funèbres, voir Louis Courajod, *Quelques
monuments de la sculpture funéraire des* xve *et* xvie *siècles.* Paris, 1882.

Maître de la Chambre aux deniers. Attaché jeune encore au
service du roi, il fut successivement maître des comptes, clerc
le 15 août 1449, et contrôleur de la recette générale des
finances du roi et Trésorier de France le 20 mars 1452. On
voit qu'il fit partie, en 1445, de l'ambassade qui se rendit en
Angleterre sous la conduite du comte de Vendôme pour trai-
ter de la paix. En 1450, Etienne Chevalier était désigné par
Agnès avec Jacques Cœur, l'argentier, et Robert Poitevin,
médecin de la reine, comme exécuteur de son testament. Le
roi Charles VII le désignera de même dans son testament
pour remplir ses dernières volontés: c'est lui qui veillera,
avec son beau-père Dreux Budé, à la pompe funèbre du roi,
comme il a pu s'occuper de celle d'Agnès. Il retrouva, après
une courte disgrâce, la confiance de Louis XI, car on voit
qu'en 1463 Etienne Chevalier fut chargé, comme Trésorier
de France, de porter au duc de Bourgogne les 400.000 écus
montant du rachat des villes de la Somme. Lē Trésorier de
France demeure fidèle pendant la révolte connue sous le nom
de Ligue du bien public. Le roi soupe familièrement en son
hôtel, le jour où Jean Balue fut sacré évêque d'Evreux à
Notre-Dame (août 1465). On trouve encore qu'Etienne Chevalier fut mêlé aux négociations du mois de septembre 1465
avec les princes, où il représentait le roi à la Granche-aux-
Merciers. Le roi Louis l'envoie en ambassade vers le pape
Paul II en 1470. Etienne Chevalier mourut en 1474, ayant
obtenu la survivance de ses emplois en faveur de Jacques
Chevalier, son fils. Originaire de Melun, il réunit dans sa
main les seigneuries d'Eprunes-en-Brie, de Plessis-le-Comte
et de Grigny.

Bienfaiteur de Notre-Dame de Melun, le riche Etienne
Chevalier devait reposer au chœur de cette église. Un dessin
de Gaignières (1) nous a conservé son effigie et celle de sa

---

(1) Bibl. Nat., *Cab. des Estampes,* vol. VII, O_{a13}.

femme, sur une lame qui a disparu et se trouvait derrière le maître autel dans la chapelle de la Vierge. On y lisait les inscriptions suivantes : *Cy gist honnorable homme et sage maistre Estienne Chevalier jadis conseiller et maistre des comptes du roy nostre Sire et trésorier de France qui trespassa le IIIe jour de septembre l'an de grâce MCCCCLXXIV. Dieu en ait l'âme. Amen. Cy gist feue Katherine jadis et à son trespassement femme dudit maistre Estienne Chevalier et fille de honorable homme et sage maistre Dreux Budé conseiller trésorier des chartes du Roy nostre Sire et son audiencier laquelle trespassa le XXIIIe jour de aoust MCCCCLI. Amen.*

Au-dessus de ces deux sépultures, on lisait une autre épitaphe gravée sur une plaque de cuivre et fixée à la muraille. Denis Godefroy (1) qui visita avec soin l'église dans la seconde partie du XVIIe siècle, nous en a conservé le texte : « *Cy-dessous gisent Maistre Estienne Chevalier, conseiller et maistre des comptes du Roy nostre Sire, et trésorier de France, et Katerine, fille de maistre Dreux Budé, conseiller, trésorier et garde des Chartes du Roy nostre Sire, et son audiencier, sa femme; lesquels pour l'honneur, et révérence de Dieu, et de Nostre-Dame sa benoiste mere et pour le salut des ames d'eux, et de leurs enfans, parens et amis trespassés, et à trespasser, ont fondé une basse messe en ceste église collégiale de Nostre-Dame de Melun, etc. que les chantres, chapitre et communauté de ceste église sont tenus de dire, ou faire dire, tous les jours, scavoir à quatre heures en esté et à six heures du matin en hiver, à l'austel des morts* ».

Denis Godefroy ajoutait ce renseignement :

« Dans ladite église, derrière le chœur, à costé de la sacristie, et à une moyenne hauteur de la muraille, se monstrent par rareté deux

______

(1) *Histoire de Charles VII*, Paris, 1661, p. 885.

JEAN FOUQUET
Étienne Chevalier et saint Étienne
(Musée de Berlin)

tableaux de moyenne grandeur, peints sur du bois, et se fermans l'un dans l'autre ; dans l'un desquels est représentée une *Vierge Marie,* portant un voile blanc sur sa teste, et une couronne perlée à hauts fleurons au-dessus, la mammelle gauche descouverte, et ayant la veüe baissée sur un petit enfant, qui est debout à ses pieds ».

Godefroy ajoutait entre parenthèse ce renseignement, qui devait être une tradition chez ceux qui faisaient visiter l'église.

« Aucuns veulent dire que cette image est peinte sous la figure d'*Agnès Sorel,* amie de *Charles VII.* Et dans l'autre tableau est peint le susdit *Estienne Chevalier* à genoux ; le nom duquel est escrit en abrégé, en grandes et grosses lettres gothiques d'or, à costé de luy, revestu d'une robe de velours rouge, fourrée de tanné, nuë teste et les mains jointes ; ayant au-devant de luy un S. Estienne debout, qui semble le présenter à ladite Vierge : les bordures desdits tableaux sont couvertes en dedans de velours bleu, orné et enrichy tout autour de quantité de grands lacs d'amour, à l'antique, séparez d'une esgale distance l'un de l'autre ; et tissus d'une petite broderie d'or et d'argent ; dans chaque costé desquels lacs, est un grand E (*Estienne*) aussi à l'antique, tout couvert de petites perles fines ; et entre ces lacs d'amour, sont des médailles d'argent doré, de moyenne grandeur, représentans quelque histoire saincte, dont les personnages sont peints admirablement bien ».

Celui que le Martyrologe désigne « homme honorable et discret », Etienne Chevalier avait été l'exécuteur du testament d'Agnès Sorel, et le « grand bienfaiteur » de l'église de Melun ; au témoignage de dom Rouillard (1) il lui avait baillé une « image d'argent doré de Nostre-Dame », plusieurs joyaux, de belles chappes de soie et beaucoup d'autres ornements. Au chœur de Notre-Dame, l'homme magnifique que fut Etienne Chevalier s'est donc fait représenter en prières devant une Vierge. C'est tout ce que nous pouvons savoir, et c'est sur ce peu que la légende a brodé à l'infini.

On connaît aujourd'hui l'histoire, assez romanesque, des deux panneaux que Godefroy, au milieu du XVIIᵉ siècle, a vus à Melun où ils demeurèrent jusqu'au milieu du XVIIIᵉ siècle. Le panneau de la Vierge et de l'Enfant Jésus

____

(1) *Histoire de la ville de Melun,* Paris, 1628.

entra au Musée d'Anvers avec les collections Van Ertborn ; l'autre volet, représentant Etienne Chevalier et son patron, fut acheté à Bâle en 1805 par M. Brentano, de Francfort-sur-le-Mein, et n'est sorti de sa famille que pour aller au Musée de Berlin. Les deux volets ont été réunis à l'Exposition des Primitifs français en 1904 (1). Tous deux sont, à n'en pas douter, une œuvre de Jean Fouquet qui peignit pour Etienne Chevalier l'admirable et brillant livre d'Heures dont les pages sont exposées au Musée Condé à Chantilly (2).

Etienne Chevalier, né vers 1410, mort en 1474, paraît bien sur son portrait avoir dépassé la cinquantaine. Sur le livre d'Heures, ses traits paraissent plus émaciés encore. Nous daterions volontiers le portrait, comme le livre d'Heures, un peu avant 1460. C'est d'ailleurs la belle époque de la production de Jean Fouquet (3), né vers 1420, qui résida à Rome entre 1443 et 1447, et sur lequel nous ne savons rien jusqu'en 1461, où il prit le moulage de la tête de Charles VII, et prépara les mystères pour l'entrée de Louis XI à Tours. Florio, en 1477, parle de lui comme d'un maître vivant, et Jean Fouquet mourut avant 1481. Les *Antiquités Judaïques* (1477) sont la seule œuvre authentique de Fouquet par l'attestation de Robertet qui a écrit à la fin de cet admirable livre : « de la main du bon peintre et enlumineur du roy Loys XIe Jehan Fouquet natif de Tours ». Mais le *Boccace de Munich*, copié en 1458, fait pour Laurens Girard, receveur général des Finances, est indubitablement de Jean Fouquet. Il y a mis non seulement la signature de son génie et de son style, mais encore une marque à lui, formée par les initiales du propriétaire du livre L G reliées par des cordelières. Le livre d'Heures

---

(1) Bouchot, *Les Primitifs français exposés ou Pavillon de Marsan*, 1904.
(2) Gruyer, *Chantilly et les quarante Fouquet*. Paris, 1897.
(3) Paul Durrieu, *Les Antiquités Judaïques et le peintre Jean Fouquet*, Paris 1908 ; *La légende et l'histoire de Jean Fouquet*, Paris, 1907 ; G. Lafenestre, *Jean Fouquet*, Paris, 1905.

d'Etienne Chevalier est signé de la même façon, des lettres
E C reliées par une semblable cordelière. Si nous comparons
le portrait d'Etienne Chevalier du livre, le type de la Vierge
dans les Heures de Chantilly, avec les volets jadis à Melun,
nous sommes amenés à affirmer que Jean Fouquet est bien
l'auteur de l'ex-voto dont un panneau est à Anvers et l'autre
à Berlin. Le type de la Vierge mère rentre dans la suite des
vierges que peignit Fouquet, entre autres dans le livre
d'Heures d'Etienne Chevalier. L'enfant est identique. La
Vierge est ici une mère, un peu plus maniérée et royale, couverte de perles et couronnée, assise entre les chérubins sur
un trône enrichi d'émaux et de perles, et qui donne à l'enfant qui s'agite son beau sein, les yeux pudiquement baissés.

A quelle époque et comment la tradition affirmant que la
Vierge est ici sous la figure d'Agnès Sorel s'est-elle formée?
Sans doute, dès le XVIe siècle. On montrait à Melun le portrait du généreux donateur, exécuteur des dernières volontés
de la belle Agnès, son ami. Et l'amie d'Etienne Chevalier,
l'imagination populaire la retrouva naturellement dans la
figure de cette Vierge royale, une princesse du ciel. Jean Fouquet n'était pas que le peintre minutieux et attendri des paysages lumineux de la Touraine qu'il remplissait de monuments
romains et de personnages habillés à l'antique. Il était aussi
un peintre très habile de figures, et il a pris parfois leurs
traits sur ceux qui posèrent pour lui. Nous pouvons reconnaître ceux de Charles VII dans la figure du roi mage en
adoration devant la crèche, dont le chapeau est fleurdelisé (1)
comme le manteau étendu sous ses pieds, dans les Heures
d'Etienne Chevalier. C'était l'habitude des artistes anciens,
et cette fantaisie n'a jamais disparu puisqu'elle anime
encore l'œuvre d'artistes contemporains. Il est très possible,

---

(1) Gruyer, *op. cit.*

et les traits conservés par le tombeau de Loches le laissent croire, que Jean Fouquet ait peint ici la Vierge, type suprême de la perfection féminine, sous les traits d'une beauté célèbre, typique, déjà légendaire, qui était celle de la belle Agnès (1). Il n'y aurait là, à notre sens, aucune allusion déplacée ou équivoque. Nous ferons seulement remarquer que pendant les cinq années où triompha Agnès, Jean Fouque paraît avoir résidé en Italie, et que ce ne pourrait être qu'une dizaine d'années après sa mort qu'il aurait peint cette effigie, et d'après un document.

Quoiqu'il en soit, la tradition reconnut de bonne heure dans cette grande dame emperlée, au sein découvert, Agnès qui affectionna le décolleté. Au xviie, l'érudit et singulier collectionneur de traditions amoureuses que fut Henri Sauval (2), nous apporte son témoignage :

« Etienne Chevalier... demeuroit à la rue de la Verrerie, dans un logis situé entre la rue du Regnard et la rue Barre-du-Bec, et qu'occupe maintenant Salo, conseiller de la Cour. C'était un fort galant homme, et qu'Agnès Sorel, la plus belle fille de son temps, et maîtresse de Charles VII, honora d'une amitié toute particulière, jusqu'à le choisir pour être un des exécuteurs de son testament. Aussi n'oublia-t-il rien toute sa vie pour lui témoigner sa reconnaissance, et même afin qu'elle éclatât davantage, et pour en laisser des marques à la postérité, il fit sculpter sur le cintre de la porte d'une petite cour, qui mène au jardin de sa maison, des lettres gothiques et cubitales, entrelassés de feuilles d'or, qui composent en l'honneur de sa bienfaitrice une espèce d'anagramme que voici :

RIEN SUR L N'A REGAR ».

Denis Godefroy, qui touchait d'ailleurs par des alliances de famille aux Chevalier, dans son *Recueil de Charles VII*, a connu et copié ce témoignage relatif à la maison de la rue

---

(1) Henri IV, qui tira excuse de l'histoire d'Agnès, aurait cherché à acquérir cette peinture pour 10.000 livres (Dufresne de Beaucourt, *Hist. de Charles VII*, t. IV, p. 171 n).

(2) *Histoire des Antiquités de la Ville de Paris*, 1724, II, p. 236. Henri Sauval, né vers 1620, mort en 1670, rédigea son ouvrage vers 1654.

LA VIERGE DE MELUN
(Musée d'Anvers)

de la Verrerie; mais il rapporte une tradition aussi surprenante que précise, comme tant de légendes, sur les sentiments d'Etienne Chevalier pour Agnès Sorel :

« Nous avons remarqué cy devant pages 192 et 881 qu'Estienne Chevalier fut fait en 1449 un des exécuteurs du testament de la Damoiselle Agnès Sorel ou Surel, vulgairement appelée la Belle Agnès, amie du Roy Charles VII, en suite de quoy, pour faire voir l'amitié qu'il conservoit en son endroit, et pour en honorer davantage la mémoire, il se fit à son sujet peindre avec un rouleau qui sortoit de sa bouche, contenant une manière de Rebus de Picardie, qui exprimoit ces mots : *Tant elle vaut celle pour qui je meurs d'amour;* et pour signifier ces paroles, après ce mot *tant* estoit figurée une *aisle* d'oyseau ; après *elle* une selle servant à cheval ; après *pour qui je,* un *mords* de cheval, de sorte qu'il ne paroissoit en escrit dans ce rouleau que ces six mots : *tant, vaut, pour qui je, d'amour.* Et dans une grande maison size à Paris, rue de La Verrerie, appartenant autrefois à la famille des Chevaliers, et à présent à Messieurs de Sallo, conseiller au Parlement, alliez de cette famille, autour du ceintre de la porte d'une petite cour qui mène au jardin, se voit une forme d'anagramme d'icelle Agnès de Surel... qui se lit en grandes lettres antiques, gravées sur la pierre, avec des feuilles d'or entrelassées, en cette sorte : Rien sur L n'a regar, laquelle Agnès de Surel prenoit pour armes un sureau d'or, qui avait rapport à son nom de Surel ; et sont armes qu'on appelle parlantes. Dans la mesme grande maison il y a deux arcades de pierre de taille, au-dessus desquelles, du costé droit, se voit un laz d'amour, avec un grand E (Estienne) à l'antique, de chaque costé ; ledit laz entouré d'une cordelière ».

Si Godefroy a copié ici le texte de l'anagramme rapporté par Sauval, on peut supposer une faute commune, et la devise pourrait être corrigée suivant celle donnée par le Boccace de Munich (1) SUR LY NA REGARD, où M. Paul Durrieu a lu correctement le nom de Laurens Girard. Etienne Chevalier, ou Laurens Girard ont-ils possédé une maison rue de la Verrerie ? Nous avons eu la bonne fortune de retrouver aux archives nationales (2) cette maison que se partagèrent les

(1) Copié en 1458.
(2) Arch. Nat., S. 916 ᴬ (24 novembre 1480). Pièces justificatives.

héritiers d'Etienne Chevalier, Jacques Chevalier et Laurens Girard.

Guillebert de Metz, dans la description qu'il fit de Paris à la fin du règne de Charles VI, nous a décrit le bel hôtel de la rue de la Verrerie, appartenant à Mille Baillet, trésorier du roi (1).

« Entre lesquelx estoit l'ostel de sire Mille Baillet en la Voirrie, qui estoit tresorier du Roy ; ouquel estoit une chaquelle ou l'en celebroit chascun jour l'office divin. Il y avoit salles, chambres et estudes en bas pour demourer en esté par terre, et en hault tout pareillement ou l'en habitoit en yver, si y avoit des voirrieres autant qu'il a de jours en l'an. Avec ce, ledit sire Mille avoit hors Paris, de trois costez de la ville ou ses heritages estoient, si grans hostelz a haulte court et basse, que ung grant prince se y logoit bien. Aussi pluseurs autres avoient des beaulx hostelz dehors ».

L'hôtel de la rue de la Verrerie, appartenant à Mille Baillet, trésorier, paraît bien avoir été durant le xv⁰ siècle, la maison des trésoriers. Située dans la censive de Saint Merry, on voit qu'elle passa aux mains de Jacques Chevalier (2) conseiller et maître des comptes, et qu'elle fut achetée en 1507 par Mᵉ Florimond Robertet, notaire et secrétaire du roi, trésorier de France (3). Jean Trudaine, également trésorier de France, habitera rue de la Verrerie en 1658. Laurens Girard était gendre d'E. Chevalier. Il est nommé dans un acte de 1478 à côté de Jean le Boulenger, premier président au Parlement, de dame Marie Chevalier, sa femme, de Mᵉ Jean Budé, audiencier de France, de Jacques Chevalier, parmi les héritiers de feu noble homme Dreux Budé, audiencier de France (4). Et nous avons fait la preuve que la maison de la rue de la Verrerie fut un moment occupée par Laurens Girard, qui y aura fait graver sa devise SVR LY NA REGARD, qui

(1) Guillebert de Metz a décrit la belle maison de la rue de la Verrerie. Le Roux de Lincy, *Paris et ses historiens*, p. 200.
(2) Arch. Nat., S. 916 A.
(3) Arch. Nat., S. 916 A.
(4) Bibl. Nat., *Clairambault* 764, p. 141, 348.

AGNÈS SOREL
Portrait du XVIe siècle
(Château de Mouchy)

n'a rien à voir avec Etienne Chevalier. La légende recueillie par Sauval repose donc sur une confusion.

La tradition se précisa, comme il arrive, en s'éloignant des événements. Dès le XVIᵉ siècle, on peignit d'après elle le portrait d'Agnès Sorel. Il a suffi pour cela au galant peintre de supprimer l'enfant Jésus (1). Mais le sein étrange, unique, a été maintenu (il était si joli et l'époque était libre). Ainsi nous apparaît Agnès Sorel sur une peinture charmante, venue du château de Mouchy en Picardie (c'est-à-dire du pays d'Agnès Sorel), et que l'on a pu voir en 1904 à l'Exposition des primitifs français. La figure est un peu plus amenuisée, et les yeux sont presque complètement ouverts. Agnès est debout devant une table où elle s'appuye de la main gauche, tenant son livre de prières, tandis que l'autre main, qui ne s'explique plus, pend le long de sa robe. Mais le type du visage a été suffisamment conservé: on retrouve sous le voile, le front important de la Vierge de Melun, le développement des yeux, les mêmes sourcils épilés, la mignonne petite bouche.

On sait que Roger de Rabutin, comte de Bussy, galant militaire et libertin, a composé dans son exil, pour égayer Mme de Montglas sa maîtresse, la célèbre *Histoire amoureuse des Gaules* qui lui attira tant d'ennemis et lui aliéna pour longtemps Louis XIV. Dans son agréable château de Bussy-le-Grand, près de Semur où il demeura dix-sept ans au sortir de la Bastille (1666), Bussy avait formé une collection des portraits des plus jolies femmes. Mme Agnès y figurait naturellement. Le peintre qui travailla pour Bussy arrangea le type du portrait du XVIᵉ siècle, dérivé de la Vierge de Melun. Comme ce diable de Bussy s'était fait vieux et ermite, et

____

(1) P. Peugniez, *La suggestion par la beauté.* Amiens, 1911.
(2) Peigné-Delacourt pense qu'il vint aux Mouchy des Sorel d'Ugny (*Agnès Sorel était-elle Tourangelle ou Picarde?*)

qu'il donnait souvent à ses enfants des leçons de morale, on supprima le sein découvert, et l'on accorda à Madame Agnès une plénitude et une ampleur plus convenables à l'idée de la beauté de ce temps. Ainsi Agnès Sorel nous apparaît dans son manteau doublé d'hermine. Mais on retrouve toujours sous les plis du voile transparent les traits affadis de la madone d'Étienne Chevalier interprétés par l'artiste du XVIe siècle. C'est le type du château de Bussy que multiplieront les litho-graveurs de l'époque romantique (1).

Une autre tradition iconographique est fixée par une série presque immuable de dessins. Ils se rencontrent parmi les crayons, si souvent répétés entre le XVIe et le XVIIe siècle, et qui formaient une sorte d'album de la cour. C'est la belle Agnès, type légendaire de la beauté, la seule des femmes du quinzième siècle qui ait passé les générations pour retrouver les hommes et les femmes contemporains de François Ier et des Valois.

Agnès Sorel y est représentée de trois quart, les cheveux tirés comme ceux de nos contemporaines sous un petit bonnet emperlé formant cloche; il dissimule son ample front où brille un bijou de trois rangs de perles. Les yeux sont grands, le nez assez important, la bouche moins petite que celle de la Madone de Melun. Le cou paraît assez fort et gras, la figure pleine, le menton rond. De cette image, d'où se dégage une impression de santé, de douceur et de bonté, nous possédons au moins une dizaine de répliques, plus ou moins anciennes, et qui ont bien étonné les amoureux rétrospectifs de la Belle Agnès. Car sur cette saine et vivante figure, ils ont eu quelque peine à retrouver les caractères classiques de la Beauté.

____

(1) Comte de Sarcus, *Notice historique et descriptive sur le château de Bussy-Rabutin*, Dijon, 1854; Gérard Gailly, *Bussy Rabutin, sa vie ses œuvres et ses amies*. Paris, 1909.

Il faut examiner avec soin les exemplaires les plus anciens
de ce type de la Belle Agnès qui se rencontrent dans l'album
de la Bibliothèque Méjanes (vers 1526) et dans l'album Vis-
conti (vers 1536) (1). Car les calques, ou les reproductions
plus tardives, ont à la fois alourdi le type et traduit d'une
manière incomplète le bonnet et le bijou.

L'album de la Bibliothèque Méjanes représente une collection de portraits recueillis par Hélène d'Hangest en 1526, au
témoignage de l'inscription concernant Marguerite d'Angoulême. Nous avons déjà dit ce qu'il fallait penser du quatrain
attribué à François Ier sous les traits de la *Belle Anys;* il n'est
peut-être qu'une épitaphe courante et d'ailleurs plaisante.
Pour ma part, je suis tout à fait porté à croire que le bonnet,
avec le bijou qui pend sur le front d'Agnès, est plutôt celui
des contemporaines de François Ier que celui d'une dame du
temps de Charles VII. Il est d'ailleurs difficile de le rapprocher du bonnet de la tombe de Loches, cette partie ayant subi
des restaurations. Sur le tombeau, le bonnet n'est guère
qu'un bandeau.

Tous les types adoptés par les graveurs du xviie et du
xviiie siècle dérivent soit de l'ex-voto de Melun, soit du type
des crayons.

Au type de Bussy, il faut rattacher la gravure de Gérardin
dont la source est indiquée de la sorte: *D'après le tableau
original qui étoit dans le cabinet de Monsieur Fontenelle, et
qui est à présent dans celui de Monsieur Gallyot, bailly de
Meudon,* et qui porte en cartouche la légende: *morte au château du Menil le 9 février 1449, âgée de 39 ans,* suivant la
tradition du xviiie siècle (2). C'est la grave et plantureuse

(1) Moreau-Nélaton, *Les Clouet et leurs émules,* t. II; Niel, *Portraits des personnages français les plus illustres,* 2e série. On compte une vingtaine de crayons
d'Agnès du même type, plus ou moins bons, et dont les variantes portent sur
le bonnet et les bijoux.

(2) Les types que j'ai examinés se trouvent au Cabinet des Estampes, Portraits,
série N².

Agnès du XVIIe siècle, dans sa robe d'hermine, où se
retrouvent très altérés, sous le voile, les traits du modèle primitif. On reconnaît encore ce type dans la lithographie romantique de Belliard ornant l'ouvrage de Sarcus (avec l'indication : tiré du château de Bussy Rabutin, appartenant à M. le
comte de Sarcus); dans celle plus petite de Delpech, où la
signature *Agnez* a été ajoutée par un érudit qui a connu la
quittance autographe signée; dans la gravure sur acier du
diagraphe et pantographe Gavard; dans l'illustration de la
Touraine Ancienne et Moderne de Mercier; dans les *Mystères des Vieux Châteaux de France*, t. I, p. 197.

Le *Journal des Femmes* a publié une figure jeune, com-
promis entre ces deux types; une fantaisie romantique est la
figure maniérée d'Agnès Sorel au chaperon de A. Desenne
(gravée par Lecomte et lithographiée par M. Brunet) que l'on
vendait chez Blaisot au Palais Royal, Galerie de Bois; la
figure de Metzmacher, de 1868, qui orne l'ouvrage de
Stenackers, est un souvenir du type de Bussy, interprétée
avec une fantaisie déconcertante dans un costume qui est
plutôt celui d'une danseuse de ballet Russe.

Le crayon du XVIe siècle inspire par contre I. M. Moreau
dont le dessin est gravé par N. Maviez, en 1788, *d'après les
portraits qui sont dans le Cabinet du roi*. Moreau régularise
la figure, le voile, ajoute le collier de perles sur le cou, les
boucles d'oreille; mais il a regardé aussi l'ancien portrait
qui lui donna le voile qu'il jeta sur le bonnet. Du dessin
dérive encore, mais d'une manière beaucoup plus libre, la
figure de la suite de Desrochers, gravée par Petit, rue Saint
Jacques près les Mathurins, où Agnès apparaît dans le vête-
ment de cour du temps d'Henri IV, avec une fraise autour
du cou, des frisons sous le bonnet. Mais l'époque de la Hen-
riade était alors ce qu'est pour nous le Moyen Age.

Et d'autres artistes ont été moins scrupuleux, usant du type d'une vierge quelconque aux longs cheveux (*Agnès Sorel ou Soreau, maistresse du roi de France Charles VII, morte en* 1450).

Au cours de cette étude iconographique nous avons écarté bon nombre de légendes qui s'y étaient greffées. Mais les conclusions qu'il nous reste à présenter ne sont pas empreintes de scepticisme. La figure du tombeau de Loches, en dépit de certaines restaurations, est un document fidèle. Ce document, le meilleur à notre sens, n'est pas en contradiction avec la figure de la Madone de Melun, aujourd'hui à Anvers, dont nous avons seulement critiqué la légende relative à Etienne Chevalier. Il se peut que le crayon du XVIe siècle ait été fait sur un portrait original aujourd'hui perdu, ou qu'il soit une interprétation un peu libre des traits de la Madone de Melun, comme le donnent à penser le petit ruban ornant le front sous la couronne et le bonnet qui est commun aux deux documents. Mais là encore, aucune contradiction essentielle dans les traits donnés à Agnès. C'est d'une peinture du XVIe siècle, conservée aujourd'hui au château de Grouchy, dérivée de la peinture du dyptique de Melun, qu'est sorti le type de l'Agnès de Bussy, multipliée par la gravure et la lithographie. Le reste n'est qu'imagination et fantaisie.

III

AGNÈS SOREL ET LE ROMANTISME.

Les matériaux de la vie imaginaire d'Agnès Sorel ont été réunis à la fin du XVIIIᵉ siècle, comme presque tous les éléments du romantisme découlent de cette période encore si peu connue. Je les ai trouvés dans la *Bibliothèque Universelle des Romans* (octobre 1778), la petite revue périodique que Marie-Antoinette a pu lire. Monsieur de Paulmy d'Argenson, dont la magnifique collection d'anciens romans français est aujourd'hui à la Bibliothèque de l'Arsenal, était l'âme de cette publication. Je pense qu'il est pour quelque chose dans la rédaction de l'histoire d'Agnès Sorel insérée à la page 115, puisqu'il possédait le château de la Guerche en Touraine « qui a appartenu autrefois aux parents d'Agnès Sorel », comme le rapporte l'auteur de l'article décrivant la suite des peintures à fresques ornant une salle de la Guerche, où il crut reconnaître le portrait et la légende d'Agnès. « Les matériaux pour un roman historique d'Agnès Sorel sont très abondants ; cependant il nous manque encore... Nous allons rassembler tout ce que l'on a su et supposé sur ce sujet et former un canevas suivi, d'après lequel il sera aisé de faire un roman plus étendu de la vie et des amours d'Agnès Sorel ». Pêle-mêle, il utilisera les « meilleurs ouvrages historiques concernant le règne de Charles VII, et plusieurs ouvrages romanesques et poétiques, tels que l'histoire des Favorites par Mlle de la Roche Guichen, les Intrigues de la Cour de France dans tous les temps de la monarchie, les Amours des rois de France par Sauval, les Anecdotes de la Cour de Charles VII

par Mme Durand, le poème de la Pucelle par Chapelain,
etc ». L'auteur de la notice ne se risquera pas à faire le portrait d'Agnès: il est ridicule dans le poème de Chapelain, et
il ne voudrait pas se rencontrer « avec un autre poème sur
le même sujet », qui est celui de Voltaire et qu'il ne nommera
pas. Car si la plupart des vers de ce dernier poème sont char-
mants, le rédacteur ne veut en rapporter aucun, « ne fut-ce
que pour ne pas citer un ouvrage que son auteur a désavoué ;
quoiqu'il put faire honneur à son talent si connu et admiré,
il n'en fait aucun à sa sagesse et à sa philosophie ». Et le
rédacteur de la *Bibliothèque Universelle des Romans* n'admet
pas que l'on plaisante de la sorte la figure et la conduite de
« l'héroïne de notre roman ».

Il a situé son action, comme Chapelain, au temps du siège
d'Orléans. Agnès Sorel a dix-huit ans quand le roi la voit pour
la première fois au château de Fromenteau, en Berry, appartenant à Jean Sorel son père. Après avoir tracé une histoire
assez correcte de Jeanne d'Arc, de sa mission, de sa fin
malheureuse, il nous montre Charles de retour en Berry,
lorsque Isabelle de Lorraine vint implorer son secours en
faveur de son mari, le roi René, prisonnier. Charles n'est pas
en état de repasser une seconde fois la Loire pour aider ce
prince infortuné : mais il accorde à cette reine un asile dans
sa cour, d'autant plus volontiers qu'il a reconnu dans sa suite
la belle Agnès qu'il avait admirée quelques années auparavant dans le château de Fromenteau. « Sa beauté avait acquis
un nouveau degré de perfection, et son esprit s'estoit formé
par l'usage du monde et des Cours. Le roi sentit renaître les
feux qu'elle avoit déjà allumés dans son cœur... Agnès
y opposa sans doute quelque temps une juste résistance ; les
peintures du château de la Guerche nous l'apprennent ; mais
·enfin, elle se rendit ». Les leçons de l'amour étaient d'ailleurs
nécessaires au roi ; la reine elle-même y consentait. La Tré-

moille, les prêtres savaient qu'Agnès n'était ni indévote ni libertine; les magistrats la connaissaient pour juste, les peuples pour humaine. Ainsi la belle Agnès conserva sur le cœur du roi un empire qui dura près de vingt ans. Elle vit ses affaires se rétablir, et Charles devint le victorieux. La jalousie du dauphin éclate contre Agnès qui l'a empêché d'entrer au conseil du roi. Il veut persuader à son père qu'Agnès est infidèle. Colère de Charles VII qui chasse son fils. Agnès se retire à Loches où la reine va la chercher pour la ramener à la cour. Puis le rédacteur raconte la mort d'Agnès dans son château de Mesnil-la-Belle près de Jumièges, à l'âge de quarante ans.

Telles sont les données qui vont alimenter les imaginations des dramaturges et des poètes du XIXᵉ siècle. Chez le rédacteur de la *Bibliothèque Universelle des Romans,* elles ne sont pas d'ailleurs bien différentes des notions soi-disant historiques de Dreux du Radier, le livre de chevet de la mère de Michelet.

Agnès Sorel apparaît dans la *Jungfrau von Orleans,* la tragédie romantique que Schiller écrivit en 1801. Elle est représentée non seulement comme une amoureuse, mais comme la générosité elle-même. C'est ainsi qu'Agnès apprenant que le roi n'a pas d'argent pour payer ses soldats, lui offre tous ses bijoux, tous ses biens de Provence qu'on peut vendre pour en tirer de l'argent. Elle supplie le roi de ne pas hésiter plus longtemps, de ne pas perdre un temps précieux. Et Charles dit en souriant : « On m'avait prédit qu'une femme me mènerait à Clermont. C'est ici l'héroïne, je dois vaincre, avec l'aide de mon Agnès ».

Charles VII perd courage et veut battre en retraite avec son armée; la race des Valois est maudite par Dieu; la maison royale doit périr et céder la place aux Bourguignons et aux Anglais. Mais Agnès Sorel est là pour l'encourager et lui conseiller d'abattre tous les ponts pour couper la retraite.

Après la victoire, Agnès vient à la rencontre de Jeanne et se jette à ses pieds. Elle lui dit : « Tu es un ange, tu as mené le roi à Reims. Tout le monde se réjouit de notre victoire ; mais toi, tu restes calme et froide. Maintenant, après la victoire tu dois reposer tes armes et devenir une simple femme, qui puisse aimer et être heureuse. Le comte de Dunois t'aime, il est beau. Mais tu ne l'aimes pas. Tu as accompli ton devoir, la France est libre, pourquoi donc restes-tu si triste ? ».

Et Jeanne lui répond : « Tu es heureuse, tu peux aimer, sois heureuse et laisse moi à mon chagrin ».

Lorsqu'on accusera Jeanne, Agnès la suppliera de parler et de détruire la calomnie. « Dis que tu es innocente, nous avons tous confiance en toi ».

Amoureuse et magnanime, telle est la fille romantique de l'imagination de Schiller.

Je ne mentionnerai ici, qu'à cause d'une curieuse lithographie, le *Mausolée d'Agnès Sorel, poème en douze chants* de M. de Sales, Paris, Pillet, 1823, qui n'est qu'une absurde et burlesque platitude (1). Car Agnès Sorel n'a eu qu'un poète, mais un vrai poète, très français, très normand, malgré l'origine allemande de son nom, Ulrich Güttinger (2). Il était né à Rouen en 1785, et dans la force de son âge et de son talent d'élégiaque quand il publia *Charles VII à Jumièges* en 1827.

---

(1) Lord Ticonet part de Dublin, la Cour de Charles II et, fort amoureux, il prend l'habit ecclésiastique à Paris, se rend à Loches où il est fait sacristain de la Collégiale. La belle Ninon et Churchil vont visiter le mausolée d'Agnès. — Nous détacherons seulement cette note de l'auteur, qui a un certain intérêt historique, p. 192.

« Il est certain qu'ayant été ouvert il y a peu d'années, en présence des autorités locales, on trouva sur le cadavre des vestiges de beauté que la mort et plus de trois siècles n'avaient pu effacer. Sa tête était remarquable par la régularité de ses proportions, ses dents admirables, sa chevelure superbe ; plusieurs des assistants en détachèrent quelques boucles ; je dois à l'un d'eux d'en posséder une faible partie ».

(2) Voir l'introduction de M. l'abbé Henri Brémond à *Arthur* (*Bibliothèque Romantique* de Henri Girard, t. XI).

L'ami de Sainte Beuve, de Charles Nodier, de Victor Hugo,
l'amoureux et le chrétien demeure aujourd'hui fort oublié.
Mais cet oubli n'est pas justifié. Son récit: *Charles VII à
Jumièges* est d'un vrai poète romantique et mièvre:

> D'où reviennent gaîment ces vaillans chevaliers ?
> Harfleur a vu leurs fronts couronnés de lauriers
> Comme ils marchent joyeux ! leurs pesantes armures
> Sont couvertes pourtant de neige et de frimas
> Et l'hiver est cruel; mais que font ces injures
> Et les rigueurs d'un siège au cœur de ces soldats ?
> Ils sont français ! par eux la patrie est sauvée...
> Autour de Charles VII se pressent les bannières
> Et le roi souriant : « Bons chevaliers, mes frères,
> Mes amis, grâce à vous, les Normands sont français !
> Si vous m'avez fait craindre il faut me faire aimer. »

Mais la nouvelle fatale arrive: Agnès, Agnès expire. Le roi
accourt:

> ... Les coteaux de Jumiège,
> Enfermant de leurs bois la Seine aux longs détours,
> Apparaissent couverts d'une éclatante neige;
> De l'antique abbaye on aperçoit les tours,
> Et bientôt le manoir des royales amours
> Où Charles, tant de fois heureux de sa tendresse,
> Porta les pas légers d'une amoureuse ivresse !

Le roi Charles presse sa monture dans la nuit glacée; il
sonne le cor:

> Agnès l'a reconnu : « Voilà le bien-aimé !
> Il vient à moi, dit-elle; encore, encore une heure !
> Que j'entende sa voix, que je l'embrasse et meure ! »
> Et le roi, que précède un moine du couvent,
> Pénètre dans la chambre où, sur un lit gisante,
> Agnès, jadis si belle, aujourd'hui languissante
> Pour vivre et pour aimer n'avait plus qu'un moment.

Agnès dit son amour, et son repentir :

> « Mais surtout apprends leur, Charles que je t'aimais !
> Adieu ! donne ta main, sois l'amour de la France ;
> Avant de la quitter j'ai vu sa délivrance,
> Tes ennemis vaincus, ton règne glorieux,
> Et j'emporte avec moi le bonheur dans les cieux ».

L'abbé du monastère s'avance à son tour :

> Il vient avec respect montrer un front austère
> En s'approchant du lit parle de repentir :
> « Brûleriez-vous encore d'une flamme adultère ?
> « — Oh oui ! répond Agnès dans un dernier soupir,
> « Oui, je l'aime toujours... mais non plus sur la terre ! »

Ulrich Güttinberg reviendra en 1830 à Jumièges : il a cinquante quatre ans quand il écrit la jolie plaquette *Jumièges,* qu'il publia à Rouen. Il y insérera son *Récit,* et d'autres méditations nées de l'âge et de la vie. Une saisissante lithographie nous montre les belles ruines qui inspireront plus tard Delacroix. Ulrich Güttinger sait bien que l'histoire de Jumièges a été écrite : mais « la véritable impression de ces lieux n'a pas été rendue ». Il n'a pas vu, auprès de ces belles ruines, la méditation et la poésie chères à son cœur : « Chateaubriand, voilà l'historien, le poète que nous implorons pour Jumièges, car le génie du Christianisme est là aussi, bien profond et bien éclatant ». Ulrich Güttinger regarde les tours, le lierre sur le mur d'enceinte : il s'arrête devant le tombeau d'Agnès Sorel, au chœur de l'abbaye. Il ne voudrait ici, ni livres, ni dates, une simple table des matières qu'il esquisse d'ailleurs :

« 1449. — Charles VII à Jumièges.
Triomphes et délassements du roi dans la Sainte Abbaye.
La mort d'Agnès interrompt les fêtes. Elle meurt, belle et charmante encore, dans son manoir du Ménil près Jumièges. Son repentir, ses larmes. Ses tendres discours au roi. Elle donne son cœur à Jumièges.

RUINES DE JUMIÈGES (1827)
Frontispice du poème d'Ulrich Guttinger

1777. — Son tombeau est placé dans la nef de l'église.

Les calvinistes en volent la statue, l'or et le cuivre. Les révolutionnaires de 93 profanent, détruisent le tombeau, en dispersent les restes. Ainsi se termine la glorieuse et douloureuse histoire de l'abbaye de Jumièges.

En 1824, la duchesse de Berry visite les ruines. Depuis lors, rien de remarquable n'y est survenu ».

Il appartenait naturellement à Alexandre Dumas de reprendre « la broderie », qui nous est maintenant familière, et qu'il jette sur la figure d'Agnès dans son drame de *Charles VII chez ses grands vassaux* (1835). La trame est toujours empruntée à Chapelain, quand Charles et Agnès, tout à leur amour, viennent chercher refuge dans l'inacessible château de Charles de Savoisy :

> Oui, va dormir aux bras de ta maîtresse
> Afin que si les cris de la France en détresse
> Viennent pendant tes nuits t'éveiller en sursaut
> Une voix de l'enfer te parle encore plus haut !...

La même fantaisie, où se retrouvent tous les poncifs du romantisme, l'Arabe, les Egyptiens, l'homme d'Eglise, le bal des ardents, anime l'illisible roman d'Henri Lafosse (1) *Agnès Sorel* (Paris, 1844) et ses trois gros in-8°.

Anne Cohen (2), l'un des conservateurs de la Bibliothèque de Sainte-Geneviève, polyglotte et traducteur de Walter Scott, lance en 1846 une supercherie digne d'un écolier en vacances qui ne saurait tromper personne, et qu'on s'étonne seulement de trouver sous la plume d'un vieillard : *Chinon et Agnès Sorel.* Dans un vaste château, sous la poussière, il aurait découvert des feuilles éparses, l'histoire d'Agnès racon-

---

(1) Il avait publié des vers sous le nom d'Henri de Gourville.
(2) Sur ce personnage, voir *La Littérature française contemporaine*, t. III, p. 29.

tée par Etienne Chevalier, qu'il met au jour. La pauvre fantaisie dont il suffit vraiment de reproduire le titre :

> *Des faicts et moult memorables et grandes choses*
> *Advenues en le royal chastel de Chinon l'an*
> *De nostre seigneur MCCCCXXV et jusques en*
> *L'an MCCCCL, ou se voient les gestes*
> *De ma Dame Agnès Soreau, dame de*
> *Beauté sur Marne, de Roquecesière*
> *Et d'Issoudun, escrites par son*
> *Très fidèle serviteur Estienne*
> *Chevallier secrétaire de*
> *Notre très amé et*
> *Redoubté Seigneur le*
> *Roi de France.*

IV

AGNÈS SOREL DEVANT L'HISTOIRE.

La première histoire en date d'Agnès Sorel est celle que donna Joseph Delort en 1824 : *Essai critique sur l'histoire d'Agnès Sorelle et de Jeanne d'Arc*. L'auteur était un publiciste, né à Mirande (Gers) en 1789, qui fit sa carrière dans les bureaux de l'Intérieur. Il s'était fait connaître par ses *Voyages aux environs de Paris* (1821), une campagne de presse en faveur d'une loi sur la propriété littéraire (1822) et un *Essai sur l'histoire de Charles VII* (1823). A vrai dire, Joseph Delort n'a guère tenu la promesse qu'il annonce sur le titre de son ouvrage par de sévères et classiques maximes : *La vérité est l'âme de l'histoire... Rien n'est beau que le vrai*. Il déclare cependant dans sa préface : « Du moment que j'ai aperçu le merveilleux de la poésie dans toutes les notices sur Agnès Sorelle, j'ai pensé qu'en appuyant la mienne sur les faits purement historiques, le sujet, quoique fort éloigné de nous, pourrait encore se présenter avec le charme de la nouveauté ». Seul un important recueil de pièces justificatives, toujours utile, justifie les intentions de Delort. Pour le reste, son *Essai critique* n'a de critique que le titre. C'est un roman, où l'on retrouve toutes les données légendaires et apocryphes léguées par Dreux du Radier et le XVIIIe siècle (1).

C'est bien pour être complet que nous mentionnerons les

---

(1) L'ouvrage marque toutefois une réaction très nette contre Voltaire, à propos d'Agnès et de Jeanne « la vaillante amazone ». — « Sans cesser d'admirer le génie de Voltaire dans la plupart de ses écrits, on peut dire hardiment qu'il a sali sa plume par toutes les indignités qu'il s'est permises contre l'héroïne, chaste et courageuse, qui rendit la couronne à son roi, et peut-être à nous tous le beau

11

Histoires d'Agnès Sorel et de Madame de Châteauroux, par
M. Quatremère de Roissy (1825), essai sans valeur écrit pour
les gens du monde et les femmes.

Car le premier historien d'Agnès est en vérité Vallet de
Viriville qui, dans la *Bibliothèque de l'Ecole des Chartes,*
t. XI (1849-1850) publia pour la première fois bon nombre
de documents inédits sur la favorite et sa famille, et dans la
Revue de Paris en 1855, une *Agnès Sorel, étude morale et
politique,* suivie des *Nouvelles recherches sur Agnès Sorel*
(1856). Dès son passage à l'Ecole des Chartes, Vallet de Viriville avait montré qu'il était l'immense travailleur, le cher-
cheur infatigable que révèlent les notes manuscrites laissées
à la Bibliothèque Nationale, les articles de la Biographie
Höfer, et son *Histoire de Charles VII,* qui ne répond sans
doute plus aux exigences de la recherche scientifique contemporaine, mais qui demeure si lucide, intelligente, et au
demeurant témoigne de la connaissance très rare d'une époque.
Ce qui dépare les travaux de Viriville et les a fait beaucoup
vieillir, c'est un certain romantisme, parfois le manque d'esprit critique, un style troubadour, des sentiments chauvins
et chevaleresques qui datent.

« La belle Agnès a laissé dans le commun souvenir une

---

nom de Français, et qui ne fut lâchement immolée que pour avoir fait la gloire
de la patrie ».

Delort a contribué à populariser la légende « de la demoiselle de Fromenteau ».
Héritière de bonne heure, elle est élevée par Mme de Maignelay, « d'une vertu
éminente ». Les avantages d'une « brillante éducation dont la renommée jointe à
une éclatante beauté franchit bientôt les limites de la Touraine ». Une infinité de
magnifiques seigneurs l'entourent, le fameux duc d'Alençon, l'illustre et beau Dunois
et cent autres, non moins éclatants par la noblesse du sang que par leur mérite,
etc., etc. Delort fixe aussi la légende de Beaulieu, où se retire Agnès, où elle a
son hôtel, « beaucoup plus commode à cause de son isolement pour ses entrevues
avec Charles VII qui résidait souvent dans l'antique château de Loches... C'était
dans ce château, le mieux conservé de tous ceux de la Touraine, que la belle des
belles venait voir son royal amant; et la tradition donne pour constant, ce qui
n'est rien moins que vraisemblable, que, dans la tour qui porte encore son nom,
Charles l'enfermait lorsqu'il allait chasser dans la forêt voisine ». Il s'agit de
l'hôtel qui porte toujours son nom et qui fut, en 1754, converti en caserne de
cavalerie. Delort copie ici Dreux du Radier.

renommée singulière. Cette figure, du fond lointain des temps, nous apparaît gracieuse et parée de l'auréole... Agnès fut belle, si belle qu'un roi dont elle fut aimée, voulut, en la voyant, imiter la nature, et la fit après Dieu dame de Beauté. Mais au-delà de cette notion son histoire est demeurée obscure et douteuse. On dit que Charles VII, sur le point de céder lâchement sa dernière ville aux Anglais, retrouva près d'Agnès le sentiment de l'honneur et le courage, et que nous lui devons ainsi le salut de la patrie. Les poètes, apôtres crédules, en tout temps, de ce qui est noble et beau, ont, depuis Baïf jusqu'à Béranger, propagé cette légende. Puis de sombres moralistes et d'avides savants sont venus, qui ont repoussé cette croyance... ».

Vallet de Viriville faisait naître Agnès en 1409 ou 1410, adoptant la tradition locale, qui subsiste encore, au château de Fromenteau, paroisse de Villiers-en-Brenne (Indre). De Jean Soreau, écuyer, seigneur de Coudun, gentilhomme de Charles Ier, duc de Bourbon, comte de Clermont, mort en 1446, il faisait un tenant de la cause nationale, ce qui est assez contestable. En Catherine de Maignelay (Maignelay est une terre proche de Coudun, relevant du comté de Clermont) il retrouvait les mêmes traditions françaises, mais avec plus d'éclat, puisqu'un Jean de Maignelay, grand-père d'Agnès, pris à Poitiers, servit le roi Jean à Londres comme échanson, et portait le « chevaleresque surnom » de Tristan, et fut appelé par Froissart « le bon chevalier »; Raoul, fils de Tristan, et père de Catherine de Maignelay, était de la retenue de Charles VI. De Jean II de Maignelay, frère de Catherine, Vallet de Viriville fait un combattant français contre les Anglais au temps de la Pucelle, qui défendit contre les Bourguignons la place de Gournay-sur-Aronde, et depuis commanda à Creil. Je voudrais bien, pour ma part, être aussi certain des sentiments de cette noblesse de Picardie, en fait si douteux. Demoiselle Agnès Sorel, partait comme les jeunes adolescents à la Cour parfaire son éducation. Au sortir de l'enfance on la trouvait chez Isabelle de Lorraine, une brillante école. Isabelle a le même âge que sa jolie compagne. Cette similitude, jointe à l'attraction de deux natures distinguées, rapproche la vassale de la reine. Bientôt Agnès allait jouer un rôle sur un plus « haut théâtre », à la Cour de France. A quelle date? La discrétion des chroniqueurs « s'explique aisément par la nature de la révélation qu'ils ont omise ». D'après la naissance des quatre enfants, avant 1434, suivant Vallet de Viriville qui trace des portraits romantiques des héros de ces amours qu'ont chantées poètes et romanciers. Vallet de Viriville dessine les figures romantiques de Charles VII, d'Isabeau de Bavière « qui est restée un épouvantement de l'histoire ». Charles « suça tout enfant le lait de cette marâtre et le philtre empoisonné que distillaient, aux hôtels de Saint Paul et de Nesle et du Petit Musc, les orgies des princes ses parents... ». L'historien montre en ce temps-là Jeanne d'Arc reniée; La Trémoille le maître, les révolutions de palais. Et le roi, après Arras, se retrouve viril, fort, bien entouré au Conseil. Comment s'est opérée cette métamorphose? « Les hommes d'imagination, ceux qui dans le tableau mouvant du passé, se passionnent surtout au côté esthétique des choses, ont exclusivement rapporté à la belle Agnès l'honneur de ce changement : ils en ont fait un miracle de l'amour »; Brantôme et du Haillan ont vulgarisé cette belle histoire. Dans le drame de Dieu, la poésie même humaine, a son rôle : « Ainsi que don Juan, Charles VII, ce voluptueux insatiable et blasé cherchait à travers l'idéal, comme dans la réalité, un royaume à conquérir. Il vit enfin apparaître, en la personne d'Agnès, une femme plus belle et plus éloquente que les autres. Sous ces traits gracieux et attendris, sans doute il reconnut sa propre destinée... Alors, prêtant l'oreille à cette douce révélation, il marcha, comme s'il avait eu la poitrine armée d'un cœur nouveau... ». Ainsi Agnès Sorel apparaît une Egérie mystérieuse d'abord. « La scène va changer: désormais aux ténèbres de l'inconnu succède le jour clair des réalités, les documents abondent, se multiplient, et l'histoire peint d'après nature. En 1444, Agnès figurait encore parmi les dames et officiers de la reine de Sicile... ». Amoureux rétrospectif (beaucoup d'historiens ont été les victimes d'Agnès), M. Vallet de Viriville regarde, désenchanté, deux pâles et tristes portraits de son héroïne. Mais si dans ce grand règne il y a deux taches « que le souffle éternel des âges ne saurait effacer », la condamnation de Jeanne d'Arc et celle de Jacques Cœur, le premier de ces « crimes » est antérieur à la venue d'Agnès; le second fut commis après sa mort. Et Vallet de Viriville, cependant, très informé, et qui travaillait le plus souvent sur des documents, patiemment mais un peu hâtivement réunis par lui, accueille les lettres d'Agnès Sorel faisant partie de la collection de M. Chambry, ancien maire du troisième arrondissement; or les « jolis billets », où le grand cœur d'Agnès apparaît, sont des faux évidents, mis en circulation par Pierre Clément (1). C'est plus grand dommage encore qu'il ne se soit jamais entièrement rendu aux critiques définitives que d'une manière courtoise et fort objective lui présenta Ludovic Lalanne dans l'*Athenœum* (24 novembre 1855): *Un mot sur Agnès Sorel.*

L'article de Lalanne est vraiment un modèle de critique et de discussion. Il fait honneur à la savante revue de Didot,

---

(1) *Jacques Cœur et Charles VII ou la France au* xv* *siècle*. Paris 1853, 2 vol. Pierre Clément est d'ailleurs un historien, s'il n'est pas un paléographe critique. Il a écarté les légendes reposant sur le quatrain suspect de François Iᵉʳ et la tradition recueillie par Brantôme. Il sait le peu d'indications utiles que renferme un livre tel que celui de Delort. Il a noté que la tradition relative à l'empoisonnement d'Agnès par Louis XI ne se rencontre qu'à l'état d'on dit chez un écrivain bourguignon, Jacques Du Clercq. Le texte de Monstrelet qu'il allègue (II, p. 141), suivant lequel le dauphin, prenant le parti de sa mère, lui fit « par despit la mort avancer », ne se rencontre pas chez ce chroniqueur.

à la sagacité de Lalanne qui, dans une seule page, mais définitive, disait à Vallet de Viriville qu'il était en complet désac-
cord avec lui sur l'époque où parut Agnès Sorel. Elle serait
née en 1410 suivant Vallet de Viriville. Elle est morte, comme
on sait, le 9 février 1450. Agnès aurait donc eu alors 40 ans.
Ceci est en contradiction formelle avec ce que dit un contem-
porain Thomas Basin, évêque de Lisieux, qu'elle mourut dans
la fleur de sa jeunesse. La liaison de Charles et d'Agnès ne
peut dater de 1434, comme le pense M. Vallet de Viriville.
Basin indique formellement qu'elle date de l'époque de la
trève avec les Anglais, c'est-à-dire à l'année 1444. Le règne
d'Agnès n'a donc duré que six ans, ce qui concorde avec ce
que nous dit Du Clercq qu'elle « ne dura guère et mourut ».
Tous les documents allégués par Vallet de Viriville viennent
corroborer la date de 1444 : les quittances, les comptes. C'est
dans une pièce datée de cette même année qu'apparaît pour la
première fois le nom d'Agnès, qui y est désignée comme étant
encore au mois de juillet au service d'Isabelle, épouse du
roi René. Or, les commentaires de Pie II disent qu'au commencement de sa faveur, Agnès quitta cette princesse pour
être attachée à la personne de Marie d'Anjou. C'est à partir
de 1444 que l'on trouve quelques traces authentiques de la
vie publique d'Agnès et des libéralités de son amant, « ce qui
serait bien surprenant si sa faveur avait commencé dix ans
plus tôt ». La date de 1444 explique tout ; celle de 1434
soulève les invraisemblances les plus grandes. « Cette conclusion, je l'avoue, diminue fort la gloire dont on avait jusqu'ici entouré la mémoire d'Agnès. En 1444, la couronne de
Charles VII était solidement affermie, et l'Anglais qui devait
quelques années plus tard être presque complètement chassé
du royaume en était réduit à accepter une trève de vingt-
deux mois. La tradition est donc mensongère en faisant honneur à la favorite du salut de la France et l'on ne doit plus

regarder que comme une agréable fiction les jolis vers de François Iᵉʳ :

Gentille Agnès plus de los tu mérites ».

La réponse de Vallet de Viriville est, il faut le reconnaître, des plus faibles. Il maintenait la date de naissance d'Agnès sur la foi d'une histoire de l'abbaye de Jumièges écrite en 1778 par le prieur Marye. Il déclarait Thomas Basin un mauvais historien, alors qu'il est seulement un chroniqueur partial. Il qualifiait Pie II de romancier, alors qu'il est, tout au contraire, un excellent mémorialiste. Pour la date de la naissance des enfants, mêmes faibles arguments, puisque Vallet répétait simplement ce qu'avait dit Delort.

Une courte réplique de Lalanne, éditeur de Brantôme, mettait nettement les choses au point, et d'une manière définitive : « Si j'ai attaché tant d'importance à la rectification des dates adoptées jusqu'ici, c'est que cette rectification a pour conséquence de diminuer singulièrement l'influence qu'on a voulu attribuer à Agnès Sorel sur les destinées de notre patrie, et nous mettre une fois de plus en garde contre les traditions romanesques et mensongères que les historiens du XVIᵉ siècle, et en particulier Brantôme, nous ont léguées sur les règnes de Charles VII et de Louis XI ».

Vallet de Viriville accepta la trêve proposée : mais ce ne fut pas sans une certaine arrière pensée, puisqu'il écrira encore au tome III de son *Histoire de Charles VII :* « Une femme, Agnès Sorel à qui l'histoire prête la séduction de la Beauté, rehaussée de facultés supérieures, aurait été l'Egérie, la Béatrice mystérieuse qui présida, dit-on, à ce changement. Léguée jusqu'à nous, d'âge en âge, cette tradition a été embrassée surtout d'enthousiasme par la jeunesse, par les poètes, et les hommes d'imagination. Au contraire, des érudits, des moralistes austères, ont opposé à cette hypothèse une sorte de fin de non recevoir préjudiciable. Ils se sont atta-

chés de plus à renier la réalité historique de cette influence et
à la réfuter par divers arguments... ».

Dans le même temps, un érudit picard, M. Peigné-Delacourt (1), donnait un bon commentaire des quelques lignes du
chroniqueur d'Arras Jacques Du Clercq : « il s'accointa d'une
josne femme venue de petit lieu d'envers Trort, nommée
Agnès, laquelle depuis fut appellée la belle Agnès... ». Il
identifiait Trort, avec Thourote, Torote près Coudun, aujour-
d'hui Thorote où une antique motte féodale servait à la défense
du pont sur l'Oise. Le petit lieu serait Coudun. Dans Maignelay, il reconnaissait Maignelay, chef-lieu de canton de
l'arrondissement de Compiègne. Agnès n'a jamais été dame
de Fromenteau, en Touraine, puisque le chapitre de Notre-
Dame de Loches acheta en 1450 cette terre des deniers provenant du legs d'Agnès. Froitmantel est un lieu dit dépendant de Méraucourt (commune de Feuillères, canton de Péronne) que possédaient les seigneurs de Coudun, les Raine-
val, à la fin du xive siècle. La confusion serait née de cette
similitude de nom.

Ni les critiques de Lalanne, ni les observations de Peigné-
Delacourt, ne devaient couper les racines de la prolifique
légende. Henri Martin la popularisa et maintint qu'il fallait
attribuer au moins en partie la transformation de Charles VII
à la belle Agnès « bien digne d'être distinguée des favorites
royales ». Michelet écrira d'une manière générale de
Charles VII qu'il aimait les femmes et fut sauvé par elles.
« Une femme héroïque lui sauve son royaume. Une femme,
bonne et douce, qu'il aima vingt années, fit servir cet amour
à l'entourer d'utiles conseils, à lui donner les plus sages
ministres, ceux qui devaient guérir la pauvre France. Cette
excellente influence d'Agnès a été reconnue à la longue ; la

(1) *Agnès Sorel était-elle Tourangelle ou Picarde ?* Noyon, 1861.

dame de Beauté, mal vue, mal accueillie du peuple, tant qu'elle vécut, n'en est pas moins restée un de ses plus doux souvenirs ».

Honoré Capefigue (1), reproduira tout au long le beau roman qu'il essayera de situer dans un monde chevaleresque imaginaire (1860). Il repassera tout entier dans l'étude de F.-F. Stenackers (2) (1868) qui délibérement tentera de « transformer la légende en vérité historique » et s'efforcera de réhabiliter la « belle et noble figure » de la maîtresse qui « mourut victime de son dévouement à la grande œuvre nationale » (3). Il y avait là de quoi irriter un esprit froid et morose, mais si bel érudit, tel que Gaston du Fresne, marquis de Beaucourt, l'homme des documents, des pièces justificatives, continuateur de la tradition des Bénédictins et des Chartistes, qui préparait avec tant de patience l'histoire vraie de Charles VII. Dans des articles célèbres de la *Revue des questions historiques,* Dufresne de Beaucourt faisait la critique du *Règne de Charles VII d'après M. Henri Martin et d'après les sources contemporaines* (1856), celle de l'*Histoire de Charles VII* de Vallet de Viriville ; il exposait, après Lalanne, ce que fut la pseudo influence politique d'Agnès (1866). Il rabrouait Stenackers, le confrère en galanterie de M. Capefigue qui l'avait précédé de dix ans dans la carrière, et avait eu sur lui le rare privilège d'apprécier correctement le caractère de Charles VII : « L'Agnès Sorel de M. Stenackers, malgré un appareil d'érudition qui peut en imposer à certains lecteurs, est un livre sans critique et sans valeur... L'histoire sérieuse, impartiale, sévère — et l'histoire ne doit-elle pas toujours être sévère ? — ne saurait admettre la légende d'Agnès Sorel, et ce n'est pas un écrivain dont la prétention

---

(1) *Les reines de la main gauche. Agnès Sorel et la Chevalerie.* Paris, 1860.
(2) *Agnès Sorel et Charles VII. Essai sur l'état politique et moral de la France au* xv* *siècle.* Paris, 1868.
(3) Du Fresne de Beaucourt, *Revue des questions historiques,* 1868, t. V, p. 250-253.

est de substituer la tradition à la réalité des faits, appuyés
sur des textes contemporains, qui pourrait rendre crédit à
cette légende ».

Mais la légende est vivace. Les poètes et les romanciers
seront toujours en quête de fictions pour nourrir la crédulité
populaire et ce que nous apportons tous de foi enfantine dans
la recherche du temps passé. M. Robert Duquesne (1) a écrit
en 1909 une Agnès Sorel romanesque où il utilise tous les
faux documents de Cohen et ceux de la collection de Chambry, où il suit pas à pas la légendaire histoire suivant
Delort, Vallet de Viriville, Capefigue, Stenakers. Hugues
Lapaire (2), dans un fort beau livre, a fixé les traits de la
gente dame de Fromenteau au pays des étangs, des solitudes
de la Brenne « dont le silence n'est troublé que par les clameurs des oies sauvages traversant la nue » !

Que nous réserve encore la mode détestable des vies romancées ?

---

(1) *Vie et aventures galantes de la belle Sorel. Monographie historique de la
célèbre maîtresse du Roi Charles VII*, 1409-1450. Paris, s. d. [1909].

(2) *La damoiselle de Fromenteau.* Paris et Bourges, 1923, bois gravés d'Etienne
Gaudet. — On trouvera dans le *Voyage en Touraine inconnue* de J.-M. Rougé,
Tours, 1927-1928, bon nombre de traditions locales, indiquées comme telles, et présentées avec un vrai talent de folkloriste et d'écrivain.

QUITTANCE AVEC SIGNATURE AUTOGRAPHE

(Bibliothèque Nationale, ms. fr., n. acq. 717)

PIÈCES JUSTIFICATIVES

I

*Gag*s des dames et officiers de l'hostel de la Reyne de Sicille, Isabelle de Lorraine,
femme de René d'Anjou, roy de Sicille, pour six mois finis en juillet 1444 (1).*

Madame Marie de Maillé, damoiselle de Montejan .... LX. 1.
Madame Jehanne de Manonville, damoiselle de Beauveau .... LX. 1.
Madame du Coudray .... XXV 1.
Isabeau de Lenoncourt .... XII. 1. x. s.
Phelise Charno .... XII. 1. x. s.
Catherine de Serrière .... XX. 1.
Catherine de Seraucourt .... XV. 1.
Gosseline Garelle .... XV. 1.
Odille .... XII. 1. x. s.
Jacquette Chanteur .... XII. 1. x. s.
Lyonne .... XV. 1.
La nourrice de la bastarde de Mons. le comte du Mayne .... VI. 1.
Agnès Sorelle .... X. 1.
Jehanne Girante .... X. 1.
Barbeline, première damoiselle d'honneur de la reyne d'Angleterre... XV. 1.
Hervée, l'une de ses damoiselles .... VI 1.
L'aumosnier .... X. 1.

II

*Bref de Nicolas V, du 11 avril 1448,
portant concession à Agnès Sorel, sur sa demande, d'un autel portatif (2):*

Nicolaus, etc., dilecte in Christo filie nobili mulieri Agnete Sorelle, Claromontensis
diocesis, salutem, etc.

Eximie devotionis sinceritas quam ad nos et Romanam geris Ecclesiam prome-
retur ut petitionibus tuis, illis presertim per quas conscientie pacem et anime salutem Deo propitio consequi possis, favorabiliter annuamus. Hinc est quod nos tuis
devotis supplicatiohibus inclinati, tibi ut confessor ydoneus, secularis vel regularis,
quem duxeris eligendum, confessionibus tuis diligenter auditis, tibi pro commissis
per te criminibus, peccatis et excessibus in singulis Sedi apostolice reservatis, nec-
non ab omnibus et singulis excommunicationis, suspensionis et interdicti aliisque
sententiis, censuris et penis ecclesiasticis etiam a jure vel ab homine in te forsan
latis semel dumtaxat, in aliis vero, quotiens fuerit opportunum, casibus debitam tibi
absolutionem impendere et penitentiam salutarem injungere, nec non omnium pecca-
torum tuorum, de quibus corde centrita et ore confessa semel in vita et semel in
mortis articulo plenam remissionem tibi in sinceritate fidei, unitate sancte Romane
Ecclesie ac obedientia et devotione nostra vel successorum nostrorum Romanorum
Pontificum canonice intrantium persistenti auctoritate apostolica concedere valeat...

(1) Bibl. Nat., Ms. français 7855, fol. 697; Vallet de Viriville, *Recherches historiques sur Agnès Sorel. (Bibl. de l'Ecole des Chartes,* t. XI, p. 304).

(2) Rapport de M. Etienne Charavay, dans les *Archives des missions scientifiques,*
3ᵉ série, t. VII, p. 467 (Archives du Vatican, Registre de Nicolas V, vol. 385,
fol. 275).

liceat tibi habere altare portatile cum debita reverentia et honore super quo in locis congruentibus et honestis, etiam in tuis propriis habitationibus vel alibi etiam... quodque etiam quilibet sacerdos secularis vel regularis, quem ad id duxeris eligendum, tibi quotiens expedire videbitur eucharistie et alia sacramenta ecclesiastica ministrare libere et licite valeat... Datum Rome apud Sanctum Petrum anno etc. millesimo quadringentesimo quadragesimo octavo, tercio nonas aprilis, pontificatus nostri anno secundo.

III

12 *février* 1449 (1).

Nous, Agnès Sorelle, dame de Beaulté et de Roquecesière, confessons avoir eu et receu de maistre Jehan le Tainturier, notaire et secrétaire du roy nostre sire et son trésorier de Rouergue, la somme de deux cens soixante quinze livres tournois sur ce qu'il nous puet et pouvoit devoir à cause de la récepte de la revenue dudit Roquecesière. De laquele somme de II c. LXXV l. t. sommes contente et en quictons ledit trésorier et voulons estre tenu quicte par tout où il appartiendra. En tesmoing de ce nous avons signée ceste présente quictance de nostre scing manuel et icelle fait escrire et signer par Pierre d'Ardaine, notaire royal en la seneschaucée de Rouergue le XVIII⁰ jour d'avril l'an mil IIII c. quarante huit.

AGNES.

N. P. ARDAINE.

IV

12 *février* 1449 (2)

En la présence de moy Jehan de la Loère, notaire et secrétaire du roy nostre sire, damoiselle Agnès Sorelle, dame de Beaulté et de Roquecesière, a congneu et confessé avoir et receu de maistre Jehan le Tainturier, notaire et secrétaire du roy et trésorier de Rouergue, la somme de deux cens vingt six livres treze solz quatre deniers tournois pour reste de la revenue de la chastellenie de Roquecesière à elle donnée par le roy notre dit sire sa vie durant, après le trespas de feu Mons. de Vendosme qui pareillement la tenoit par semblable tiltre. Et ce pour l'année commençant à la feste de Saint Jehan Baptiste MCCCCVLI et finissant à la dicte feste de Saint Jehan Baptiste ensuivant MCCCCXLVII. De laquelle somme de II c. XXVI l. XIII s. IIII d. t. elle s'est tenue pour contente et bien payée et en a quicté ledit trésorier et tous aultres. Tesmoing mon seing manuel cy mis à la requeste de ma dicte damoiselle le XII⁰ jour de février l'an MCCCCXLVIII.

DE LA LOÈRE.

---

(1) Bibl. Nat., N. acq. fr. 717, fol. 37.

(2) Bibl. Nat., P. Orig. 2716, Sorel; publiée en 1824 par J. Delort, *Essai critique*, p. 173. Sous la même date un autre reçu de 1232 l. 3 s. 4 d. pour les revenus de la Roquecessière.

V

Anniversaire d'Agnès Sorel à la Collégiale de Notre-Dame de Loches (1).

Quinta die idus februarii. Anniversarium solemne primum pro nobili domicella Agnete de Seurelle, domina dum viveret de Beaulté, de Roqueserige, d'Issouldun et de Vernone super Sequanam, que dedit nobis duo milia scutorum auri, de quibus empta fuit terra de Fromenteau cum terra de Bigornes, pro fundatione misse perpetue puerorum et quatuor obituum, seu anniversariorum, pro anime sue salute. Ad cujus requestam fundati sunt pueri. Que etiam dedit nobis crucem de auro cum aliis jocalibus; deditque piurima pretiosa vestimenta ecclesiastica, ipsa que in choro nostro solemniter est sepulta. Et valebit quilibet dictorum quatuor obituum quinquagenta solidos turonenses, mediatim canonicis et capellanis distribuendos.

VI idus maii. Anniversarium solemne secundum pro defuncta domicella Agnete Seurelle; pro cujus dotatione dedit ea que clarius habentur supra, quinto idus februarii.

V idus augusti. Anniversarium solemne pro defuncta domicella Agnete Seurelle, pro cujus fundatione et dotatione dedit ea que latius superius continentur quinto idus februarii vel nona die februarii.

V idus novembris. Anniversarium solemne pro nobili domicella Agnete Seurelle quondam domina de Beaulté, de Roquesière, d'Issouldun et de Vernone super Sequanam, pro cujus dotatione legavit ea que supra latius continentur quinto idus februarii.

VI

Récit de Jacques du Clercq (2).

Icelluy roy Charles, ains qu'il eust paix audit duc, menoit moult sainte vie et disoit ses heures canoniaulx; mais depuis la paix faicte audit duc, jaçoit ce qu'il continuat au service de Dieu, il s'accointa d'une josne femme venue de petit lieu d'environ Trort, nommée Agnès, laquelle depuis fust appellée la belle Agnès; laquelle belle Agnès menoit plus grand estat que la royne de Franche, et se tenoit peu ou neant ladite royne Marie avec ledit roy Charles, combien qu'elle fust moult bonne et très humble dame, et, comme on disoit, moult estoit sainte femme; icelle belle Agnès estoit, sy comme on disoit, une des belles femmes du royaume; mais elle ne dura guerre et mourut, et disoit-on, qu'elle fust empoisonnée. Après laquelle belle Agnès morte, le roy Charles accointa en son lieu la niepce de ladite belle Agnès, laquelle estoit femme mariée au sieur de Vilecler, et se tenoit son mary avecq elle, et elle estoit bien aussy belle que sa tante et avoit aussy cinq à six damoiselles des plus belles du royaume de petit lieu, lesquelles suivoient ledit roy Charles partout où il alloit, et estoient vestues et habilliées le plus richement qu'on pooit, comme roynes, et tenoient moult grand et dissolut estat, et le tout aulx despens du roy, et plus grand estoit qu'une royne ne feroit et ne se tenoit peu ou neant la royne avecq son mary.

(1) Extrait de l'Obituaire de Notre-Dame de Loches, publié dans la *Bibl. de l'Ecole des Chartes*, t. XI, 1849, p. 325.

(2) J. du Clercq, éd. de Reiffenberg, t. III, p. 141-142.

VII

Récit de Thomas Basin (1).

DE MORIBUS ET CONDITIONIBUS CAROLI REGIS.

Fuit autem ipse Carolus rex statura mediocri et bona facie, satis venusta, æquis humeris, sed cruribus ac tibiis justo exilior atque subtilior. Cum togatus esset, satis eleganti specie apparebat; sed cum curta veste indueretur, quod faciebat frequentius, panno viridis utens coloris, eum exilitas cruris et tibiarum, cum utriusque poplitis tumore et versus se invicem quadam velut inflexione, deformem utcumque ostentabant. Cibi ac potus satis temperans fuit, quod eidem ad valetudinis bonæ conservationem plurimum conferebat. Raro quippe infirmatus est, eo quod dietam sibi communem a medicis indictam satis studiose observaret.

Lasciviis non modo in prima ætate, verum etiam jam senex, satis et supra quam fas honestumque fuisset, deditus fuit: in hujusmodi ministrantibus sibi, qui circa se aderant, assentatoribus, ut tali ministerio ejus sibi gratiam ac favores ampliores conciliarent. Unde, tempore treugarum quæ inter ipsum et Anglicos cucurrerunt, habuit in deliciis unam præcipuam satis formosam mulierculam, quam vulgo « pulchram Agnetem » appellabant: nec eam quippe ·solam, nec ipsa eum solum, sed cum ipsa etiam satis copiosum gregem muliercularum omni vanitatis generi deditarum. Qui pellicum grex, proh dolor! sumptuosus nimis atque onerosus regno tunc pauperi exsistebat. Nam quoquo ipse rex pergeret, illo etiam cum apparatu luxuque regali gregem illum advehi oportebat, ad quarum vanitates pascendas infinita quodammodo pecunia expendebatur, et longe amplior quam status reginæ consumeret. Quæ, licet nihilominus tantum studii, gratiæ ac favoris eisdem impartiri non ignoraret, easdemque frequentius simul cum ea in eodem castro seu palatio sciret hospitari, tamen patientiam præstare sibi opus erat, ita ut nec mutire propterea ausum haberet. Nec vero sibi dumtaxat inde querelas facere periculum erat; sed et cum alicui bono et honesto homini aliquis canum palatinorum invidiam conflare vellet, atque in eum regiam indignationem excitare, illud sibi pro crimine velut capitali impingebatur, quod de pulchra Agnete locutus fuisset. Ipsa autem, cum filiam unam aut duas a rege, ut fama erat, peperisset, et in flore juventutis esset, dysenterico morbo, prope monasterium Gemeticense, in villa abbatis ejusdem monasterii, quæ Mesnillum appellatur, vitam finivit. Fuit autem in eodem monasterio sepulta, magnifico desuper, sumptu regali, exstructo monumento; cui etiam monasterio idem rex dedit, pro fundatione perpetui obitus pro eadem, villam quæ Annevilla vocatur ex opposito monasterii ad aliam ripam Sequanæ, cum pertinentiis ejusdem terræ.

DES MŒURS ET CONDITIONS DU ROI CHARLES.

Le roi Charles était de petite taille, avec un bon visage, assez régulier, des épaules égales, des jambes vraiment trop grêles et maigres. Lorsqu'il portait la robe, il semblait d'élégante prestance. Mais vêtu de la tunique courte de drap vert qu'il portait habituellement, il laissait voir sa maigreur des cuisses et des jambes et la déformation cagneuse de ses genoux. Assez modéré dans son boire et manger, il conservait par là une santé excellente. Rarement il fut malade, observant assez scrupuleusement le régime qui lui avait été recommandé par les médecins.

(1) *Histoire des règnes de Charles VII et de Louis XI*, éd. J. Quicherat, t. I, p. 312.

Bien que dans sa prime jeunesse le roi se soit tenu éloigné des plaisirs, il n'en fut pas de même dans son âge mûr où il transgressa, et au delà, ce qui est honnêtement permis. Il était entouré de serviteurs qui surent extraordinairement le flatter et s'attirèrent ainsi les grâces et faveurs les plus marquées. Au temps des trêves qui se firent entre lui et les Anglais, le roi se prit à aimer une assez jolie fille et belle garce qu'on appelait la belle Agnès. Mais elle n'était pas la seule qu'il aimât, pas plus qu'il ne fut le seul à être aimé d'elle. Car elle avait avec elle une troupe assez nombreuse de femmes adonnées à tous les genres de vanités. Ce troupeau, hélas! demeurait largement entretenu, à la charge du pauvre peuple. Car partout où allait le roi, il lui fallait traîner cette suite menant un luxe vraiment royal. Aussi dépensait-il beaucoup d'argent pour entretenir leurs vanités, plus coûteuses certes que l'état même de la reine. Mais bien qu'elle n'ignorât pas le soin, · la grâce et la faveur dont ces femmes jouissaient (souvent elle dut demeurer avec elles dans le même château ou logis), cependant il lui fallut montrer patience, et elle n'osait récriminer. Il y aurait eu d'ailleurs danger à proférer à ce sujet une remontrance. Car si l'un de ces chiens de cour en voulait à quelque honnête homme, il y avait un moyen sûr d'attirer sur lui la colère du roi: c'était de dire qu'il avait mal parlé de la belle Agnès, chose tenue pour crime capital. Mais après avoir donné au roi une fille ou deux, à ce qu'on dit, Agnès mourut de dysenterie dans la fleur de sa jeunesse, près de l'abbaye de Jumièges, dans une ferme dépendant du monastère, nommée le Mesnil. Elle fut ensevelie dans ladite abbaye, et le roi de ses deniers lui fit faire un magnifique tombeau. Il donna à l'abbaye, pour la fondation de son obit perpétuel, Anneville, située en face sur l'autre rive de la Seine avec les terres qui en dépendaient.

VIII

Extraits des Mémoires de Pie II (1).

LIBIDO CAROLI ET DELPHINI FILII GESTA.

Sed jam ad ea revertamur, que illi circa regnum obtigerunt. Filius ei unicus erat ex Maria Rhenati Andegavensis sorore, Ludovicus, acris ingenii adolescens, cui et Delphinatus Viennensis jure obvenerat, ut est apud reges Francie primogeniture. Propter quem avunculi ejus Caroli Andegavensis ingens habebatur apud regem auctoritas; et consilium ejus ceteris præferebatur, nec loquenti sibi quispiam contradicere audebat, qui, et regina sorore, et nepote regni herede, tumens, atque insolescens cunctis importabilis videbatur; maxime vero Alenconii, ac Borbonii ducibus, et bastardo Borboniensi, qui simul conjurantes ejiciendi Caroli unicam viam censent, si Delphinum ei infensum reddant. Rex in libidinem pronus, novis in dies connubiis jungebantur, et relicta uxore legitima, aliena fœna fœdare matrimonia, et virgines corrumpere non verebatur. Multa erant in palatio scorta regia, magno empta pretio. Carolus amicorum conciliator, non tam sanguinis propinquitate, quam lenociniis regiis gratiam retinebat. Hunc inimici ad Ludovicum deferunt, matris injuriam, et avunculi turpitudinem detegunt. Marcescere regem inter meretrices, negligi regnum, cuncta ruere dicunt: Audeat jam tandem aliquid factus adolescens, aut Carolum e palatio deturbet, aut abeat ipse a rege; sic futurum, ut ejus

(1) *Pii secondi pontificis maximi commentarii rerum memorabilium quæ temporibus suis contigerunt a R. D. Joanne Gobellino, vicario Bonnen. jamdiu compositi,* Romæ, 1584, in-4°, p. 292.

desiderio concubinæ expellantur, et regina sui thalami compos fiat. Accedebant et matris lacrymæ, que per singulos dies se spretam, relictamque lamentabatur, non ignara germanum esse, qui sibi pellices opponeret. Ferunt Delphinum his motum, unam ex illis nudo insectatum ense occidere voluisse, illamque necem haud alibi effugere, quam in regio cubiculo potuisse, atque hinc primum inter patrem et filium manifestas inimicitias exarsisse: Ludovicum insalutato patre ad Nivernenses secessisse, regemque raptim comparato exercitu in Alenconium duxisse, et expugnatis non magno negotio plerisque munitionibus, ducem in deditionem accepisse. Exin cohtra filium profectum, cum civitates Niverniæ Delphinum adversus patris imperium tueri non auderent, eum ut a se abiret rogaverunt. Ille in Borbonium se recepit: nec diu post, metuens Borbonii dux regis iram, filium patri conciliavit. Que res Bastardo ejus fratri haud feliciter cessit: qui paulo post captus, et in profluentem demersus violati paterni juris in filium pœnas dedit. Duo duces in gratiam rediere, ut semper adversus imbecilles desæviunt leges. Alenconius cum postea ad Anglicos deficere cogitaret, comprehensus est, et capitali sententia damnatus. Verum propter sahguinem regium, ex quo prodierat, servata vita usque ad mortem regis in carcere contabuit. Quod de pellice Delphini gladio insectata diximus, quidam postea gestum tradunt, cum ille, a rege secundo discessit...

Priusquam ista fierent (1) Delphinus iterum nova in patrem ira percitus, ab eo decessit: indignationis causam fuisse commemorant, quam supra diximus, de pellice matri molesta. Agnes quædam cognomento bella, non abjecto loco nata, ad curiam regis venit: Isabellam Rhenati conjugem ex provincia secuta, abeunte domina, inter ancillas Mariæ reginæ remansit, non sine infamia vulgati corporis. Hanc rex, cum esset facie pulcherrima, et sermone blando, amare occœpit, brevique tempore adeo perdite arsit, ut nec ad horam ea carere posset, in mensa, in cubiculo, in consilio lateri ejus semper adhæsit. Si quis aliquando vel confessor, vel alius auctoritate potens, regem de adulterio coarguit, negabat consuetudinem stupri se habere, verum oblectari facetiis et blandimentis feminæ; licere sibi, ut ceteris regibus, fatuum aliquem penes se habere, cum quo, laxandi animi gratia, versaretur, nec distare femina, an masculus esset; sibi feminam obtigisse, quæ suis deliramentis multos immisceret jocos, atque his nugis excusari volebat: sed minime illam ut fatuam habuit, cui et optima prædia et dona multa concessit atque in palatio, post reginam secundo loco, honoravit et duas ex ea substulit filias, quas postea Ludovicus regnum adeptus tanquam sorores complexus est et mox alteram nuptui tradidit. Agnes igitur, ut plerique tradunt, secundi discidii occasio fuit, que vix, ut ante diximus, Delphini manus evasit. Quidam turpiorem afferunt causam. Jacobus, Scotorum rex, qui Carolo esset amicissimus et Anglis infensissimus, sæpeque Francorum regno sese commodissimum præbuisset, quattuor filias jam viro maturas, et forma præstantes ad amicum misit viris tradendas, quando per se dare dotem nequiret. Carolus natu majorem Ludovico tradidit; aliæ aliis nupsere, præter unam, quæ morbo quodam correpta, blesa et semimuta effecta est. Sigismundus Austriæ unam earum duxit. Illud constat Delphinum postea uxorem odio habuisse, illamque morbus tisicum incidisse; ex quo decessit, sive hæc, sive illa, aut altera causa fuit, Ludovicus in Delphinatum secessit...

PASSION DE CHARLES VII ET FAITS ET GESTES DE SON FILS LE DAUPHIN.

Louis, son fils unique, qu'il eut de Marie d'Anjou, la sœur du roi René, était un adolescent d'un esprit aigu qui portait le titre de dauphin de Viennois, comme

____

(1) Fol. 297. Il s'agit de la conquête de Guyenne et de la prise de Bordeaux.

il appartient à l'ainé des rois de France. Celui qui avait alors toute autorité auprès du roi était son oncle, Charles d'Anjou, dont le conseil était préféré. Et nul n'osait le contredire lorsqu'il avait parlé ; arrogant et vaniteux, il se rendit insupportable, non seulement à la reine, sa sœur, et à son neveu, l'héritier du royaume, mais surtout aux ducs d'Alençon et de Bourbon, et au bâtard de Bourbon. Les conjurés estiment que l'unique moyen de chasser Charles d'Anjou est de lui opposer le dauphin colérique. Le roi, en proie aux passions, nouait alors chaque jour de nouvelles liaisons ; délaissant son épouse légitime, il n'avait pas honte de souiller les ménages d'autrui et de corrompre les demoiselles. A la cour, les prostituées royales ne manquaient pas, achetées à grand prix. Charles d'Anjou, complaisant des amis, avait toute faveur non pas tant par l'affinité du sang que par le trafic d'entremetteur royal. Ses ennemis rapportent à Louis l'injure faite à sa mère et ils découvrent la turpitude de son oncle. Ils lui dépeignent le roi qui s'use entre les courtisanes, le royaume à l'abandon, lui disent que tout va à la ruine. Qu'il tente quelque chose, maintenant qu'il est un adolescent accompli, qu'il chasse de la cour Charles d'Anjou ou que lui-même s'éloigne du roi ; que les concubines soient expulsées suivant son désir et que la reine demeure maîtresse de son lit. La reine n'ignorait pas que c'était son frère qui lui opposait des putains ; elle pleure et se lamente de se voir chaque jour abandonnée et délaissée. On dit que le dauphin, ainsi ému, poursuivit l'une de ces filles la dague nue, pour la tuer, ce qu'elle n'évita qu'en se réfugiant dans le lit du roi. Ainsi s'exaspère l'inimitié entre le père et le fils. Et Louis, sans saluer Charles, se retire à Nevers où le roi doit soudain conduire une armée contre le duc d'Alençon qu'il soumit non sans grandes négociations et efforts. Il se retourne ensuite contre son fils. Les villes du Nivernais n'osant soutenir le dauphin contre les ordres du père, exigent son départ. Il gagne le Bourbonnais. Mais le duc de Bourbon craignant à son tour le ressentiment du roi, réconcilie le père et le fils. Ce qui ne tourna pas favorablement pour le bâtard de Bourbon, son frère, qui, peu de temps après, fut fait prisonnier et jeté à l'eau, subissant la peine du droit violé par son père. Les deux ducs rentrèrent en grâce : comme il arrive souvent, les lois ne sont pas rigoureuses aux grands. Par la suite, le duc d'Alençon, comme il méditait de passer aux Anglais, fut pris et condamné à mort. Mais le sang royal, dont il descendait, lui sauva la vie ; mais tant que vécut le roi, il demeura prisonnier. Ce que nous avons dit de la fille que le dauphin poursuivit de son épée, arriva, comme certains me l'ont rapporté, quand le dauphin quitta le roi pour la seconde fois.

LA CONQUÊTE DE LA GUYENNE.

Avant ces événements, le dauphin poursuivi par la colère de son père, s'éloigna de nouveau de lui. On dit que les causes de son ressentiment furent les injures faites à sa mère par cette fille dont nous avons déjà parlé. C'était une certaine Agnès, surnommée la belle, d'assez bonne famille, qui vint à la cour du roi, ayant suivi de sa province Isabelle, femme du roi René. Après le départ de sa maîtresse, elle demeura parmi les filles d'honneur de la reine Marie, malgré une conduite qui avait déjà fait parler d'elle.

En ce temps-là le roi, comme elle avait très beau visage et parole agréable, se prit à l'aimer. Bientôt il s'enflamma pour elle à ce point qu'il ne pouvait supporter qu'elle lui manquât un instant : à table, au lit, au conseil, il fallait toujours qu'elle fût à ses côtés. Si quelqu'un, confesseur ou autre personne d'autorité, reprenait le roi sur son adultère, il niait avoir un rapport charnel avec elle, disant que la femme lui plaisait pour son esprit et sa douceur ; qu'il lui était permis, à lui comme à tout autre souverain, d'avoir un fou pour se reposer ; qu'il n'y avait à cet égard aucune différence entre un homme et une femme; qu'il avait choisi une femme pour le divertir de ses traits. Ainsi il pensait s'excuser par ces balivernes. Mais ce n'était nullement dans l'office de folle qu'il la tint près de lui, la couvrit de dons, et dans sa maison l'honora du second rang après la reine. Il eut d'elle deux filles. Par la suite, Louis parvenu au trône les adopta comme des sœurs et les maria. Cette Agnès, qui avait échappé à grand peine des mains du dauphin, comme nous l'avons fait connaître, fut, suivant l'opinion commune, cause de la fuite du dauphin. Certains allèguent cependant une raison plus laide. Jacques, roi d'Ecosse, très ami de Charles et fort ennemi des Anglais, qui avait prêté au royaume de France l'aide la plus efficace, avait quatre filles d'âge nubile et fort belles; il les adressa à son allié pour qu'il les mariât, ne pouvant lui-même leur faire une dot. Charles donna l'aînée à Louis. Les autres se marièrent également, sauf une, malade, qui était bègue et à demi muette. Sigismond d'Autriche épousa l'une d'elles. C'est un fait que le dauphin, par la suite, prit en haine celle qu'il épousa, atteinte de la phtisie dont elle mourut: soit pour cette cause, soit pour une autre, Louis se retira en Dauphiné...

IX

Extraits de la Chronique Martiniane, éd. P. Champion, p. 97.

Aucuns autres disoient que cette haine du père au filz venoit pour cause de la belle Agnès, qui mourut par poyson. Et ainsi le dit Enguerran de Monstrelet: et ne scay si justement il fut de ceste matière accusé. Toutesfoys celluy Daulphin avoit plusieurs foys blasmé et murmuré contre son père pour la dicte belle Agnès, laquelle pour vray avoit esté la plus belle femme jeune qui feust en icelluy temps possible de veoir, laquelle estoit en la bonne grace du roy tellement que plus ne povoit. Et après le trespas de la belle Agnès, la demoiselle de Villequier, sa niepce, occupa sa place, jasoit qu'elle feust indigne de ce vice. Et pour les grans travaulx que le roy avoit faitz à reconquester la plus grant partie de son royaulme, il fut délibéré d'avoir des plus belles filles que l'on pourroit trouver, nonobstant que sa vertus estoit trop plus grand sans comparaison que son vice. Car c'estoit un roy très illustre, très hardy et victorieux. Et ne luy suffit tant seulement d'avoir reconquis son royaulme de France, dont les Anglais estoient de la plus grant partie possesseurs, mais il les jetta belliculeusement hors de son royaulme et si conquesta sur eulx les duchés de Guyenne et de Normandie à luy appartenans.

X

Extraits des Grandes Chroniques de Robert Gaguin, éd. de 1514, fol. 178, traduction de Desrey.

Le cinquiesme jour après puissante garnison lessée à Harfleur, envoya Charles son armée à Honnefleur et il cependant se logea au monastère de Geme (1). Auquel lieu, comme dit Jehan Charretier, escripvain des faitz de Charles, vint à luy Agnès (laquelle pour sa singulière et spécialle beaulté fut dicte belle) afin de l'admonnester de la trahison que aucuns avoyent conspiré contre luy. De ceste belle Agnès en mon temps fut constante renommée que Charles moult l'ayma, dont elle enfanta une fille de très briefve vie, combien que Charles totalement denyat qu'elle eust esté

(1) Pour Jumièges (Gemeticum).

de luy engendrée. En ce monastère mourut Agnès, après qu'elle eut fait testament de soixante mille écus : ou ses entrailles furent mises en terre, et le residu du corps porté à Loches et ensevely en l'église Nostre Dame. Certes ceste femme moult fut elegante, bien parlant et facecieuse, prenant gloire en pompe et sumptuosité de vestemens oultre la moderation de convoytise qu'en ce peult avoir une femme. Laquelle pompe pour ce qu'elle ne peult estre entretenue sinon à grans fraiz et despens, on croyoit que Charles faisoit la mise et despence pour le loyer de ses amours. Et qui donna encore aultre suspeçon de stupre ou concubinage, ce fut la soudaine promotion des parens d'icelle Agnes à dignitez et benefices ecclesiastiques...

Fol. 200ᵛᵒ :

La belle Agnez fut concubine à son pere Charles septiesme : par quoy voulut qu'elle fust mise en sepulture au temple Nostre Dame qui est au chasteau de Loches. Et en donnant aux prestres rentes et revenuz annuelz, impetra luy estre construict ung sepulcre au meillieu du cueur d'icelle église. Quelque jour se transporta Loys en ce lieu enquerant de qui estoit ce sepulchre. L'ung du clergé respondit : c'est le sepulchre de celle Agnes que le peuple pour la forme de sa beaulté appeloit belle : mais pour ce qu'il nous fait empeschement, bien voudrions avecq ton congié le mectre en une aultre chapelle. Vous ne requerez, dit le roy, chose equitable. Car jasoit qu'elle me fust contraire quand elle vivoit, neantmoings contre les loix ne violeray le sepulchre de ceste femme, et ne cuide pas que ayez cy son corps coloqué sans ce qu'elle vous ayt faict grans dons et bénéfices ; gardez à la bienfaictrice ce que, elle vivant, avez promis. Et ne vous soit loisible d'icy mouvoir sa sepulture. Encores afin que plus tenuz soyez prier Dieu pour elle je vous donne six mille livres tournois. En disant ces parolles commanda le roy les deniers estre bailliez aux prestres pour les employer es rentes perpetuelles de l'église.

Fol. 205ᵛᵒ :

En ces mesmes jours près de Dordan advint ung meurtre plain de pitié. Loys, filz de Bresay, mareschal de Normandye, avoit à femme et espouse Charlote, fille de la belle Agnes que l'on croyoit estre engendrée de Charles septiesme père de ce roy Loys. Cestuy comme par récréation fust allé à la chace avec sa femme en une forest, quand vint la nuict, il retourna en sa maison. Et pour ce qu'il se sentoit lassé et travailé lessa la chambre de sa femme et s'en alla coucher en une chambre à part. Charlote se voyant pour ung temps délivré de son mary, incontinant mena coucher avec soy Jehan Lavergne, poictevin, qu'elle maintenoit en adultere et paillardye. Laquelle chose congneue, Jehan Lapotiquaire, proviseur et despencier de la maison du sennechal, annonea le crime à son maistre. Parquoy le sennechal touché de moult grant fureur tira son glesve hors du fourreau, et soudainement rompit et brisa l'huys de la chambre et occist l'adultere qu'il trouva tant seullement vestu de sa chemise. Puis print sa femme par la main, laquelle ja estoit mucée et retirée par devers ses enfans en la prochaine chambre couverte de la couette du lict, la prosterna et jecta contre terre. Et nonobstant qu'elle fut fleschie devant soy à genoulx, et requerant miséricorde en moult grans pleurs et gemissemens femenins, supliant la miséricorde maritalle, meurtrit sa femme de son glesve dont il lui transperça la poictrine.

XI

Sentence pour Saint-Merry contre Mᵉ Jacques Chevalier (24 novembre 1480) (1).

A tous ceulx qui ces presentes lectres verront les gens tenans les requestes du roy nostre sire au Palais à Paris commissaires en ceste partie, salut. Scavoir faisons que aujourd'huy sont venuz et comparuz en jugement par devant nous maistre Pierre des Friches, procureur des cheveciers et chanoines de Saint Mary à Paris, demandeurs d'une part et maistre Jacques Chevalier, conseiller et maistre des Comptes du Roy nostre dit sire, défendeur en sa personne et par maistre Berthelemy Laurens aussi son procureur d'autre part, lesquelles parties estoient en proces par devant nous sur ce que lesdits demandeurs disoient que à cause de la fondation et augmentation de leur église ilz ont plusieurs droiz, censes, rentes, justice haulte moyenne et basse en plusieurs et divers lieux et mesmement en ceste ville de Paris ilz ont de belles censives sur plusieurs maisons scituées et assises tant en la rue Neufve Saint Mary que en la rue de la Voirrerie... et entre autres maisons estans en la censive desd. demandeurs y a deux maisons aboutissans par derriere l'une à l'autre, l'une ayant ouverture en la rue de la Voirrerie et l'autre en la rue Neufve Saint Marry qui furent et appartindrent à feu maistre Estienne Chevalier, pere dudit défendeur. Lesquelles deux maisons du vivant dudit feu Chevalier estoient joinctes ensemble sans aucune separacion, et après le trespas dudit feu maistre Estienne Chevalier ledit défendeur et maistre Laurens Girard ont party et divisé entre eulx ladite maison et en faisant les deux partages et divisions pour ce que la part escheue audit défendeur estoit plus extimée que la part dudit Girard, icelluy défendeur a solu et payé audit Girard la somme de six cens livres, pour laquelle somme de VI c. L. ainsi soulte et payée ledit défendeur estoit tenu en payer les ventes et saisines ausdits demandeurs. Et pour ce que ce faire il avoit esté refusans lesdits demandeurs l'avoient fait adjourner par devant leur maire et depuis, à la requeste dudit défendeur, ladite cause avoit esté renvoyée par devant nous... et demandoient despens ; de la partie dudit défendeur eust esté dit et proposé plusieurs autres faiz, causes et raisons tendant à fin d'absolucion et entres autres choses disoit que, présupposé que en faisant ledit partage, il ait solt ladite somme de six cens livres tournois, il ne devroit aucunes ventes parce que c'est un partage fait entre deux freres et de la succession de leur pere et que bonnement l'on ne povoit faire ledit partage si juste qu'il n'y eust soulte... Finablement, congnoissant avoir tort et mauvaise cause et qu'il luy est apparu deuement du droit desdits demandeurs et que la maison par lui acquise est assise en leur seigneurie et censive s'est desisté et departy dudit procès et a consenty et consent que lesdites demande, requestes et conclusions desdits demandeurs leur soient faictes et adjugées. Et pour ce nous avons condemné et condemnons ledit défendeur à monstrer et exhiber auxdits demandeurs les lectres de partage et appointement fait d'entre luy et ledit Girard à cause desdites maisons à eulx venues et escheues par le déces et succession dudit feu maistre Estienne Chevalier et à payer à iceulx demandeurs les ventes et saisines des soultes qui seront trouvées par ledit défendeur avoir esté payées audit Girard par lesdites partaiges et appointemens et si condemnons ledit défendeur en despens dudit proces telz que de raison... Donné à Paris le XXIIIIᵉ jour de novembre, l'an mil CCCC quatre vings.

(1) Arch. Nat., S 916 A

XII

Euvres en rime de Jan Antoine de Baif, secretaire de la Chambre du Roy.
A Paris, Lucas Breyer, 1573, fol. 54 v°.

Second livre des poèmes.

Du Mesnil la belle
Agnes Sorelle.
Au Seigneur Sorel.

Sorel, à qui pourroit venir plus agréable
Cette rime qu'à toy, né du sang amiable
Dont Sorelle sortit, qui me donne argument
Quand je voy sa demeure après son monument?
Je sçay, tu l'aimeras: car ta race honorée
Reluit de la beauté d'un grand Roy désirée:
Puis (si j'ay quelque force) on verra vivre icy,
Et Sorelle et Sorel dont ma Muse a soucy.
  C'est icy le Menil, qui encore se nomme
Du nom d'Agnès la belle, et qu'encore on renomme
Pour l'amour d'un Roy Charle, et pour la mort aussi
D'Agnès qui luy causa cet amoureux soucy.
Icy l'air gracieux et les ombres segrettes
Témoignent aujourdhuy leurs vieilles amourettes:
Le manoir désolé témoigne un déconfort,
Comme plaignant tousiours la trop hastive mort:
Quand le dernier souspir sortit d'Agnès Sorelle,
Qui pour sa beauté grande eut le surnom de Belle
Et peut tant mériter pour sa perfection
Que de gaigner à soy d'un Roy l'affection.
  Ce Roy comme un Paris affollé d'une Heleine,
Du feu chaud de l'amour portant son âme pleine,
Estimoit presque moins perdre sa Royauté,
Que de sa douce amie éloigner la beauté.
Ce Roy bien que l'Anglois troublast tout son royaume,
Iamais qu'à contre-cœur n'affubloit le heaume:
Volontiers nonchalant de son peuple et de soy,
Pour mieux faire l'amour eust quitté d'estre Roy
Contant d'estre berger avecque sa bergère:
Ce qu'en troubles si grands ne pouuant du tout faire,
Autant qu'il le pouuoit, fuyant toute grandeur
Il se desrobe aux siens, et ne veut plus grand heur,
Mais que sa belle Agnès ou l'embrasse ou le baise
Ou d'amoureux devis l'entretienne à son aise:
Tant peut une beauté depuis qu'Amour veinqueur,
(Voire aux plus braues Rois) l'empreint dedans le cœur.
Soudain un bruit courut qu'une molle paresse
L'attachoit au giron d'une belle maistresse,
Par qui de son bon gré souffroit d'estre mené,
Ayant perdu le cœur du tout effeminé.

Agnès ne peut celer, en son courage digne
De l'amie d'un Roy, reproche tant indigne :
Mais (comme la faconde et la grace elle auoit)
L'aduertit en ces mots du bruit qui s'esmouvoit.
        Sire, puis qu'il vous plaist me faire tant de grace
Que loger vostre amour en personne si basse,
Sire, pardonnez moy, s'il me faut presumer
Tant sur vostre amitié que j'ose vous aimer,
Vous aimant ie ne puis souffrir que lon médise
De l'amour d'une femme, on accuse d'auoir
De vostre majesté, que, pour estre surprise
Mis en oubli d'un Roy l'honneur et le deuoir.
Donques, Sire, armez-vous, armez vos gens de guerre,
Deliurez vos subjets, chassez de vostre terre
Vostre vieil ennemy. Lors bien-heureuse moy
Qui auray la faueur d'un magnanime Roy :
D'un Roy victorieux estant la bien-aimée
Ie seray pour jamais des François estimée :
Si l'honneur ne vous peut de l'amour diuertir,
Vous puisse au moins l'amour de l'honneur auertir.
        Elle tint ce propos, et sa voix amoureuse,
Du gentil Roy toucha la vertu généreuse,
Qui long tems comme éteinte en son cœur croupissoit
Sous la flamme d'amour, qui trop l'assoupissoit :
A la fin la vertu s'enflamma renforcée
Par le mesme flambeau qui l'auoit effacée.
Ainsi jadis Amour domta bien Achilles,
Et domta bien aussi l'indomtable Hercules,
Mais après les Troyens sentirent leur puissance :
L'un de son amy mort fit cruelle vengeance,
L'autre à Laomedon aprit qu'il ne devoit
Souiller la sainte foy que promise il auoit :
Aussi l'amour du Roy n'empescha que la gloire
De l'Anglois ne perist : car deslors la victoire,
Qui d'un vol incertain varioit ça et là,
Se déclarant pour nous plus vers eux ne vola.
Et depuis qu'il s'arma peu-à-peu toute France
Se remit sous le joug de son obéissance.
        Or ayant de nouveau dessous sa main reduit
Les Normans reconquis, pour prendre le déduit
De la chasse et des bois, de son camp se destourne,
Et retiré l'hyuer à Gemieges sejourne.
Là où la belle Agnès, comme lors on disoit,
Vint pour luy découvrir l'emprise qu'on faisoit
Contre sa majesté : La trahison fut telle,
Et tels les conjurez qu'encores on les cele :
Tant y a que l'aduis qu'adonc elle en donna
Fit tant que leur dessein rompu s'abandonna :
Mais, las, elle ne put rompre sa destinée
Qui pour trancher ses jours l'auoit icy menée,

Où la mort la surprit. Las, Amant, ce n'estoit
Ce qu'après tes travaux ton cœur te promettoit !
Car tu pensois adonc recompenser au double
L'heur, dont l'auoit priué des guerres le long trouble,
Quand la mort t'en frustra. O mort celle beauté
Devoit de sa douceur fléchir ta cruauté !
Mais la luy rauissant en la fleur de son âge
Si grand que tu cuidois n'a esté ton outrage :
Car si elle eut fourni l'entier nombre des jours
Que luy pouuoit donner de Nature le cours,
Ses beaux traits, son beau teint et sa belle charnure
De la tarde vieillesse aloyent sentir l'injure :
Et le renom de Belle avecque sa beauté
Luy fust pour tout jamais par les hommes osté.
Mais jusques à la mort l'ayant vu tousiours telle
Ne luy peurent oster le beau renom de Belle :
Agnès de belle Agnès retiendra le surnom
Tant que de la beauté beauté sera le nom.

XIII

Belleforest (François de). *Les grandes annales et histoire générale de France,
dès le règne de Philippe de Valois jusques à Henri III.* Paris, chez Gabriel Buon,
1579. Charles VII, livre V, p. 1152-1153.
L'an 1449.

« Tandis que le Roy séjournoit à Jumièges trespassa la belle Agnez Sorel, qu'on
disoit estre l'amye du Roy, et surnommée la damoiselle de Beauté, qui avoit esté
fille servante de la Royne de Sicile, et tant en la grâce du Roy qu'il n'y avoit
homme qui peut rien obtenir de sa majesté, s'il avoit ceste femme pour adversaire :
et laquelle le Roy feit fort honnorablement enterrer, non à Jumièges, comme
aucuns pensent, car il n'y eut que son cœur qui fut là mis, ains à Loches en
l'Eglise collégiale dudict lieu où elle avoit esleu sa sépulture, et y avoit faict de
belles fondations : et de fait on voit encore aujourd'huy son tombeau au milieu du
cœur d'icelle Eglise. On dict qu'elle estoit là venue pour advertir le Roy de certaine conspiration dressée contre sa majesté, d'aucuns le voulant trahir aux Anglois,
de quoy il ne tint compte, ou au moins ne feit semblant de s'en soucier, bien qu'il
fut un des plus soupçonneux princes de son temps. Au reste, il y en a qui ont
voulu nier que ceste damoiselle fut concubine de ce Roy, et que seulement il l'aymoit
pour la grâce qu'elle avoit, et qu'elle estant joyeuse en propos, le Roy passoit sa
melencolie naturelle à l'ouyr deviser : voire qu'elle oyant qu'on l'avoit en mauvaise opinion, et qu'on disoit qu'elle estoit la courtisanne du Roy, elle en prit tel
ennuy et fascherie, qu'elle en mourut de douleur. Mais c'est vouloir sanctifier la
paillardise, et mettre au ranc des vierges celle qui ne se marioit pour ne vouloir
faire part de son cœur à homme moindre qu'un Roy, duquel chascun sçait qu'elle
eut une fille nommée Charlotte mariée depuys à Louis de Brezé, grand seneschal
de Normandie, qui l'occist depuis (comme nous dirons cy après) à cause qu'elle
imitoit les gaillardises de sa mère. Joint que non sans cause la hayoit Louys Dauphin, puis qu'on dict qu'elle seule fut l'occasion que ce Prince Royal s'absenta
de la court pour avoir donné un soufflet à ceste damoiselle : mais en cest endroit
j'oseray dire qu'on se trompe grandement : car si on parle de la première fois que

le Dauphin se retira, vous en avez veu cy dessus l'occasion bien spéciffiée où Aghès n'a aucun lieu ny personnage en la farce; que si on veut dire qu'en la seconde fuite du Dauphin elle donna l'occasion, s'est par trop s'esgarer, veu qu'elle estoit morte si ce n'est qu'avant le voyage de Normandie. Le Dauphin eut irrité le Roy, maltraictant ceste femme, car l'histoire ne dict poinct que le Dauphin fut à la suite du Roy en ceste guerre: ce qui donne quelque verisimilitude à la querelle du Dauphin avec ceste favorite de sa Majesté, laquelle nous laisserons en son repos, comme chose qui ne méritoit que nous fissions arrest sur cas si peu louable, et toutesfois digne d'estre escrit pour admonester les grands de ne point s'abestir après ces folles, desquelles procède la fainéantise et avilissement des plus braves et sages et vaillans hommes de la terre: de quoi nous plut faire foy Samson, et Salomon et David et Hercules entre les fables...

XIV

La Solitude et l'Amour philosophique de Cléomède, premier sujet des Exercices moraux de M. Ch. Sorel, conseiller du Roy et historiographe de France. A Paris, chez Antoine de Sommaville, au Palais dans la petite salle à l'Escu de France. 1640. Gr. in-8. (Bibl. Nat., Inventaire R. 6072).

« Il est vray qu'au temps que le mal se vid en sa crise, ce beau royaume qui n'a jamais esté abandonné du Ciel, fut secouru par des remèdes extraordinaires, et un sexe que l'on estime foible et mal propre à la conduite et à l'exécution fut destiné à des desseins hazardeux. Ce fut lors qu'une Pucelle qui avoit un courage d'homme dans un corps de fille, fit tant de merveilles en faisant lever le siège d'Orleans et menant sacrer le roy Charles à Rheims, que l'on a creu à bon droict qu'elle estoit envoyée de la part de Dieu. Les Anglois tenoient encore une bonne partie de la France à sa mort, mais, sans elle, ils l'eussent usurpée entièrement. Et comme la protection d'une si belle contrée fut alors fatalle aux personnes de ce sexe, il arriva après que cette incomparable Beauté qui tint le Roy enchaisné dans ses apas, et qui eut le pouvoir de le porter à ce qu'elle voulut, acheva ce qui estoit commencé et fit autant par ses remonstrances et ses persuasions que l'autre avoir fait par son espée. La connoissance n'en est pas commune à tout le monde, mais elle n'en est pas moins certaine, et c'est ce qui m'oblige à la publier. L'on vid en cela que toutes les personnes de la race de Cléomède autant d'un sexe que de l'autre estoient destinées à secourir la France contre les Anglois, car cette illustre Agnès tiroit de là son origine comme son surnom fait connoistre. Sa personne tient dignement son rang dans une célèbre généalogie. Bien qu'elle ait esté exposée à des calomnies diverses, l'on a tousjours connu la vérité au travers du mensonge. Plusieurs personnes de son temps ont parlé d'elle avec éloge; il n'y a que des estrangers ou des modernes qui l'ayent blasmée par malice ou par ignorance. Aucun ne révoque en doute que ce ne fust un miracle du monde en qui toutes les grâces estoient assemblées afin d'estonner les hommes par son aspect, et les eslever à la contemplation des puissances de la Nature. L'on l'appelloit Dame de Beauté non seulement pour ce qu'elle estoit Dame d'un chasteau qui portoit ce nom, mais comme si elle eust possédé la Beauté en propre, ou si elle en eust esté la Déesse, et d'autant qu'elle mourut jeune, l'on dit que le Ciel ne voulut pas qu'elle participast aux incommoditez de la vieillesse et qu'elle perdist jamais le nom de Belle. C'est elle aussi qui l'emporte le plus absolument dans toutes nos histoires; mais il faut s'imaginer que ce tiltre luy estoit aussi bien deu pour la beauté de l'Ame que pour celle du corps, et que par l'une et par l'autre elle se rendoit une Beauté accomplie. Quant à l'esprit, l'on raporte qu'elle l'avoit excellent pour le conseil et pour la conduite, et qu'elle estoit la mieux disante de la Cour, mais elle avoit encore des qualitez plus solides et plus recommandables. En doit on chercher de plus grands tesmoignages que sa piété, sa douceur, sa courtoisie, sa libéralité? Je ne parle point de ce qu'elle laissa aux pauvres à sa mort qui estoit une somme prodigieuse pour le temps. L'on n'estime pas les largesses que l'on fait des thrésors de la terre lorsque l'on n'en a plus que faire. J'enten[ds] parler de ce qu'elle a distribué de ses propres mains lorsqu'elle estoit en parfaite santé, et qu'elle pouvoit tout employer aux vanitez des personnes de son âge et de sa condition. Au lieu de cela elle en faisoit de très-bonnes œuvres, et véritablement elle avoit choisy une charité digne d'elle, donnant force pensions à de pauvres gentilshommes qui suivoient encore la vertu et l'honneur dans une extrême pauvreté, et mariant de pauvres demoiselles privées de biens, de parens, et de suport. L'on peut s'imaginer qu'elle se souvenoit en cela que c'estoit une grande peine de venir d'une haute extraction et d'estre fort ravallé, ainsi qu'elle en voyoit l'exemple en quelques uns de sa race envers lesquels elle se monstroit aussi très liberalle. Elle ne pouvoit mieux employer le revenu de plusieurs terres que le Roy luy avoit données, et ses bienfaicts estoient encore utiles en ce que les personnes qui les recevoient, estoient capables de rendre de bons services à l'Estat. Olivier de la Marche, très-fidelle historien de son temps, dit que par le crédit qu'elle avoit obtenu, elle fit force biens au Royaume, avançant près du Roy beaucoup de vaillans hommes dont il estoit dignement servy dans ses armées.

A n'en point mentir ce fut là une des causes de l'avantage qu'il eut sur ses ennemys. Mais la principalle procédoit encore d'elle manifestement, et l'on peut dire que par son moyen l'Anglois fut entièrement chassé de la France, et fut réduict à n'en plus porter que le tiltre. C'est ce qui luy donna plus de gloire et qui la rendit plus illustre. Après avoir acquis de bons soldats, elle jugea que le plus nécessaire estoit de donner de la résolution au Chef. Elle régnoit si impérieusement sur l'esprit de celuy qui estoit son Roy et son esclave tout ensemble, qu'elle l'eust tenu enchanté dans les plaisirs si elle se fust renduë laschement à ses poursuites. Mais comme prudente et généreuse qu'elle estoit elle se servit adroictement de son amour pour en faire réussir un grand bien, luy faisant croire que jamais il ne devoit espérer de la posséder tant qu'il seroit privé de son Royaume, qui estoit la possession dont il devoit avoir le plus de soin. Pour l'exciter mesme à de hautes entreprises, et réveiller sa vertu endormie, elle luy déclara un jour avec asseurance, qu'un devin luy avoit prédit qu'elle seroit aymée du plus grand roy du monde, aux affections duquel elle devoit consentir, et qu'elle avoit creu quelque temps que c'estoit de luy que l'on luy avoit voulu parler, mais que voyant qu'il avoit le courage si abaissé de laisser la meilleure partie de son Royaume entre les mains du Roy d'Angleterre qui s'y maintenoit en victorieux, elle croiroit enfin qu'il faloit qu'elle allast chercher cet autre prince, qui sembloit le surpasser en valeur et en courage. Ces reproches le touchèrent si vivement qu'il ne se donna point de repos que l'Anglois ne fust chassé de Roüen, de Caen, de Harfleur, et du reste de la Normandie. Il fut présent à tout, au lieu qu'auparavant cela, il ne faisoit presque la guerre que par ses lieutenans, et il en acquit le tiltre de victorieux que la postérité luy a donné à juste raison pour avoir reconquis l'héritage de ses pères. Il n'y a point eu de Roy qui se soit veu réduit à une si petite portion du Royaume, dont il ne tenoit plus que deux ou trois villes, et néantmoins il ne tarda guère à les reprendre toutes. Il faut honorer celle qui l'incita à de si bonnes actions, et le retira mesme des voluptez où il s'adonnoit avec d'autres femmes qui se rendoient plus faciles à ses poursuittes. C'estoit en leur compagnie qu'un de ses Capitaines le trouua un jour dançant et folastrant, lors qu'il luy dit, que jamais l'on n'auoit veu un Roy qui perdist son temps plus joyeusement que luy. Quant à sa loüable maistresse ses plus libres propos ne tendoient qu'à l'honneur, à la vertu, et à la générosité. Puisqu'elle estoit sans pareille il ne faisoit point estat des autres à son esgard, tellement que quelqu'un a dit que son affection estoit assez forte pour la faire Reyne si l'occasion s'en fust offerte, et qu'il croyoit que si elle n'estoit Princesse de naissance elle l'estoit de mérite. Quoy qu'il en soit, s'il y a eu des personnes durant sa vie qui ayent tasché de trouver en elle de quoy blasmer, c'estoit pour adhérer aux passions du Dauphin qui estoit jaloux de l'autorité qu'elle auoit sur l'esprit de son père. Comme il estoit impatient de régner ou d'auoir plus de part au gouuernement, il ne pouuoit souffrir qu'elle luy aprist si bien à faire le Roy, et il sçauoit bien peu de gré à tous les deux de ce qu'ils trauailloient tant pour faire qu'il demeurast héritier d'un grand Royaume, au lieu que s'ils y eussent pris moins de peine il ne luy en fust demeuré qu'une petite part. L'on sçait les apréhensions qu'il a données à son père jusqu'à sa dernière heure, qui furent telles que pour la crainte d'estre empoisonné ayant esté plusieurs iours sans manger, il ne le put faire après lors qu'il le voulut, de sorte que l'expédient qu'il auoit trouué pour prolonger sa vie fut cause de la terminer. Quant à nostre illustre Dame, elle ne mourut pas sans quelque soupçon de poison, mais l'honneur que Louys unziesme a rendu à ses Manes a couuert tout cecy, ne voulant pas souffrir que les Chanoines de Loches ostassent du Chœur de leur Eglise son magnifique tombeau, pour ne pas faire durer sa hayne iusques à un temps où elle ne luy pouuoit plus nuire, et où il reconnoissoit peut estre aussi qu'il n'auoit pas eu de suject de la hayr. Nous auons encore une forte preuue de son mérite, en ce que François premier a fait des vers pour elle où il fait entendre qu'elle doit receuoir plus de loüanges pour avoir gagné son Roy à son amour et auoir esté cause par ce moyen du recouurement de la France, que si elle auoit renoncé aux honneurs du Monde et suiuy une vie austère. Ce grand Prince auoit trop de courage pour luy attribuer cette gloire s'il n'eust bien sçeu qu'elle l'auoit méritée, puisqu'il s'agissoit du Royaume dont il estoit l'héritier. L'on trouueroit encore beaucoup d'autres remarques sur ce sujet si l'on les vouloit rechercher, mais pour retourner aux autres personnes de la race de Cléomède, du viuant d'Agnès il y en auoit plusieurs qui portoient un mesme surnom qu'elle, et entre autres un Estor, fils de l'oncle de cette excellente Dame. L'histoire raconte que durant la guerre de Bourgogne, estant encore fort ieune, il se trouua avec Iean de Rochebaron, gentilhomme de l'une des meilleures maisons du pays, que la conformité d'âge et de mœurs lia si estroitement auec luy qu'ils iurerent de ne s'abandonner iamais dans les plus périlleuses occasions. Ayans esté surpris par les ennemys, Estor fut arresté le premier, et Rochebaron qui estoit assez loin eut bien pû se sauuer, mais il vint l'espée à la main pour secourir son amy, et comme ses attaques furent rudes, les ennemis s'estans tournez deuers luy pour luy resister laissoient eschaper Estor, qui eust bien pû aussi se sauuer à son tour, mais quoy qu'il vist que le nombre de ceux à qui ils auoient affaire, estoit si grand qu'il n'y auoit pas d'aparence de les vaincre, il ayma mieux se mettre en danger de mourir que d'abandonner celuy qui s'estoit mis pour luy au mesme péril. Ainsi combattans tous deux avec une générosité qui estoit digne de leur race, ils blessèrent plusieurs des ennemis, et ne se laissèrent prendre que lors qu'ils furent fort blessez eux mesmes. L'on paya quinze cens florins pour leur rançon, et comme ils auoient esté compagnons d'armes, ils le furent aussi depuis en amour, afin qu'ils eussent encore une occasion de se monstrer leur affection réciproque. Rochebaron vid une fille de bon lieu qui luy pleut extrêmement, et lors qu'il l'eut fait voir à Estor il n'en fut pas moins amoureux, mais ayant reconnû la passion de son cher amy, il luy dit qu'il luy cédoit les espérances qu'il y pouuoit auoir, encore qu'il eust beaucoup plus d'accez que luy auprez des parens de cette fille. Rochebaron répartit qu'il ne souffriroit point cela, et qu'il feroit un effort sur son âme pour ne plus songer à sa recherche, si Estor vouloit commencer la sienne, mais Estor qui gardoit les loix les plus estroites de la fidélité et de la courtoisie, luy dit encore que puisque l'obiect dont il s'agisssoit s'estoit offert à luy premiè-rement, c'estoit un signe qu'il en deuoit estre le possesseur, et que d'ailleurs s'estant desia mis au hasard de mourir ou d'estre pris avec luy, il faloit qu'il fist quelque chose pour luy en récompense, s'employant plustost à luy faire espouser celle qu'il aymoit qu'à la demander pour soy. Il y eut une longue contestation là-dessus, pource que Rochebaron soustenoit que ce n'estoit point Estor qui luy estoit redeuable, et ils furent presque sur le point de quitter esgallement leur nouuelle entreprise. Mais enfin ce fut Estor qui fit céder l'amour à l'amitié, et Rochebaron ayant la liberté de conserver son agréable inclination sans commettre de perfidie, eut en mariage celle qu'il auoit le premier désirée. Depuis il n'eut aucun bien qu'il n'eust récompensé son amy, luy faisant espouser l'une de ses proches parentes, qui estoit un party auantageux où il trouua beaucoup d'obstacles. Estor ne s'habitua pas tellement dans la Bourgogne qu'il ne se tinst presque aussi souvent dans la Champagne, tandis que plusieurs de son nom et de sa parenté demeuroient dans la Picardie, où il s'estoit fait une autre souche de généalogie dont il y a eu quelques descendans. Quant à luy il eut trois fils, dont l'aisné qui eut son mesme nom, porta les armes avec luy pour le Roy Louys unziesme en beaucoup d'occa-sions qui se présentèrent, et mourut assez ieune à cause de ses infirmitez natu-relles. Le second, apellé Iulian, fit plusieurs actes de valeur souz Charles huictiesme, et se trouua en cette mémorable bataille de Fornoue où il n'eut point de regret de mourir puisque la victoire demeuroit à son Roy. Le troisiesme apellé Louys s'y trouua aussi, mais n'ayant receu que des blesseures légères, il vescut encore depuis plusieurs années pour faire durer plus longtemps la gloire de sa maison. Ie ne vous en diray rien d'auantage, pource que ie me suis proposé d'imiter entièrement le récit de mon père, qui ne passa point plus outre, et comme ie luy demanday si ces gens là auoient laissé des successeurs, ils me répartit assez froi-dement, que s'ils en auoient eu ils estoient fort cachez. Il m'avoit conté cette histoire pour m'aprendre comment la plus haute Noblesse pouuoit descheoir.

Il [Cléomède] raconte l'histoire des Anglois-Saxons que son Père luy avoit aprise pour luy monstrer comment les maisons s'esleuoient et s'abaissoient. Cela est tout conforme à ce qui s'en trouue dans Polydore Virgile et autres historiens Anglois, excepté quelques ornemens. L'on y void comment la grande Bretagne fut divisée en sept Royaumes par les Anglois Saxons, à sçauoir de Sout Sexe, d'Estangle, de Kent, de Vest Sexe, de Northumbre, d'Est Sexe et de Merce. La généalogie des Roys d'Estsexe ou d'Estsaxe est icy déduite jusqu'au dernier qui estoit un usurpateur qui fut chassé par un autre, cependant que l'héritier du dernier Roy estoit nourry en France, qui estoit un ieune Prince à qui l'on donna le nom de Cléomède outre son premier qui estoit Selred ou Seolred, car ces noms estoient affectez aux Princes Anglois Saxons. L'on void combien ce Prince estoit vertueux et grand Politique, ayant donné de si belles loix aux Saxons Orientaux, et faisant tout son possible pour les faire observer, et comment il quitta leur gouuernement lors qu'il les trouva incorrigibles, mesprisant une principauté en laquelle il eust falu exercer une infinité de cruautez pour la conserver. Les Historiens Anglois n'ont point parlé de ces choses, d'autant qu'elles n'estoient pas de leur sujet, et que mesme ils ont si peu parlé de leurs anciens Roys Anglois Saxons, que la pluspart n'escriuent que leurs noms seulement. Ceux qui ont raconté ces choses les auoient aprises dans les mémoires de quelques particuliers qui y prenoient plaisir ou par interest ou par curiosité. C'est là qu'ils ont veu aussi la suite de la Généalogie de Cléomède dont les Successeurs se faisoient apeller les **Cheualiers des Isles** ou d'Estsaxe. Nicocléon continuant à parler d'Angleterre, vient au siècle de Charles VII, du vivant duquel il y eut deux femmes très-renommées, l'une pour la valeur, l'autre pour la beauté, à sçauoir Ieanne la Pucelle, et la belle Agnès. Croyant estre asseuré par tradition et par de bons escrits qu'Agnès estoit de la race du Prince Cléomède, il monstre combien elle en estoit digne, et qu'elle n'a pas moins seruy à la France que celle qui l'auoit précédée, quoy que ce fust par d'autres moyens. Il la soustient beaucoup; mais il y faut encore adiouster des authoritez qu'il n'a pas raportées pour euiter prolixité, et pour ne point troubler la suite de sa narration par des allégations. Plusieurs Autheurs parlent d'Agnès, et quoy que ce soit diversement, on peut trouuer la vérité dans les plus fidelles et les plus iudicieux. Pour certifier sa Noblesse, Olivier de la Marche ne se contente pas de l'apeller Damoiselle. Il l'apelle aussi Genti-femme. Il se connoissoit si bien en Noblesse qu'au commencement de son liure où il veut traicter des **Ducs de Bourgongne** il dit au Duc son Maistre qu'il luy veut monstrer combien il est Gentil-homme. Mais pour parler icy seulement d'Agnès, il monstre aussi ses vertus, qui n'ont pas moins esclatté durant sa vie qu'à sa mort. Il est vray qu'une mort tranquille et deuote est souvent le tesmoignage d'une bonne vie. Monstrelet raporte que ceste Dame mourut avec de grandes preuues de sa piété, et fit pour soixante mille escus de legs testamentaires. Mais Olivier de la Marche donne aussi des marques des liberalitez qu'elle faisoit durant sa vie, et combien mesme elle estoit utile à l'Estat; car ayant parlé de sa beauté et de l'amour que le Roy auoit pour elle, il dit qu'il l'auoit mise en tel triomphe et tel pouuoir que son estat estoit à comparer aux grandes Princesses et qu'en cette qualité elle fit beaucoup de biens au Royaume de France auançant prez du Roy de braues gens d'armes et de vaillans Capitaines, dont il se vid depuis bien seruy. Il est vray aussi qu'elle donna du courage à ce Roy pour chasser l'Anglois de ses terres. Du Haillan en parle dans son histoire, et raconte ce qu'elle luy déclara du Deuin ou Astrologue qui luy auoit prédit, de qui elle devoit estre aymée. Si cela luy estoit arriué, elle prenoit heureusement son occasion pour le dire, et s'il n'y auoit en cela qu'une pure inuention d'esprit, sa fiction en estoit loüable, puis qu'elle deuoit réussir entièrement au bien de celuy à qui l'on la faisoit prendre pour une vérité. Ephestion disoit autrefois qu'il n'aymoit pas seulement le Roy mais qu'il aymoit Alexandre. L'on peut dire, au contraire, que nostre belle Fauorite n'aimoit pas seulement Charles, mais qu'elle aimoit son Roy. Il y a icy différence d'accidens. Elle cherissoit sa présence et son entretien et toutes ses bonnes qualitez, mais avec cela elle cherchoit la restauration de son Royaume, estant si sage comme elle estoit, elle eust eu un extrème regret si l'amour qu'elle donnoit à son Prince luy eust empesché de recouurer ses Provinces et n'y eust plustost seruy. Estienne Pasquier, dans ses Recherches, parle iniurieusement de ce Roy et de ses amours, disant qu'il estoit plus attentifs à ses plaisirs qu'à recouurer son Estat, et qu'il n'y fut restably que par la sage conduite de ses Capitaines; mais Scipion du Pleix, dans son Histoire de France, l'a repris très a propos. Il est certain que Charles auoit du cœur et de l'esprit. Quelques bons guerriers qu'il eust, il n'eust pas pû venir à bout d'un si grand ouurage que celuy de la conqueste de son Royaume s'il n'y eust opéré de sa part. Il agissoit dans les entreprises de guerre. Iean du Tillet dit qu'à la prise de Montereau, il passa le fossé s'estant mis en l'eau iusques par dessus la ceinture, et monta par escalade sur les murs l'espée au poin. Monstrelet dit qu'au siège de Harfleur il descendit aux fossez et aux mines, ce qui tesmoigne qu'il n'auoit point la foiblesse que plusieurs ont crû. Agnès servit à resueiller son courage plustost qu'à l'endormir, comme nous auons apris, et si l'on pense que c'estoit une bassesse d'estre conduit à cela par une femme, l'on peut respondre qu'il n'importe par qui l'on soit guidé au bien, et d'ailleurs les forces de l'Amour ayans seules esté capables de luy faire surseoir un peu de temps ses entreprises guerrières, il n'en sçauroit estre blasmé puis qu'incontinent elles les luy ont fait reprendre. Un fort témoignage de l'obligation que l'on a euë à cette Agnès, est dans les vers que le Roy François premier a faits pour elle. Elle méritoit bien autant qu'il y employast sa veine que la Laure de Petrarque, et d'autres encore pour qui il en a fait, ce qui se void parmy les œuuvres de Melin de S. Gelais. Ayant trouué un liure de diuers crayons chez Catherine d'Hangest, femme d'Artus de Boisy, grand Maistre de France, qui se plaisoit à la peinture, il fit des deuises ou des vers pour chacun, et pour celuy de la belle Agnès, il fit un quatrain qu'il y escriuit de sa main propre et qui se void encore en ce liure que l'on garde précieusement dans un Cabinet curieux. Ce quatrain est ainsi.

> Plus de loüange et d'honneur tu mérite,
> La cause estant de France recouurer,
> Que n'est tout ce, qu'au Cloistre peut ouurer
> Close Nonnain, ou au desert Hermite.

Voylà des vers qui semblent rudes pour ce temps cy, mais ils sont de bon sens. Ils veulent dire que les reformez ne doivent rien trouuer à reprendre aux amours d'Agnès, et que si elle eust vescu loin des pompes de la Cour, elle n'eust pas rendu tant de seruice à la France. Il en faut croire un si grand Roy, qui devoit bien sçavoir à quel sujet il parloit de cette sorte. A n'en point mentir, quelque Chronique scandaleuse l'a scandalisée, disant qu'elle auoit eu une fille, mais quoy qu'il soit certain que Charles VII a eu quelques fiiles naturelles qu'il faisoit esleuer, elles ne venoient pas d'elle. Quelques Autheurs en nomment une Charlotte de Valois, mariée à Iacques Seigneur de Brézé, et Conte de Mauleurier, grand Seneschal de Normandie: mais ils ne l'attribuent à personne, et si d'autres l'attribuent à Agnès, c'est qu'à cause de sa rare beauté l'on n'a nommé qu'elle pour maistresse de Charles, quoy qu'il en eust d'autres. Monstrelet et les autres Historiens font assez connoistre que ce Roy faisoit l'amour à d'autres femmes plus faciles à gagner que n'estoit Agnès. La Cronique de S. Denys la purge tout à fait de ce que l'on luy impute, et dit que le Roy l'aymoit non seulement pour sa merveilleuse beauté, mais pour son bon esprit et son agréable entretien. Le grand estat qu'il fit d'elle se void dans les grands biens qu'il luy donna. Elle eut plusieurs terres dont elle tiroit le revenu. Si elle eut aussi le Chasteau de Beauté qui estoit des apartenances du bois de Vincennes, ce fut pour auoir un tiltre conuenable. Le Chasteau de Loches porte encore ces deux noms. Le logement du Roy s'apelle les Salles, et le reste qui est le plus haut et le plus considérable s'apelle le Palais d'Agnès, pour ce qu'elle y faisoit sa demeure, et que ce Roy luy faisoit l'honneur de partager sa maison avec elle. Son corps a esté enterré au milieu du Chœur de l'Eglise qui est en ce Chasteau, où il y a un Tombeau de marbre noir et sa statuë de marbre blanc, qui est une des plus belles choses que l'on puisse voir, de sorte que le liure des Antiquitez de France a raison de dire que tous les sculpteurs se tromperoient s'ils pensoient faire mieux. Deux Anges tiennent l'oreiller sur lequel repose la teste, et au bas il y a deux agneaux à ses pieds. C'est ce tombeau que les Chanoines du lieu prioient Louys XI de faire oster pour mettre autrepart, ce qu'il ne leur voulut pas accorder, leur donnant encore de l'argent pour prier Dieu pour elle. Il y a beaucoup de paroles escrites à sa loüange tant sur le marbre que sur le cuiure. Au tour de la tombe il y a cecy. *Cy gist Noble Damoiselle Agnès Seurelle, en son vivant Dame de Beauté, de Roqueserie, d'Issoudun, et de Vernon sur Seine, patiente enuers toutes gens, et qui largement donnoit de ses biens aux Eglises et aux Pauures, laquelle trespassa le dernier Feurier l'an de grâce 1449.* L'on ne dit pas là qu'elle a fait des legs, mais qu'elle donnoit libéralement, ce qui monstre que toute sa vie elle a esté fort charitable. Il y a là encore des vers latins que l'on sera bien ayse de trouuer icy, n'ayant esté imprimez en nulle autre part. En deux tables différentes il y a ces deux pièces.

Fvlgor Apollineus rutilantis luxq; Dianæ.   Hæc iacet in tumba mitis simplexque
....   Columba ....
....

Cela donne trop de loüanges à cette Dame pour l'auoir en mauvaise estime. Il y auroit eu de l'effronterie dans le siècle de faire cela, si cela ne se fust accordé à l'opinion de tout le monde. Non seulement l'on parle d'elle icy comme d'une personne de grande considération, mais comme d'une âme pure et sainte. Son cœur et ses entrailles sont enterrez d'un autre costé à Iumièges. Il y a là aussi une tombe de marbre noir, et il y auoit dessus deux Anges de marbre blanc qui tenoient un cœur, mais le tout a esté rompu pendant les guerres ciuilles. A un quart de lieüe de Iumiège est le Mesnil, maison antique qui apartenoit à Agnès et où elle est morte, y estant venuë tandis que le Roy séjournoit à Iumiège pour luy descouurir une conspiration qui se faisoit contre sa Personne. Cette mort arriuant dans sa jeunesse, et lorsqu'il sembloit qu'elle se portast fort bien, fit croire qu'elle auoit esté empoisonnée. La maison du Mesnil est remarquable par le trespas d'une telle personne. Ian Anthoine de Baïf y passant un iour y prit sujet de faire un Poëme qu'il adressa à un de ses amys que l'on croyoit estre venu d'une mesme race que cette Dame. Les œuures de Baïf sont assez rares, et d'ailleurs cette pièce raporte entièrement tout ce qui concerne Agnès. C'est pourquoy il est fort à propos de la placer icy: La voilà.

Sorel, à qui pourroit estre plus agréable.   Ce Roy bien que l'Anglois troublast tout son
....   Royaume...........................
....

Ces vers ne passeroient pas dans l'Académie moderne, mais il en faut estimer les raisonnemens et la bonne déduction des choses, sans songer au langage qui n'a pas tant de grâce que celuy d'auiourd'huy, pour le changement que l'on y apporte tous les iours. Ayant assez parlé de la Vertu d'Agnès, si nous parlons de son visage, nous dirons que l'on a tasché d'en figurer les traicts sur grand nombre de tableaux à cause de la réputation de sa beauté. Il est vray qu'elle méritoit bien le nom de Belle. Olivier de la Marche qui l'auoit veuë dit, que certes c'estoit la plus belle chose qu'il vit onques. Plusieurs sont donc curieux de garder ses portraicts, quoy que la pluspart ne soient pas si agréables que la statuë de son tombeau. D'ailleurs il y en a qui la représentent avec une robbe desgraffée et un sein à demy descouuert. Ces portraicts là sont faux au moins en ce poinct, comme l'on le peut vérifier par l'habit, qui est tel que l'on le portoit du temps de

Charles IX au lieu qu'aux vrays portraicts sa robe est à l'antique avec l'hermine, et à quelques-uns elle a sur sa teste une couronne Comtalle, mais quelque peintre ignorant ayant oüy dire que c'estoit la Maistresse d'un Roy l'a voulu représenter en courtisanne, et n'estant pas content de sa façon modeste luy a descouuert le sein. Il est aysé à voir que cela ne s'accorde pas à ses yeux à demy-fermez, et mesmes en quelques antiques elle a les mains iointes. L'on peut rendre une pareille raison de ses yeux que de ceux de cette Vénus de Grèce qui dormoit, c'est que si elle auoit eu les yeux ouuerts elle eust bruslé tout le monde. Mais c'est une pensée poëtique dont les curieux ne se payent pas. Il faut croire que si l'on l'a peinte avec les yeux demy fermez, c'est que d'ordinaire elle les baissoit de cette sorte. Pource qui est de l'observation des vestemens, nous aprendrons icy que l'on vérifie par eux quantité de faux portraicts, en ce que les peintres y ont fait des habits fantasques, ou à la moderne. Il y en a beaucoup de tels dans la gallerie du Louure qui ne sont qu'imaginaires, pour remplir les quarrez autour des portraicts des Roys.

Parlons maintenant de la race d'Agnès. Nicocléon dit que c'est celle du Prince Saxon comme son surnom fait connoistre; pource qu'il auoit desia dit auparavant que les descendants de Cléomède portoient pour surnom le vray nom de ce Prince. Or nous voyons qu'elle est apellée Seurelle, dans son Epitaphe de Loches, et d'autres disent Surelle, ce qui pourroit venir du nom de Surred; mais il y a de la controuerse en cecy, car l'on connoist bien que ce n'estoit pas le vray nom de sa famille, en ce qu'il est changé diuersement, et qu'à l'Epitaphe qui est à Iumiège il y a Seurette, et les inscriptions de ses portraicts l'apellent Sorelle, comme font aussi les vers de Baïf. Quelques autheurs l'apellent aussi, Soret, Soreau, ou Sorel. Cela fait voir que lors qu'elle a esté appellée Seurette, Seurelle, ou Sorelle, ç'a esté par une terminaison féminine comme l'on la donne aux noms des femmes en de certains pays, spécialement dans la Champagne et la Picardie dont l'on tient qu'elle estoit. Or il y a apparence qu'elle s'apelloit plustôst Sorel que de quelque autre nom que ce soit, et aucun n'a dit Seurelle et Seurette, que celuy qui a fait ses Epitaphes, qui estoit quelque Moyne de Iumièges, lequel estoit estranger et parloit mal françois. Il s'imaginait que, comme Sorella, en italien, signifie Sœur, il faloit dire aussi Seurelle, ou Seurette, comme qui diroit Petite Sœur. Toutefois en latin il a dit Seurella, mais c'est qu'il a ignoré le vray nom, et il ne le faut pas croire plustost qu'Olivier de la Marche, ny que l'autheur de la Chronique de Louys XI, qui nomment Agnès du vray nom de sa race. Pour preuuer qu'elle s'apeloit Surelle ou Sureau, l'on peut alléguer qu'il y a un arbre dans ses armes à Loches, lequel on prend pour un sureau; mais pourquoy veut-on que ces armes parlent, et que ce ne puisse estre une autre sorte d'arbre? Toutefois, de quelque façon que l'on prononce son nom, il aproche de ceux des Anglois-Saxons pour garder les marques de son origine. Après tout cela l'on peut dire pourtant qu'elle est d'une telle race sans qu'aucun soit de la sienne, puisqu'elle n'a point eu de postérité. Il est vray qu'elle a eu des parens assez proches lesquels s'auancèrent beaucoup à ce que disent quelques historiens. Elle auoit une sœur aisnée qui fut mariée au Seigneur de Megnelers, duquel mariage vint une fille que l'on nomme Anthoinette, mariée au Seigneur de Villequier, et cette niepce de Villequier se trouua à la mort d'Agnès, sa tante, au Mesnil souz Iumièges, comme le raporte Monstrelet. Du Seigneur de Villequier et de cette Anthoinette de Megnelers descendirent quelques seigneurs du nom de Villequier, et à faute de masles la maison est passée en celle d'Aumont de Chapes qui dure encore. L'on tient mesme qu'Agnès eust un frère, Gabriel de la Guiche, qui estoit lieutenant de la compagnie d'hommes d'armes du Connestable de Montmorency pendant le règne de François premier, et espousa une fille unique du Sieur de Sainct Geran qui portoit le nom de Soreau, et que l'on disoit venir de ce frère d'Agnès. Pierre de S. Iulien parle de ce mariage dans son liure des antiquitez des Bourguignons. Toutes les Seigneuries ont passé ainsi d'une race en l'autre à faute de masle. C'est pourquoy Nicocléon n'en a point parlé, ne voulant songer qu'à ceux qui auoient gardé le nom, et dont l'histoire s'aproprioit à son sujet. Que si l'on tient que la belle Agnès et ceux de qui elle tiroit son origine portoient le nom de Sorel, l'on ne reuoque point pourtant en doute que les anciens Seigneurs de S. Geran ne fussent descendus de son frère, encore qu'ils s'apellassent Soreau; car quelques-uns ont pû changer cette terminaison selon l'usage du temps, lors que l'on a cru mieux parler disant *Manteau* et *Marteau*, au lieu de *Mantel* et de *Martel*. Les autres plus amateurs de l'antiquité ont gardé l'ancien nom.

Pour venir à Estor, soit qu'il fust cousin germain d'Agnès ou plus esloigné, Nicocléon le nomme pour un des principaux descendans du Prince Cléomède. Il portoit le nom de Sorel. Olivier de la Marche fait mention de luy, et raconte comment Iean de Roche-baron et luy s'entre secoururent, lors qu'ils furent pris des ennemis. Il les apelle ieunes escuyers qui est le tiltre le plus honorable que l'on puisse donner aux gentils-hommes lors qu'ils ne sont pas encore faits chevaliers, et qui estoit alors bien plus en recommandation que maintenant que tant de personnes l'usurpent. Pour les amours de ces deux parfaits amys, elles sont prises d'autre part. Il y a mesme d'autres liures qui racontent autrement ce qui se passa touchant leur prise. Ils disent que l'un estant poursuiuy par ceux qui auoient ouy parler qu'il passeroit en quelque endroict, l'autre se laissa prendre feignant estre celuy qu'ils cherchoient, et que son compagnon en estant auerty vint après se rendre prisonnier, à la charge que le premier pris seroit déliuré. De quelque façon que ce soit leur procédure a esté généreuse, et rend tesmoignage de leur parfaite amitié. Roche-baron fit espouser à Estor une fille de sa maison qui estoit des plus nobles de la Bourgogne, et laquelle Pierre de Sainct-Iullien, en ses *Meslanges Historiques*, dit venir d'Auuergne. Estor eut trois fils, dont l'aîné portoit son nom qui luy plaisoit, pource que c'estoit presque l'anagramme de son surnom. Le premier mourut de maladie. Le second, apellé Iulian, mourut à la bataille de Fornoue; Paul Ioue parle de luy. Le troisiesme, apellé Louys, se trouva depuis en beaucoup d'actions signalées, mais Nicocléon coupe là l'Histoire, comme son père auoit fait, sans rien déterminer de la postérité de ces gens-là. Il luy suffit de prouuer qu'ils venoient véritablement des Anglois-Saxons, alléguant leur nom qui est celuy de quelques-uns de leurs princes avec peu de changement de terminaison, et outre cela leurs principales armes qui estoient les Roses d'or en champ d'azur comme celles des anciens Roys d'Estsaxe...

Estor apellé diversement de Sorel ou du Sorel, ou Sorel simplement dans plusieurs escrits, surquoy l'on peut demander si l'article est nécessaire, et de quelle sorte il doit estre. Nous respondrons que cela est indifférend, et que l'on s'en sert diuersement selon la coustume des temps et des lieux. Il faut faire des observations sur ce sujet que l'on trouve assez fréquent dans le discours, et qui doit terminer une erreur qui abuse beaucoup de personnes. Il faut donc sçavoir que cette particule que l'on adiouste quelquefois au deuant des Noms, soit de, ou du, ne doit point mettre en peine, car l'on en a usé dans une mesme race selon la fantaisie de plusieurs qui ont voulu aporter quelque différence à leur nom pour se distinguer de leurs puisnez ou de ceux d'une autre souche, ou bien cela s'est fait pour d'autres fantaisies particulières. Ainsi ceux qui portent quelque nom que ce soit l'ont pû accompagner diversement ou changer sa terminaison. Mais il ne laisse pas d'estre tousiours le mesme nonobstant cela, et pource que dès les temps d'Agnès et d'Estor cette diuersité n'estoit pas si grande, elle ne se faisoit qu'à l'esgard de ceux qui ignoroient leur vray nom. Ce n'est que depuis peu que cette opinion est tombée dans l'esprit de plusieurs que pour faire paroistre qu'un nom est noble, il faille y adiouster un *de, du,* ou *de la…*

Pour ce qui est du nom d'Estor et de ceux de sa race, il est certain que c'est celuy qui estoit le plus commun aux Princes Anglois-Saxons, et que si l'on ne le connoist pas d'abord, c'est que ces Roys ne sont pas nommez véritablement comme ils estoient alors. Ceux qui ont escrit l'Histoire d'Angleterre en françois, en ayans tiré la pluspart de plusieurs liures latins, n'ont fait qu'escorcher les noms propres; ayans trouué *Sexredus, Serredus, Surredus, Selredus,* et *Seolredus,* ils ont nommé ces Roys, *Sexred, Serred, Surred, Selred* et *Seolred,* mais les anciens anglois ne les nommoient point ainsi, et il faut considérer que le langage latin leur donne sa terminaison ordinaire. En anglois ou saxon, il faut dire *Sexrey, Serrey, Sourrey, Selrey* ou *Seolrey.* Ce sont ces noms qui ont donné l'origine à celuy dont nous parlons, y changeant peu de chose, soit que ce soit celuy de Sourrey ou de Seolrey. Les Historiens donnans indifféremment ces noms à quelques Roys Anglois-saxons, font connoistre que c'estoit presque mesme chose, et possible que pour les distinguer seulement en parlant d'eux l'on y a mis cette différence. Il y a eu mesme d'autres Roys que ceux d'Estsaxe qui les ont portez. Entre les Roys de Merce, il y a un Seolrey. Pour monstrer que le nom de Sourrey, Seorrey, ou Seolrey et autres fort aprochans, ont eu du crédit dans l'Angleterre, il y a une riuière de Sore, et près de son rivage se trouuent les ruines d'un ancien chasteau apellé Mont-Sorel, basty sur une colline où le siège fut soustenu en l'an 1217, et après les guerres il fut ruiné par les gens de la contrée afin qu'il ne seruist plus de retraicte aux factieux. Il y a aussi la maison royalle de Vindesore: mais sur tout le Chasteau de Mont-Sorel témoigne auoir esté basty sur un mont par celuy qui portoit ce nom, et pource que c'est dans la Prouince de Leycester qui estoit du Royaume de Merce, où il y a eu des princes qui ont porté un nom aprochant de celuy-là, ils ont pû aussi donner leur nom à la riuière. D'un autre costé il y a le Comté de Sourrey qui est le mesme nom de quelques roys anglois-saxons, et il y a tant d'aparence que d'un tel nom soit venu celuy qu'a porté Estor, que quand le fils du duc de Nortfolk, que l'on apelloit en son pays, le Comte ou le Milord Sourrey, vint dans le Boulenois avec son père en l'année 1545 afin d'y conduire les troupes du Roy d'Angleterre, les François ne l'apelloient point autrement que le Milord Sorel, à cause de la facilité que son nom auoit à se transformer en celuy cy, et c'est de cette sorte qu'il s'y est changé il y a long-temps dont peut estre quelqu'un s'estoit aussi souuenu alors. Du Bellay l'apelle ainsi dans ses Mémoires, comme fait aussi de Serres en son Inuentaire. Il n'est point hors de propos de remarquer encore que dans des romans fort anciens comme ceux de Gyron le Courtois, de Meliadus, de Tristan de Leonnois et de Lancelot, et mesme dans l'Histoire Mystique d'Alector, il est parlé du Royaume ou du pays de Sorellois, qu'ils mettent dans l'Angleterre, voulant parler de la Province de Sourrey ou de quelque autre que des Princes de ce nom ont gouuernée. Ces liures là seruent de quelque preuue en ce fait, à cause de l'antiquité, et pource que c'estoit presque les seuls qui estoient composez de leur temps. Mais pour auoir recours à une authorité, Camdenus, qui est un des plus sçauans dans l'Histoire de son pays, raporte en quelques additions qu'il a faictes sur sa description de la Grande-Bretagne, qu'entre les nobles familles qui sont dérivées de l'Angleterre et sont passées en d'autres régions, il y a celle cy *Sorelli*. Son témoignage vaut beaucoup en cela. L'on nous raconte donc qu'un prince de la race des Anglois-Saxons estant venu en France, son nom, qui estoit presque semblable à celuy là, s'y est changé facilement, puisque la prononciation s'y accordoit deslors. Toutofois, comme dit Nicocléon, il fit bastir une ville dans le Haynaut où il s'habitua, à laquelle il donna le nom de son père, c'est Solré au dessus de Maubeuge qui n'est plus qu'un bourg, et auprès il y a Consolré, et dans le mesme pays il y a Soreamont et Sorines. Mais les descendans de ce prince qui portoient son nom avec peu de changement, s'estans après auancez dans la France, y firent bastir des maisons qu'ils nommèrent comme eux, et cela s'est fait en diuers temps et en diuerses provinces. Quelques-unes ont long temps apartenu aux successeurs qui portoient mesme nom que leur seigneurie, les autres ont changé de mains. Il y a des terres de ce nom dans la Picardie, et il y a encore une autre seigneurie de Sorel dépendante du Comte de Dreux, pour laquelle il y eut différend autrefois entre Robert second, Comte de Dreux, et Hugues du Chastel, son neveu, à ce que dit I. du Tillet dans ses mémoires. Puis qu'il y a eu de long temps en France des seigneuries importantes de ce nom, cela monstre qu'il a esté porté par des personnes... qui auoient fait bastir de telles maisons, ou qui depuis en ont possédé les terres.

Que l'on croye ou non que le surnom d'Agnès soit le mesme, il s'est perdu en ses neveux et ses niepces à faute de masles, mais plusieurs portent encore auiourd'huy le mesme surnom sans pénétrer s'ils viennent d'une mesme race. Il ne faut donner à personne des généalogies autres que celles qu'ils tiennent pour vrayes et dont ils se cohtentent. Quelques-uns peuuent auoir des mémoires particuliers qui, outre le sixiesme et le septiesme ayeul, les font remonter à d'autres qui auoient des dignitez et des seigneuries illustres. Cela est très considérable et fera tousiours croire qu'ils n'ont pas besoin d'aller chercher leur origine hors de France ny mesme hors de leur prouince, la tenant plus releuée que toutes les autres que l'on leur pourroit attribuer. Cette croyance est raisonnable et ne souffre point de contestation. Pour parler de ceux qui portent le nom de Sorel dans ce siècle, l'on ne sçauroit oublier plusieurs gentilhommes dont l'un des principaux a esté le Sr de Sorel, seigneur d'un village du mesme nom situé sur la frontière proche du Cambrésis, lequel est mort il y a quelques années. Il estoit gouuerneur de la ville de Chaulny. Son fils aisné est lieutenant pour le Roy au gouuernement de S. Quentin. Les gazettes et autres relations ont assez parlé de luy depuis que la guerre a esté déclarée à l'Espagnol. Ceux cy portans le mesme nom que leur terre monstrent que leur noblesse est ancienne, et que leurs ayeux ont donné leur nom à leur seigneurie. Il y a encore d'autres Gentilshommes de ce nom vers Compiègne et Roye qui sont de la mesme race très considérable dans le pays. Mais l'on ne dit point qu'ils viennent d'une pareille souche qu'Agnès ou Estor. Si cela estoit il faudroit que cela fust fort esloigné, tellement qu'il n'y auroit pas moyen de remarquer en quel temps les branches et les rameaux auroient esté diuisez. Il arrive en plusieurs endroicts que chacun fait une maison à part des personnes qui luy sont les plus proches, et une maison se fera estimer plus qu'un autre par les vertus et les honneurs que l'on y trouve, si bien qu'outre la longueur du temps et la grande séparation, cela y aura mis une grande différence. En effet, il est bien iuste d'aporter de la modération à de trop amples recherches de généalogie et à des aplications trop estenduës, car qui voudroit aller si loin, rencontreroit que tous les hommes viendroient d'un mesme tronc depuis Noé ou depuis Adam. Ce n'est pas aussi tousiours un tesmoignage d'estre de mesme race de porter mesme nom, d'autant que les noms ont esté donnez autrefois à fantaisie.

Les armes mesmes peuuent aussi estre usurpées, et l'on reconnoistra qu'il y a des hommes du nom dont nous auons parlé, qui ont une assez basse origine, soit que leur famille ait esté abaissée depuis longtemps ou depuis peu. Il y en a d'espée; il y en a de robbe longue, et mesme d'ecclésiastiques, mais il faut auoüer que de ceux qui sont de la bonne souche il n'y en a aucun qui soit d'une profession indigne et qui puisse faire honte aux autres. Et quoy qu'il en arrive, cela ne touche en rien à ceux qui ne sont ny de leur proche parenté ny de leur maison. Chacun est assez connu pourueu que l'on en fasse recherche.

Mais puisque nous sommes venus sur ce discours, il ne faut point douter que l'on ne s'imagine que l'autheur de ce liure n'y doiue auoir quelque part s'il porte le mesme nom dont il s'agit. Il est vray qu'il y prend interest, mais c'est pource qu'ayant escrit ce qui est dans la Solitude, il a craint que ceux qui auoient connoissance du surnom des personnes dont il a parlé qu'ils peuuent trouuer en d'autres liures, ne crussent qu'il l'eust fait pour en tirer quelque avantage, dequoy il est extrêmement esloigné. C'est pourquoy il fait icy une déclaration contraire.

XV

1772. — *Requête des chanoines de Notre-Dame de Loches.*

à Monsieur le duc de la Vrillière,
Ministre et Secrétaire d'Etat.

Monseigneur,

Les doyen, chanoines et chapitre de l'Eglise royalle de Loches remonstrent très humblement qu'occupés depuis plusieurs années à faire dans leur église des décorations qui facilitent et assûrent la décence du service divin, ils désireroient transférer de leur chœur le tombeau en marbre noir d'Agnès Seurelle, pour le placer dans une chapelle latérale de la nef où il seroit dans la même évidence.

Ce tombeau, ainsi qu'il est aisé de le vérifier sur le plan intérieur de leur église que les suppliants ont fait lever, et qu'ils joignent ici (1), par sa longueur et sa largeur, gesne infiniment le service; il ne laisse que trois pieds de passage de chaque côté, empêche, comme il est nécessaire dans bien des cérémonies, trois ecclésiastiques revestus d'ornements de marcher de front, et fait courir les risques déjà multipliés de gaster les chappes ou autres habillements sacerdotaux, soit par le froissement dudit tombeau ou par celuy des personnes qui sont assises dans les basses chaires. Les suppliants, Monseigneur, aussi reconnaissants que leurs prédécesseurs, ne croyent en aucune manière manquer à la mémoire de leur bienfaitrice en demandant cette translation. Son cœur est incrusté dans un pillier intérieur du sanctuaire, et couvert d'une plaque de cuivre sur laquelle sont inscrits ses qualités et ses dons. Aucun tiltre d'ailleurs dans leurs chartres n'annonce qu'Agnès Seurelle ait demandé cette place au milieu du chœur pour son tombeau; il n'y a même aucune certitude que son corps y soit déposé. Celle qu'ils lui destinent dans une chapelle cottée sur le plan de la lettre U paroit disposée pour le contenir (2) et par son évidence dans toute l'église et ses décorations en sculpture, marqueroit la même gratitude du chapitre. Ils offrent de faire graver sur une pierre de marbre en place du tombeau, le motif et l'année de sa translation.

Sur toutes ces considérations réunies, Monseigneur, les suppliants osent avec

(1) Le plan est daté de 1771.
(2) Il s'agit de la chapelle Saint-Roch.

toute confiance recourir à votre puissante protection auprès du roy, pour en obtenir l'authorisation et la permission qu'ils sollicitent: ils ne cessent de faire les vœux les plus ardents pour la conservation de sa Majesté, et la prospérité de votre Grandeur.

De Baraudin, doyen; Drouet, de Chalus, chantres; L. Gaultier de Lapommeraye, Vaillant, Boullay, Delafaure, Marchant de la Faverie, Gobreau, Hurrault.

(Arch. Nat., K. 68, n° 50²).

Résumé (1).

Agnès Sorel, dite Soreau, mourut le neuf février 1450, et son corps fut transporté au château de Loches, où elle fut inhumée au milieu du chœur de l'Eglise Collégiale, dans un tombeau de marbre noir.

Moréri, dans son *Dictionnaire*, à l'article d'Agnès Sorel, prétend qu'après la mort de Charles Sept les chanoines de Loches demandèrent à Louis Onze la permission de retirer le tombeau du chœur de leur église comme leur estant incommode dans les cérémonies, et que le prince leur refusa.

Il est vray qu'il y subsiste encore aujourd'huy. La figure d'Agnès y est représentée en marbre blanc, avec des anges qui tiennent un carreau, sur lequel elle repose la teste, et deux agneaux à ses pieds. Ce tombeau est très massif, et il ne laisse que trois pieds de passage de chaque côté, ce qui ne permet point aux célébrans de marcher de front, lorsqu'ils sont obligés de descendre du sanctuaire vers le chœur.

Les chanoines de Loches qui ont déjà fait beaucoup de dépenses pour la décoration de leur église, ont renouvellé le projet de transférer ce tombeau où il sera aussi décemment placé que dans l'endroit qu'il occupe; en conséquence, ils ont présenté leur requeste au Roy tendante à supplier sa Majesté de permettre cette translation.

Ils y ont joint un plan de leur collégiale à l'inspection duquel il est aisé de juger que le tombeau d'Agnès, où il est placé, forme en effet une masse très incommode, eu égard au peu d'étendüe du chœur de l'Eglise de Loches.

Les chanoines demandent à y substituer un marbre sur lequel seront gravés le motif et l'année de la translation de ce tombeau, s'il plait au Roy de l'authoriser, et de consentir à ce qu'il soit rétabli dans l'état où il est dans la chapelle St-Roch, désignée dans le plan par la lettre U, qui, par son évidence et ses décorations annoncera également la reconnoissance de ce chapitre envers un de ses principaux bienfaiteurs.

Ils exposent d'ailleurs que le cœur d'Agnès est incrusté dans un pillier intérieur du sanctuaire, et couvert d'une plaque de cuivre sur laquelle sont inscrits ses dons et qualités.

Que telles recherches que l'on ait faictes, on n'a pu découvrir aucuns titres qui annoncent qu'elle ait demandé à être inhumée au milieu du chœur, et qu'il n'y a même aucune certitude que son corps y soit déposé.

En conséquence, les doyens, chanoines et chapitres de l'Eglise Collégiale de Loches espèrent que sa Majesté voudra bien les authoriser à faire transférer ce tombeau dans la chapelle qu'ils désignent et à substituer dans l'endroit qu'il occupe actuellement un marbre qui perpétuera également les bienfaits d'une personne dont la mémoire leur sera toujours prétieuse.

(Arch. Nat., K. 58, n° 50).

(1) On lit dans la marge: *Présenté le 25 décembre 1772 à Versailles*, et sur la hote en tête de la pièce: *Néant. Laisser ce tombeau où il est.*

XVI

A Versailles, le 22 février 1777 (1).

Je viens de rendre compte au Roi, Monsieur, du placet des chanoines de Loches pour avoir la permission d'ôter le tombeau d'Agnès Sorel du chœur de leur église, où il gêne le service divin, et de la lettre que vous m'avez fait l'honneur de m'écrire à ce sujet. Sa Majesté me charge de vous marquer qu'elle ne désaprouve point ce changement, mais qu'elle désire qu'il se fasse avec le moins d'éclat et le plus de décence qu'il sera possible ; que l'on prenne toutes les précautions nécessaires pour que ce monument ne soit point dégradé dans le transport, et qu'il soit replacé tel qu'il est dans un autre endroit de l'église qui soit également honnête et convenable.

J'ai l'honneur d'être avec un parfait attachement, Monsieur, votre très humble et très obéissant serviteur.

Signé : AMELOT.

M. l'Archevêque de Tours.

XVII

*Copie des lettres écrites et adressées par Mgr l'Archevêque de Tours
à MM. les doyen, chanoines et chapitre de Loches* (2).

Paris, le 23 février 1777.

J'ay l'honneur de vous envoyer, Messieurs, la copie d'une réponse que vient de m'adresser M. Amelot, secrétaire d'Etat, sur la demande que vous lui avez fait pour estre autorisé au transport dans un autre lieu de votre église du tombeau érigé dans votre cœur à la mémoire d'Agnès Sorel. Pour vous conformer aux intentions du roy consignées dans la lettre de ce ministre, je pense que vous ferez bien de placer ce monument au milieu de la chapelle de la communion. Ce transport devra être exécuté à porte close, en prenant néanmoins la précaution d'en faire dresser par un notaire un procès-verbal dans lequel il sera vérifié et constaté s'il s'y trouve des ossemens : auquel cas je vous permets de procéder à leur exhumation et de les transférer avec la décence convenable dans le nouvel emplacement dont vous serez convenu. Il y sera aussi fait la description de médailles ou autres effets qui pourroient y avoir été déposées, et que vous garderez pour être représentées lorsque vous en serez requis. Des commissaires de votre compagnie, et quelques personnes notables devront être invités à la rédaction de ce procès-verbal dont une expédition autentique me sera envoyée pour être déposée avec la lettre originale de M. Amelot dans les archives de mon secrétariat.

Je suis, avec tous les sentiments que je vous dois, Messieurs, votre très humble et très obéissant serviteur.

Ainsi signé : † FRANÇOIS, ARCHEVÊQUE DE TOURS

et au bas est écrit :

MM. LES DOYEN, CHANOINES ET CHAPITRE DE LOCHES.

(1) Archives d'Indre-et-Loire, G. 295.
(2) Bibl. Nat., Col. Joly de Fleury, 478, fol. 278.

XVIII

5 mars 1777. — *Procès-verbal d'exhumation* (1).

Par devant les notaires royaux à Loches soussignés furent présens Messieurs les doyen, chanoines et chapitres de l'églize royalle et collégiale Notre-Dame du château de Loches où étoient M. l'abbé de Baraudin, doyen, MM. Gobreau, Musnier, de la Faure, Belotin, de la Cour, Le Roy et Thouroude, prestres-chanoines dudit chapitre.

Lesquels en conséquence de la permission qui leur a été accordée par sa Majesté suivant la lettre de Monsieur Amelot, ministre et secrétaire d'Etat, du vingt-deux février dernier, d'ôter le tombeau d'Agnès Seurelle du chœur de leur églize où il gesne le service divin et du pouvoir de Monseigneur l'Archevêque de Tours, consigné dans sa lettre escrite ausdits sieurs de chapitre du vingt trois dudit mois, qui les autorize à transférer ce tombeau dans un lieu convenable de leur églize, de constater les ossemens, médailles et autres effetz qui pouvoient s'i trouver, à faire l'exhumation desdits ossemens, à les transférer avec dessense dans le nouvel emplacement, pour en estre dressé procès-verbal à porte close, en présence de quelques personnes notables qui y seront invitées, ont fait procéder à l'exhumation des ossemens et cendres de ladite Agnès Seurelle, et au transport au tombeau qui lui a été érigé dans le chœur de ladite église collégiale, ainsi qu'il suit, en présence de Mᵉ Jacques François Mayaud de Boislambert, chevalier, seigneur de Rossay, Courtay et autres lieux, chevalier de l'Ordre royal et militaire de Saint-Louis, lieutenant du Roy dudit château, de MM. Haincque, lieutenant général au bailliage de cette ville, Benoist, lieutenant général de police, Musnier, lieutenant particulier civil, Veneau, lieutenant particulier criminel et assesseur civil, Pottier de la Berthellière, procureur du roy, Haincque, maire de cette ville et Henry, docteur en médecine à la Faculté de Montpellier, notables invités à cet effet.

Ledit tombeau en marbre noir qui couvroit la sépulture d'Agnès Seurelle a été porté dans la nef de ladite église, ensuite on a percé un caveau qui étoit sous le tombeau et qui avoit sept pieds de longueur, deux pieds quatre pouces de largeur d'un bout, d'un pied dix pouces de l'autre et trois pieds de profondeur sous sa voûte en pierre tendre, et s'y est trouvé un premier cercueil de bois, un second de plomb et un troisième de bois renfermé dans les deux premiers, et tous les trois pouris, à l'exception de quelques fraguemens de lames de plomb en partie consommées, dans lequel troisième cercueil étoient la mâchoire inférieure, les deux os maxillaires de la mâchoire inférieure, les dents bien conservées, les cheveux absolument sains comme ceux d'un cadavre récant, et le reste du corps en cendres, suivant l'explication qui en a été présentement donnée par ledit sieur Henry, docteur en médecine, et ne s'i est trouvé aucuns effets, inscriptions, ni médailles. Lesdits ossemens, chevelure et cendres ont été ramassés avec soin, plassés dans une urne ou pot de grais couvert d'une brique, et transférés processionnellement sous ledit tombeau de marbre noir que lesdits sieurs du chapitre ont fait réédifier à l'instant dans ladite nef à main droite en entrant, et ensuite lesdits sieurs du chapitre ont chanté solennellement les suffrages des morts, pour le repos de l'âme de ladite Agnès Seurelle.

Dont a été dressé en ladite église le présent procès-verbal signé de tous ledits comparans, ce jour d'huy cinq mars mil sept cent soixante-dix-sept.

(1) Arch. d'Indre-et-Loire, G. 295; une autre copie dans la collection Joly de Fleury, 478, fol. 280.

La minute est signée. Boislambert; Haincque, lieutenant général; Benoist, lieutenant général de police; Musnier, lieutenant particulier; Veneau; assesseur; Potier
de la Berthellière, procureur du roy; Haincque, maire de Loches; Henry, docteur
de Montpellier; l'abbé de Baraudin, doyen; Gobreau, chanoine; Musnier, de la
Faure, Belotin, de la Cour, Le Roy, Thouroude, Hamel et Pescherard, notaires,
soussignés, restée à ce dernier et controllée à Loches le 8 dudi mois. Reçu quatorze
sols. Signé: Dalibourg.

HAMEL.   PESCHERARD.

XIX

Dénonciation de B. Moreau, 30 mars 1777 (1).

Monseigneur,

Le mercredy cinq du courant on fit à Loches en Touraine l'exumation des
cendres d'Agnès Saurele, la bien aimée de Charles VII, qui deposoient dans
l'église des Chanoines du Château de cette ville depuis l'année 1449 sous un tombeau de marbre noir qui avoit été érigé dans le cœur de laditte église, à l'honneur
et gloire de cette dame, la bienfaitrice de ce chapitre. Cette exumation a été faite
à la sollicitation des chanoines qui prétendoient que la masse de ce tombeau nuisoit
à la décoration de leur cœur et à la liberté d'y faire le service divin, quoyque depuis
327 ans il s'y fut toujours fait avec beaucoup de décence. Quôy qu'il en soit, ils
ont obtenu du roy la permission de l'ôter, et de la replacer dans le lieu le plus
propre et le plus honorable de leur église. M. Amelot a envoyé de la part du Roy
à M. l'Archevêque de Tours ce pouvoir contenant ses intentions et ses observations
à ce sujet. Ce dernier, en conséquence, a renvoyé cette lettre de M. Amelot à
MM. du chapitre, y en a point une de luy contenant ses instructions pour l'exécution. Le tout fut lu hautement et publiquement dans l'église avant l'ouverture du
tombeau. Quoy qu'étranger dans cette ville, la simple curiosité m'avoit porté à m'y
transporter. J'entends donc que cest letres contenoient que, dans le cas où il se trou-
veroit des ossemens ou cendre de la ditte dame Agnès, ou médailles de telles
espèces qu'elles fussent, il en seroit dressé procès-verbal par un nottaire assisté
des plus notables personnes du lieu qui, comme tesmoins, le signeroient, qu'à
l'égard des cendres ou ossements ils seroient levés avec tout le respect et la décence
convenable du lieu et à la mémoire de laditte dame, qu'ensuite ils seroient portés
de la même manière dans le nouveau lieu destiné à les faire reposer vraisembla-
blement jusqu'à la fin des siècles, qu'une copie de ce procès-verbal seroit envoyé à
M. l'Archevêque de Tours pour être déposé aux archives de l'archevêché. Mais quel
fut mon étonnement, Monseigneur, de voir, lorsque ce tombeau fut à peine découvert, un jeune homme, je puis dire un jeune étourdy d'environ 30 ans, descendre
dans ce tombeau [en] présence du doyen et d'un autre ecclésiastique que je ne
connois pas, tous les chanoines s'étant retirés les uns après les autres, attendu que
cette opération fut longue et qu'ils s'ennuyoient, fouler au pied ces cendres, les
remuer, en aporter une tresse de très beaux cheveux et une petite partie de la
mâchoire. Il emporta [en] présence du doyen la majeure partie de ces cheveux en
disant à ce sujet plusieurs colibets et plaisanteries déplacés et par rapport au lieu
et par rapport à la respectable personne à qui ils avoient appartenus. Il les a
répandus parmy toutes les femmes et filles de la ville de a connaissance qui ont
désiré en avoir, jusques dans les trois communautés de filles qui sont dans Loches

(1) Bibl. Nat., Collection Joly de Fleury, 478, fol. 272, signalé par M. P. Bondois.

et Beaulieu. A l'égard de la mâchoire, j'en vis prendre quelques parties par quelqu'autres personnes que je ne connoist point. Des procédés aussy indignes, tant
de la part du doyen de les avoir lâchement souffertes que des jeunes gens de les
avoir commis, ont révoltés et scandalisés tous les hommes vertueux et sages, ils
en ont gémy. Pour moy, en mon particulier, j'en ay frémy d'horreur, et mes
rapelant à moy même avec la plus vive douleur et la plus cruelle amertume, je
n'ay point sorti de Loches pour me rendre chez moy sans avoir formé la résolution d'en informer votre Grandeur dont l'état et les inclinations naturelles l'ont
toujours porté à punir le vice et récompenser la vertu. Ravi que cette occasion me
procure celle de vous assurer du plus profond respect avec lequel j'ay seray toujours, Monseigneur, votre très humble et très obéissant serviteur.

MOREAU.

XX

Note (de Joly de Fleury) (1).

Agnès Sorel a laissé des biens très considérables au chapitre de la ville de
Loches dont elle étoit originaire,et désigna le lieu de sa sépulture dans le chœur
de l'église du chapitre où elle fut inhumée.

Lorsque Louis unze passa par la ville de Loches il voulut voir le tombeau
d'Agnès Sorel. Il fut le voir, le chapitre lui demanda comme une grâce de faire
transférer le tombeau dans une autre endroit de l'église en faisant entendre que le
corps d'une pareille personne ne devoit pas être placé dans le chœur et dans un
lieu si apparent. Louis unze ne reçut pas bien la proposition et répondit au chapitre qu'il y consentiroit à condition que le chapitre rendroit tous les biens qu'il
avoit reçus d'Agnès Sorel, ce qui imposa un silence très profond au chapitre.
François I⁽ᵉʳ⁾ passant par Loches visita aussi le tombeau d'Agnès Sorel. Le chapitre
en demanda aussi le changement à ce prince, lequel entendit la proposition avec
indignation et dit au chapitre qu'il étoit bien étonnant qu'après avoir reçu tant
de bienfaits d'Agnès Sorel, ils vissent avec peine son tombeau et qu'il le feroit
transporter dans une autre église sous la condition que le chapitre rendroit tous les
biens qu'il avoit reçu d'elle.

Il paroît que le chapitre a enfin exécuté son projet et qu'Agnès Sorel a été
exhumée. Mais il est question de savoir si les formalités ont été remplies.

Pour exhumer un corps qui a été enterré dans un lieu saint, il faut une requeste
présentée au supérieur ecclésiastique pour demander l'exhumation et la translation
des cendres et ossemens dans un autre endroit; par cette même requeste, il faut
annoncer les motifs et nécessités du changement de tombeau. Le supérieur ecclésiastique doit rendre une ordonnance portant qu'elle sera communiquée aux parents,
s'il en existe, et qu'il sera informé par un prêtre qu'il commettra à cet effet de
la commodité ou incommodité et que ce prestre dressera procès-verbal de d'état
des lieux.

Lorsque ces formalités sont remplies, le supérieur ecclésiastique rend son ordonnance soit pour rejetter le changement du tombeau, ou pour l'admettre; et s'il
admet le changement et ordonne que l'exhumation sera faite avec décence et avec
les cérémonies ordinaires de l'église et que les cendres et ossemens seront placés
avec les mêmes cérémonies dans le le lieu à ce destiné.

Suivant le détail qui est fait par la lettre, il paraît que ces formalités n'ont pas

(1) Bibl. Nat., Collection Joly de Fleury, 478.

été observées, et qu'il a été commis bien des indécences et qu'une partie des ossements d'Agnès Sorel a été profanée : ce qui n'est pas excusable de la part du chapitre si les faits sont exacts.

M. le procureur général ne peut se dispenser d'en informer M. le Garde des Sceaux et M. Amelot en leur envoyant copie de la lettre et leur marquer qu'il ne paroit pas possible de pouvoir se dispenser de faire s'informer des faits qu'elle contient parce que s'ils se trouvent prouvés par une information en règle, le chapitre sera dans le cas d'être dépouillé pour cause d'ingratitude du tout ou partie des bienfaits qui lui ont été faits par Agnès Sorel.

XXI

Minute de Joly de Fleury (1).

Le 20 avril 1777.

On m'a donné avis qu'on a ouvert au mois de mars dernier le tombeau d'Agnès Sorel qui avoit été inhumée dans le chœur de l'église du chapitre de votre ville. Je vous prie de vous informer comment cette ouverture a été faite, en vertu de quelle ordonnance elle a été faite et où les cendres et ossemens ont pû être placés. Il se répand que les ecclésiastiques qui assistoient à la cérémonie n'ont pas attendue qu'elle fut finie et se sont retirés, qu'un particulier est descendu dans la fosse et en a retiré une partie d'ossemens à laquelle il y avoit encore beaucoup de cheveux attachés qui ont été distribués à différentes personnes de votre ville. Vous voudrez bien prendre les éclaircissements nécessaires sur tous les faits, sans rien faire paroistre, avec le plus d'exactitude qu'il vous sera possible et m'en faire part sans délai.

XXII

Loches, le 1ᵉʳ may 1777.

Monseigneur,

J'ai eu l'honneur de recevoir votre lettre du 20 avril dernier par laquelle vous me demandez en vertu de quelle ordonnance a été faitte l'ouverture du tombeau d'Agnès Sorel, inhumée dans le cœur du chapitre de cette ville, et où les cendres et ossements ont pû être placés ; vous ajoutez qu'il se répand que les ecclésiastiques qui assistoient à la cérémonie n'ont pas attendu qu'elle fut finie pour se retirer, et qu'un particulier est descendu dans la fosse et en a retiré une partie d'ossemens à laquelle il y avait encore beaucoup de cheveux qui ont été distribués à différentes personnes et vous me demandez de vous instruire à cet égard.

Voicy, Monseigneur, comme les choses se sont passées : le chapitre de Loches, géné pour le service divin par le tombeau d'Agnès Sorel, placé au milieu de leur cœur, a obtenu du roy la permission de transférer le monument dans un autre lieu de l'église et Mʳ l'Archevêque de Tours a permis d'exhumer les ossemens à condition que cela se feroit décemment et à porte close, et qu'il en seroit dressé procès-verbal par un notaire en présence du chapitre et de quelques personnes notables. Le tombeau fut ouvert en conséquence le 5 mars dernier en présence du lieutenant du roy, des officiers du bailliage, et du maire de cette ville, du doyen du chapitre et de 7 chanoines qui ont signé tous le procès-verbal qui a été dressé : on passa un temps considérable à cette opération que les chanoines n'abandonnèrent point qu'elle ne fut finie : après que l'on eut transféré avec précaution dans la nef le tombeau de

(1) Bibl. Nat., Coll. Joly de Fleury, 478, fol. 274.

marbre noir, la statue d'Agnès Sorel de marbre blanc, et les ossements qui l'accompagnoient sur le tombeau, des ouvriers percèrent un caveau qui étoit dessous et ainsi reconnurent trois cercueils au milieu desquels reposoient les cendres. Le 1er de bois étant absolument pouri laissoit voir le second de plomb qui parut d'abord, mais dès qu'on essaya de le tirer, se divisa et tomba par lambeaux, comme les autres. Alors le Sr Henry, docteur en médecine, appellé par le chapitre pour examiner les ossements qui pouvoient se trouver encore existants et en donner le détail dans le procès-verbal d'exhumation, descendit dans le caveau et après qu'on en eut retiré les restes des cercueils, il amassa dans des napes, avec grand soin et avec respect, les cendres, quelques ossements de la mâchoire et des restes du crâne où tenoit encore la chevelure, et chercha avec attention au fond du caveau s'il n'y avoit point quelques médailles antiques: ce médecin, étonné de ce que les cheveux qui étoient tressé s'étoient conservés depuis 228 ans dans leur intégrité, coupa la tresse sans opposition pour la conserver comme une chose rare et intéressante n'ayant jamais connu d'exemple aussi surprenant de l'incorruptibilité de cette partie du corps humain. Les cendres et quelques os en petit nombre furent mis dans une urne qui a été placée sous le mausolée réédifié dans la nef et cette cérémonie c'est faitte avec la plus grande décence. J'estois présent et depuis je n'ay la moindre connoissance qu'il ait esté fait aucune distribution des cheveux ; la preuve du contraire paroit même évidente, car j'ai seu que Mr le doyen ayant, il y a quelques jours, réclamé la tresse des cheveux, le médecin la rendit toutte entière. Et voici ce qui a donné lieu à cette réclamation.

Mr l'Archevêque de Tours informé du déplacement de cette tresse s'en est plaint par écrit au doyen du chapitre qui se l'est fait rendre et la retient aujourd'huy par l'avis de Mr le marquis de Verneuil qui a engagé de la garder jusqu'à ce qu'il y eut des ordres, que l'on pense qui pourront tendre à envoyer cette tresse pour être placée parmi les curiosités qui composent le cabinet du Roy.

Voilà, Monseigneur, tout ce qui s'est passé et tout ce que je sçai à cet égard: j'aurois pu m'en tenir à ces détails qui sont sûrs, mais j'ai pensé vous satisfaire encore davantage en joignant icy une copie que j'ai exigée du Chapitre des lettres du ministre qui contient la permission du roy de transférer le tombeau et de M. l'Archevêque qui permit l'exhumation, ainsi qu'une expédition du procès-verbal qui a été fait alors, et qui est signé de dix-huit personnes présentes du nombre desquelles je suis. Je suis, Monseigneur, votre très humble et très obéissant serviteur.

DE LA BERTHELLIÈRE.

XXIII

Extrait du registre des actes de la Préfecture, du 10 nivôse an XIV.

Le général de division, Préfet d'Indre-et-Loire, membre de la Légion d'Honneur,

Considérant comme l'un des devoirs attachés à la première magistrature du département celui d'y conserver les monuments historiques qui le décorent, et ayant remarqué que le tombeau d'Agnès Sorelle, placé d'abord dans le chœur de l'église collégiale de Loches, avait été depuis relégué dans une chapelle où il avait dans ces derniers temps subi une destruction totale :

Considérant que divers citoyens, ayant recueilli ses débris, se sont empressés, à sa demande, de les offrir et que leur réunion permet son entière restauration ;

Considérant que ce monument qui remonte à l'époque de la renaissance des beaux-arts en France, mérite par le temps auquel il appartient, par les souvenirs qu'il rappelle, d'être rétabli dans un lieu où il soit facilement vu et conservé ;

Considérant qu'une tour du château de Loches, qu'Agnès habita longtemps avec Charles VII, a jusqu'ici conservé son nom, et qu'elle offre une situation favorable pour recevoir son mausolée; que la destination actuelle de ce château affecté à la sous-préfecture de Loches et au siège du conseil de l'arrondissement semble donner une garantie suffisante de la nouvelle durée du tombeau d'Agnès, en même temps qu'il y deviendra un véritable ornement pour cet ancien palais;

Arrête:

Art. 1er. — Les plans et devis présentés par M. Murisson, commissaire-expert de la préfecture, pour la restauration du mausolée d'Agnès Sorelle, sont et demeurent approuvés. L'exécution en est confiée à ses talents et à son goût. Les colonnes de marbre noir provenant de Liget, et autres marbres déposés au château de Loches, sont mis à sa disposition, ainsi que la pierre dure et mœllon existant audit château dans la quantité nécessaire à cet ouvrage.

Art. 2. — La statue d'Agnès et celles accessoires de son tombeau seront envoyées à Paris pour y être restaurées.

Art. 3. — Le tombeau sera placé, conformément au plan aprouvé, dans la tour d'Agnès et son entrée, donnant sur la terrasse du château, sera décorée de quatre colonnes et de leur entablement surmonté d'un fronton.

Art. 4. —Deux faces du sarcophage porteront ses deux anciennes inscriptions. Les deux autres porteront les deux inscriptions suivantes:

PREMIÈRE.

Les chanoines de Loches, enrichis de ses dons, demandèrent à Louis XI d'éloigner son tombeau de leur chœur.

J'y consens, dit-il, mais rendez la dot.

Le tombeau y resta.

Un archevêque de Tours, moins juste, le fit reléguer dans une chapelle. A la révolution il fut détruit.

Des hommes sensibles recueillirent les restes d'Agnès, et le général de Pommereul, préfet d'Indre-et-Loire, releva le mausolée de la seule maîtresse de nos rois qui ait bien mérité de la patrie, en mettant pour prix à ses faveurs l'expulsion des Anglais hors de la France.

Sa restauration eut lieu l'an 1806, Lemaistre étant sous-préfet.

La seconde sera composée du quatrain dont François Ier honora la mémoire d'Agnès.

> Gentille Agnès, plus de los tu mérites
> La cause étant de France recouvrer,
> Que ce que peut dedans un cloistre ouvrer
> Close nonain ou bien devôt hermite.

FRANÇOIS Ier.

Art. 5. — Dans le tympan du fronton de la porte d'entrée sera gravé:

> Je suis Agnès, vive France et l'Amour!

Art. 6. — La dépense de cette restauration, évaluée à la somme de 1865 fr., sera payée par le sous-préfet, au moyen des fonds mis, à cet effet, à sa disposition par le général de division.

Art. 7. — Le nouveau mausolée d'Agnès Sorel est spécialement sous la sauvegarde et protection du sous-préfet de Loches, qui est chargé de veiller à sa conservation et à son entretien.

POMMEREUL.

TABLE DES PLANCHES

TABLE DES CHAPITRES

Deuxième Partie. — Notices.

Bar-le-Duc. — Imp. Ed. Jolibois, s. a. r. l. — Théo Cubières, Dir.

www.ingramcontent.com/pod-product-compliance
Lightning Source LLC
LaVergne TN
LVHW021432170726
843501LV00005B/1300